D1687837

CHRISTINE SAUER (HRSG.)

Handwerk im Mittelalter

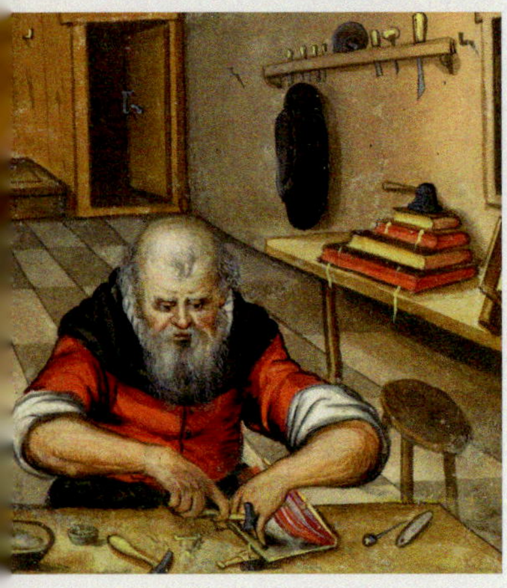
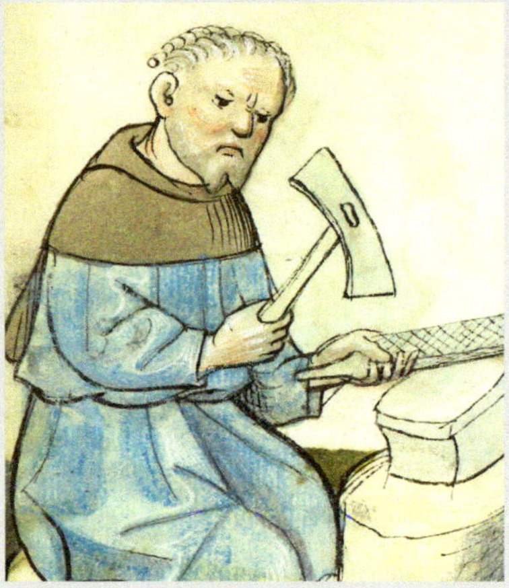
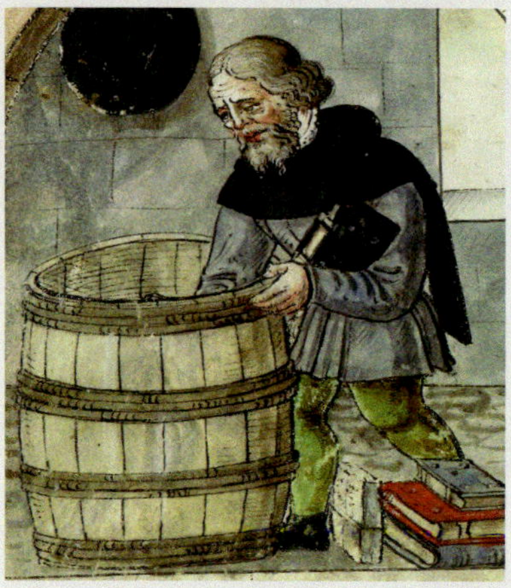
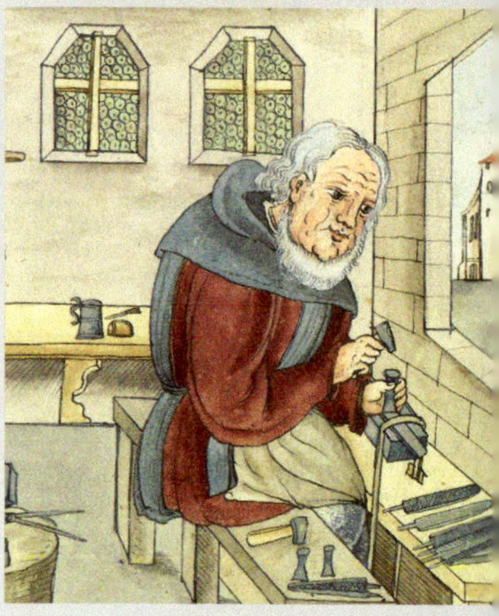

CHRISTINE SAUER (HRSG.)

Handwerk im Mittelalter

Mit Beiträgen von

Helmut Bernert

Thomas Eser

Sven Hauschke

Melanie Langbein

Reinhold Reith

Christine Sauer

Thomas Schindler

Hans-Georg Stephan

Heinrich Stiewe

Arnulf von Ulmann

John P. Zeitler

Die Deutsche Nationalbibliothek verzeichnet diese Publikation in
der Deutschen Nationalbibliografie; detaillierte bibliografische
Daten sind im Internet über http://dnb.dnb.de abrufbar.

Das Werk ist in allen seinen Teilen urheberrechtlich geschützt.
Jede Verwertung ist ohne Zustimmung des Verlags unzulässig.
Das gilt insbesondere für Vervielfältigungen, Übersetzungen,
Mikroverfilmungen und die Einspeicherung in und Verarbeitung
durch elektronische Systeme.

© 2012 by Primus Verlag, Darmstadt
Die Herausgabe des Werkes wurde durch die Vereinsmitglieder
der WBG ermöglicht.
Gedruckt auf säurefreiem und alterungsbeständigem Papier
Einbandgestaltung: Jutta Schneider, Frankfurt a. M.
Einbandabbildungen: obere Bildzeile von links nach rechts:
vgl. S. 152, 105, 61; untere Bildzeile von links nach rechts:
vgl. S. 98, 79, 89
Layout & Satz: Anja Harms, Oberursel
Printed in Germany
www.primusverlag.de
ISBN 978-3-86312-013-9

Lizenzausgabe für die WBG (Wissenschaftliche
Buchgesellschaft), Darmstadt
www.wbg-wissenverbindet.de
ISBN 978-3-534-24269-6

Inhalt

1 DIE NÜRNBERGER HAUSBÜCHER — 7
Das Bild vom arbeitenden Handwerker (Christine Sauer)

2 „KÖSTLICH ODER SCHLECHT" — 15
Wirtschaftliche und soziale Entwicklung des Handwerks (Reinhold Reith)

3 DAS TÄGLICH BROT — 25
Bäcker, Metzger, Fischer und Co. (Reinhold Reith)

4 DER GOLD- UND SILBERSCHMIED — 43
Edelmetall- und edelsteinverarbeitende Gewerbe (Thomas Eser)

5 DAS METALLHANDWERK — 57
Eisen-, zinn- und kupferverarbeitende Gewerbe (Sven Hauschke)

6 DIE TEXTILPRODUKTION — 71
Spinnen, Weben, Färben, Nähen (Melanie Langbein)

7 DER TÖPFER — 83
Herstellung und Arten von Keramik (Hans-Georg Stephan)

8 EIN HÖLZERNES ZEITALTER — 95
Forstwirtschaft, Holzgewinnung und -verarbeitung (Thomas Schindler)

9 DIE GERBER — 109
Lederproduktion und -verarbeitung (John P. Zeitler)

10 DIE BEINSCHNITZER — 121
Bein, Horn und Elfenbein (John P. Zeitler)

11 PAPIER — 133
Ware, Informationsträger und Kommunikationsmittel (Christine Sauer)

12 DER GLÄSNER — 147
Glasherstellung und damit verbundene Gewerbe (Helmut Bernert)

13 AUF DEM BAU — 159
Zimmerleute, Steinmetze, Maurer und Co. (Heinrich Stiewe)

14 MEISTERHAFTE SKULPTUREN — 173
Bildhauerkunst und innovative Technik (Arnulf von Ulmann)

ANHANG — 184
Literatur — 185
Die Autoren — 192

Hanns Müller, seines Handtwercks ein Schwartzferber,
ist in diese Gottes Brüder Stifftung, den 27. february A°: 1672.
zu einem Bruder ein undtauff=genommen worden, im 71. Jahr seines
alters.

Den 1. May A°: 1673 in Gott seelig entschlaffen
und den 4. dito auf St. Johannis Kirchhof begraben worden.

*** ist auch tod den 17. d° auf St. Johannis Kirchhof, den 19. d° seines
Ehepaars beseht worden. seines alters 57 Jahr 3 Monat weniger 3 Tag.

Die Nürnberger Hausbücher

DAS BILD VOM ARBEITENDEN HANDWERKER

Für jede Beschäftigung mit dem alten Handwerk stellen die sogenannten Hausbücher der Mendelschen und Landauerschen Zwölfbrüderstiftungen einen ausgesprochenen Glücksfall dar: Die fünf heute in der Stadtbibliothek Nürnberg aufbewahrten Handschriftenbände führen im Bild rund 1200 Handwerker bei der Arbeit vor. Die ganzseitigen Darstellungen gewähren Einblicke in Werkstätten und veranschaulichen realitätsnah die Produktionsmethoden vom Rohstoff bis zum fertigen Endprodukt einschließlich der dabei eingesetzten Werkzeuge. Entstanden über einen Zeitraum von 400 Jahren vom frühen 15. bis zum vollendeten 18. Jahrhundert, dokumentieren sie darüber hinaus den technischen Wandel, die zunehmende Spezialisierung und Mechanisierung sowie Entstehen und Aussterben von zum Teil an Moden gebundenen Berufen. Die Hausbücher gelten damit zu Recht als wichtigste primäre Bildquelle zum vorindustriellen Handwerk in Europa.

DAS HANDWERK IN MITTELALTER UND FRÜHER NEUZEIT

Im Jahr 2009 konnte das reiche Bildmaterial der Nürnberger Hausbücher in Form einer Internetdatenbank erstmals vollständig allgemein zugänglich gemacht werden. Die webbasierte Präsentation ist das Ergebnis einer Kooperation von Stadtbibliothek Nürnberg und Germanischem Nationalmuseum, die von der Deutschen Forschungsgemeinschaft gefördert wurde (www.nuernberger-hausbuecher.de). Im Nachgang zur öffentlichen Präsentation entstand die Idee zum vorliegenden Bildband: Eine Einführung in das Handwerk in Mittelalter und früher Neuzeit auf der Grundlage des in den Hausbüchern vorhandenen Bildmaterials. So sollen ausgehend von den unterschiedlichen Rohstoffen (Nahrungsmittel, Edelmetalle und Edelsteine, Metalle, Erde, Holz, Stein, Glas, Knochen und Horn, Leder und Pelz, tierische und pflanzliche Fasern sowie Papier) deren Verarbeitungsprozesse und die damit befassten Gewerbe anschaulich vorgestellt werden. Elf Wissenschaftler unterschiedlicher Fachrichtungen konnten für dieses Unternehmen gewonnen werden, die in ihren Beiträgen jeweils individuelle Schwerpunkte setzen.

Für die Kapitel zum mittelalterlichen und frühneuzeitlichen Handwerk sowie zum Nahrungsmittelgewerbe zeichnet der Sozial- und Wirtschaftshistoriker Reinhold Reith (Salzburg) verantwortlich. Die Volkskundler Thomas Schindler (Nürnberg) und Heinrich Stiewe (Detmold) erkunden anschaulich die Verwendung von Holz für Gebrauchsgegenstände sowie auf dem Bau. Als Mittelalterarchäologen betrachten John P. Zeitler (Nürnberg), Melanie Langbein (Nürnberg) und Hans-Georg Stephan (Halle-Wittenberg) die Bilder als ergänzende und gleichwertige Zeugnisse zu Bodenfunden: In den Handwerkerdarstellungen sind Herstellungsprozesse dokumentiert, von denen bei Grabungen Relikte geborgen und Spuren gesichert werden.

Helmut Bernert (Kassel) ist durch jahrelangen fachspezifischen Unterricht für verschiedene Berufe aus dem Bereich Glas mit dem Werkstoff vertraut; er ist darüber hinaus durch Veröffentlichungen zu historisch-soziologischen Fragestellungen zum Thema Glas und Handwerk bekannt. Den Ausführungen des Restaurators Arnulf von Ulmann (Nürnberg) zum Technologietransfer zwischen Handwerk und bildender Kunst liegen akribische Beobachtungen an Holzskulpturen zugrunde, die wiederum auf deren Herstellung rückschließen lassen.

Als Kunsthistoriker beschäftigen sich Thomas Eser (Nürnberg), Sven Hauschke (Coburg) und Christine Sauer (Nürnberg) mit der Verarbeitung von Edelmetallen, Metallen und Papier.

Jedem Kapitel ist eine typische Darstellung aus den Hausbüchern vorangestellt, die ganzseitig ohne Beschriftung wiedergegeben wird; die Legende erscheint zur verkleinerten Wiederholung dieses Bildes im Beitrag. Nur die Kapitelaufmacher vermitteln einen Eindruck vom Aussehen der Handschrift und von den zweigeteilten, aus Text und Bild bestehenden Einträgen in den Hausbüchern. Für die weiteren Illustrationen zu einem Beitrag wurden auf die Darstellungen beschränkte Ausschnitte gewählt.

DIE NÜRNBERGER ZWÖLFBRÜDERSTIFTUNGEN

Die sogenannten Hausbücher entstanden für zwei Nürnberger Stiftungen. Diese ermöglichten jeweils zwölf alten Männern nach einem arbeitsreichen Leben einen wohlverdienten Ruhestand.

1388 gründete der Patrizier Konrad Mendel († 1414) im Sprengel der Pfarrei St. Lorenz ein ehemals auf dem Gelände des heutigen Germanischen Nationalmuseums am Kornmarkt gelegenes Zwölfbrüderhaus, das er mit Grundbesitz reich ausstattete. 1510 entstand auf der Sebalder Seite am Laufer Schlagturm eine ebensolche Einrichtung, für die der Montanunternehmer Matthäus Landauer († 1515) die Stiftungsmittel in Form von Kapitalien bereitstellte. In Anlehnung an die Zwölfzahl der Apostel sollten in diesen beiden Häusern jeweils zwölf Männer, die alt und verarmt waren und sich nicht mehr von ihrer Hände Arbeit ernähren konnten, aufgenommen und bis zu ihrem Tod versorgt werden. Die Brüder – so wurden die in die Stiftungen zugelassenen Männer genannt – sollten gemeinschaftlich im Stiftungshaus leben und als äußeres Zeichen für ihre Zugehörigkeit eine einheitliche Kleidung tragen.

Neben der Erwerbslosigkeit werden als Voraussetzung für die Aufnahme der Nachweis des Nürnberger Bürgerrechts und die Fähigkeit genannt, Gebete wie das „Vaterunser" und das „Ave Maria" sowie das Glaubensbekenntnis sprechen zu können. Denn analog zu anderen Stiftungen der damaligen Zeit hatten die zwölf Brüder eine geistige Gegengabe für Verpflegung und Unterkunft zu erbringen: Sie mussten für Mitglieder der Stifterfamilien und des Rats sowie für die verstorbenen Mitbrüder fürbitten. Außerdem hatten sie regelmäßig an Messen teilzunehmen. Am auf Erbauung fokussierten Tagesablauf änderte sich nach Einführung der Reformation 1525 wenig; konsequent wurde jedoch – gemäß des Bekenntnisses zum protestantischen Glauben – auf sämtliche Fürbitten verzichtet. Beide Stiftungen bestanden bis 1806 fort und wurden erst nach der Übergabe der ehemaligen Reichsstadt Nürnberg an das Königreich Bayern aufgehoben.

DIE HAUSBÜCHER DER ZWÖLFBRÜDERSTIFTUNGEN

Nördlich der Alpen stellte Konrad Mendels Stiftung zugunsten von Mitgliedern der arbeitenden Bevölkerung eine Neuheit dar, die nicht nur in Nürnberg von Matthäus Landauer, sondern auch in anderen süddeutschen Städten zum Vorbild genommen wurde. Ohne Nachfolge blieben jedoch die Bilderhandschriften, die ausschließlich in den Nürnberger Zwölfbrüderhäusern geführt wurden. Sie wuchsen bis 1806 auf insgesamt drei Bände in der Mendelschen und auf insgesamt zwei Bände in der Landauerschen Stiftung an. Die heute in der Stadtbibliothek Nürnberg aufbewahrten Bilderhandschriften tragen die Signaturen Amb. 317.2°, 317b.2°, 318.2° bzw. Amb. 279.2°, Amb. 279b.2°.

DAS MENDELSCHE ZWÖLFBRÜDERBUCH Fast 40 Jahre nach der Gründung übernahm Marquard Mendel († 1438) 1425 das Amt des Pflegers oder Aufsehers im Mendelschen Zwölfbrüderhaus. Als ausgewiesener und gewissenhafter Buchhalter ließ er unmittelbar nach Amtsantritt eine Papierhandschrift anlegen, in der alle Pfleger und Stiftungsinsassen mit Namen, Angabe des Berufs und des Todesdatums festgehalten werden sollten; er selbst formulierte im Vorwort, dass „in diesem puch gemolt sten alle die pruder die in dem almusen der zwelf pruder gestorben sind vnd was hantwerk sy gewesen sind vnd vnter was pfleger sy tod sind". In der Anlageschicht wurden zunächst retrospektiv die Brüder erfasst, die seit Bestehen der Einrichtung verstorben waren. Danach wurde die Handschrift kontinuierlich fortgeführt und jeder Bruder bzw. seit 1582 auch jede Köchin erhielten nach seinem oder ihrem Tod einen Eintrag, der stets eine ganze Seite einnimmt und sich aus Text und Bild zusammensetzt: Ein Schreiber (oft der Pfleger oder der von ihm angestellte Schaffer) trug am oberen Seitenrand die genannten Basisinformationen zur Person des Dargestellten ein. Darunter setzte ein Buchmaler eine kolorierte Federzeichnung, die den Bruder bei der Verrichtung des ehemals von ihm ausgeübten Handwerks einschließlich eventuell angenommener Nebentätigkeiten zeigt. Arbeitend wird er zunächst vor einem undefinierten Hintergrund, später auch in einem Werkstattraum gezeigt.

DAS LANDAUERSCHE ZWÖLFBRÜDERBUCH Matthäus Landauer nahm sich nicht nur die Stiftung seines Vorgängers, sondern auch das dort geführte Stiftungsbuch zum Vorbild. Bereits bei seinem Einzug in das Stiftungshaus 1510 ließ er eine ebensolche Handschrift anlegen, für die er als Beschreibstoff jedoch das kostbarere und haltbarere Pergament wählte. Er verfügte, dass darin zu verzeichnen seien „die namen aller brudere ... auch was wesens hanntwercks oder herkumens ein yeder gewesen vnnd wann sie darinn verstorben auch wie lanng ir leben in der stifftung gewesen dabey malen vnnd verrzaichnen laßen". Formal stimmen die Einträge im Landauerschen mit dem Mendelschen Brüderbuch überein; nur in der durch den Beschreibstoff Pergament bedingten Deckfarbentechnik unterscheiden sich die Malereien vom Vorgänger.

BUCHHALTUNG IN WORT UND BILD Die teilweise aus den Zwölfbrüderhäusern erhaltenen Rechnungsbücher belegen, dass die Brüder im 15. und 16. Jahrhundert erst nach ihrem Tod eines Eintrags im Buch würdig wurden. In der Regel bezahlte der Pfleger den Buchmaler zwei bis drei Monate nach dem Sterbetag für das Einmalen des Bildes. Die so realitätsnah erscheinenden Bilder, die vorgeben, einen namentlich bekannten Handwerker zu zeigen, erweisen sich somit als künstliche Konstrukte: Die Männer werden arbeitend in der Brüdertracht dargestellt, die zunächst aus Kutte, darüber getragenem Kapuzenmantel (Gugel) und Filzhut, seit dem 17. Jahrhundert aus schwarzem Oberrock und Beffchen bestand; in Wirklichkeit aber waren die Brüder bei und nach Eintritt in die Stiftung nicht mehr in ihrem Beruf tätig. Da die Maler erst nach dem Tod der Dargestellten aktiv wurden, konnten sie keine Porträts, sondern nur idealtypische Wiedergaben von alten Männern liefern. Dagegen beruht die detailgenaue Wiedergabe der Werkstätten auf eigener Anschauung aus dem Alltag der Künstler – mit der Einschränkung, dass die Maler

1.1 IM LANDAUERSCHEN ZWÖLFBRÜDERHAUS wurde seit 1596 jeder Handwerker beim Eintritt in die Stiftung porträtiert. Der Schwarzfärber Hans Müller († 1673) beauftragte bei seiner Aufnahme 1672 nicht nur eine Darstellung: Er ließ im Bild auch festhalten, wie sein Porträt entsteht. Hans Müller hat auf einer Bank Platz genommen und hält in seiner Hand ein Glas mit dem Handwerkerwappen der Gerber. Ihm gegenüber sitzt der Maler vor dem auf einem Pult aufgeschlagenen Hausbuch und fertigt das Bildnis an. Amb. 279.2°, f. 144r

nicht selten in der Handschrift blätterten, um sich an ihren Vorgängern zu orientieren und eine bereits für einen Beruf gefundene Lösung zu kopieren.

Nachdem im Landauerschen Zwölfbrüderhaus ein Pfleger über 20 Jahre hinweg die Weiterführung der Handschrift vernachlässigt hatte, nahm sein pflichtbewusster Nachfolger 1596 diese wieder auf, stellte dabei aber die Buchhaltung um: Von nun an erfolgten die Einträge stets beim Eintritt eines Bruders in die Stiftung. Dies hatte einerseits eine Zweiteilung der Beischriften und andererseits eine andere Bildauffassung zur Folge. Beim Eintritt in die Stiftung wurden Name, Beruf, Eintrittsdatum und Alter eingetragen; im Todesfall erfolgte (oft von anderer Schreiberhand) die Ergänzung von Todesdatum und Verweildauer in der Stiftung sowie immer öfter von Angaben zur Todesursache und zu wesentlichen Charakterzügen des Verstorbenen. So wird für den 1690 verstorbenen Buchbinder Hans Merckel Altersdemenz diagnostiziert (er „war ein fleißiges Männlein wurde letzlich Kindisch und vergessen, lag nit lang, starb Sambstags frühe") oder Alkoholmissbrauch durch den 1671 verschiedenen Heftelmacher Christoph Krautsberger („ist ein Unnützer Zänckischer, Verschwendterischer Mann gewesen, absondterlich dem Brandte Wein Trinckhen sehr ergeben").

Gravierender waren jedoch die Auswirkungen der veränderten Buchführung auf die Bildgestaltung. Von nun an wurde die Bezahlung des Malers durch die Dargestellten zur Bedingung für die Aufnahme, denn Belege für Buchmalereien fehlen von diesem Zeitpunkt an in den Jahresabrechnungen der Pfleger. Die Handwerker waren nun nicht nur persönlich bei der Anfertigung des Bildes anwesend und nahmen damit Einfluss auf dessen Gestaltung; sie trafen sich sogar nachweislich mit den Malern, um diesen Porträt zu sitzen (Abb. 1.1). Die szenische Darstellung des arbeitenden Handwerkers löste daher in den folgenden Jahrzehnten eine statische Wiedergabe in Ganz- oder Halbfigur mit erkennbar individualisierten Gesichtszügen ab. Oft halten die Handwerker jetzt nur noch einen, wohl von ihnen selbst bestimmten Gegenstand, der auf ihre vergangene Berufstätigkeit verweist. Dieselbe Umstellung in der Buchführung mit übereinstimmenden Auswirkungen fand 1613 im Mendelschen Zwölfbrüderhaus statt.

TOTENBUCH, CHRONIK, VERZEICHNIS? In einer Abrechnung wird das Mendelsche Zwölfbrüderbuch 1534 als „Totenbuch" bezeichnet. Korrekt umschreibt diese einzige überlieferte zeitgenössische Bezeichnung die Handschrift als Verzeichnis der verstorbenen Mitglieder und verweist auf die Verpflichtung zum Gedächtnis für die Toten: Totenbücher oder Nekrologien enthielten Namenslisten von Toten, für die eine Gemeinschaft Fürbitte zu leisten hatte. Diese Bindung an die Totenliturgie ging mit Einführung der Reformation in Nürnberg 1525 verloren. Eine weitere, eher profane Funktion offenbaren die Parallelen zu Verwaltungsschrifttum und Rechnungslegung: Die Handschriften dienten auch als glaubhafte Nachweise in bewusst repräsentativer Gestaltung für die Erfüllung des Stiftungszwecks. Von Listen mit Namen, Berufen und Lebensdaten der Brüder, die zum alltäglichen Gebrauch oder als Belege entstanden, unterscheiden sie sich durch die äußere Gestaltung: der Raum von einer Seite, der einem jeden Eintrag zugemessen wurde; die zusätzliche Ausstattung durch ein Bild und die repräsentativen Ledereinbände mit Goldprägungen. Die Handschriften liefern ferner das Abbild einer Gemeinschaft und können deshalb als Chroniken der Zwölfbrüderhäuser oder als Versuche, das überlieferungswerte Wissen um diese Institutionen und ihre Bewohner festzuhalten, betrachtet werden; diese Aufgabe umschreibt die seit dem frühen 20. Jahrhundert übliche Bezeichnung „Hausbücher".

IKONOGRAPHIE DER ARBEIT

In den frühen Darstellungen der Hausbücher steht oder sitzt der arbeitende Handwerker an einem Werkblock, Tisch oder Arbeitsgerät und führt eine für seinen Beruf charakteristische Tätigkeit aus. Der eindeutigen Identifizierbarkeit eines Berufs dienen zusätzlich die auf dem Werkstattboden, den Schaubrettern, Wandregalen, Tischen oder Bänken ausgelegten Ausgangsstoffe, Werkzeuge und Endprodukte. Die Befunde zur Wiedergabe von Person und dem sie umgebenden Raum fallen also widersprüchlich aus: Wird der Handwerker bis ca. 1600 typisiert, so ist auf die Beschreibung der Tätigkeit große Präzision verwendet worden. Im Verlauf des 17. Jahrhunderts jedoch kehrt sich dieses Verhältnis um und die Person rückt in den Mittelpunkt, während der Beruf nur noch durch ein Attribut angedeutet wird.

BILDERFOLGEN VON HANDWERKERN Bilder von Arbeitenden waren im Mittelalter zunächst kein eigenständiges Bildthema, sondern traten vor allem als Illustrationen zu erzählenden Texten wie Bibel oder Heiligenlegenden sowie zu Kalendarien auf, bei Letzteren in Form der jahreszeitlich gebundenen Monatsarbeiten wie Pflügen, Säen oder Schlachten. Erste Folgen von Handwerkerdarstellungen entstanden im 13. Jahrhundert z. B. an Portalen von Kathedralen in Frankreich. Hier wie auch in den nachstehend genannten Texten sind sie Teil eines Bildprogramms, das dem Betrachter die Ordnung der Welt vorstellen soll. Die Aufnahme der Handwerke spiegelt damit Umbrüche in der Folge des Aufblühens von Städten und Universitäten: Die Gewerbetreibenden in den neuen Produktionszentren erhielten einen Platz in den Ordnungssystemen des Wissens und der Gesellschaft. Bereits von den Scholastikern des 12. Jahrhunderts wurden den an den Universitäten gelehrten sieben freien Künsten („septem artes liberales") die dem Broterwerb dienenden praktischen Handwerke („artes mechanicae") zugeordnet. Parallel erfuhr gerade der Letzte unter den drei die Gesellschaft formierenden Ständen eine Ausweitung ohne Vergleich: Weder der obrigkeitlich-militärische („bellatores") noch der geistliche Stand („oratores") erreichten einen ähnlichen Grad der Differenzierung wie der Stand der Arbeitenden („laboratores"), indem den körperlich Tätigen auch die Handwerker, die Kaufleute, die Dienstleister und die geistig tätigen Gelehrten zugerechnet wurden. Der mit einem Handwerk Beschäftigte fand so seinen notwendigen Platz in einer gottgewollten Ordnung, den er fleißig, sorgfältig und rechtschaffen auszufüllen hatte.

Bilder von Handwerkern bei der Arbeit finden sich in den seit dem frühen 15. Jahrhundert kursierenden volkssprachigen Ausgaben des „Schachzabelbuchs" von Jacobus de Cessolis. In dieser allegorischen Deutung des Schachspiels werden die Spielfiguren als Vertreter einzelner Berufsgruppen und bestimmter Tugenden aufgefasst. In hierarchischer Ordnung stellte dagegen der „Spiegel des menschlichen Lebens" des Rodericus Zamorensis († 1470) die weltlichen und geistlichen Stände vor und räumte dabei den Vertretern der „artes mechanicae" oder der dem Broterwerb dienenden praktischen Künste einen breiten Raum ein. Daneben kursierten laienastrologische Texte, die den Planeten und ihren Eigenschaften bestimmte Handwerke als Kinder zuordneten, oder Rechtsbücher wie der 1525 in Krakau entstandene „Behem-Codex", dessen 25 Miniaturen zu Handwerken das kluge Wirken des Rats zum Wohle der Gemeinschaft veranschaulichen sollen.

STÄNDEBÜCHER Als Hochzeit der Handwerkerdarstellungen gelten das 16. und 17. Jahrhundert. In diesem Zeitraum entstanden neben auf ein städtisches Publikum abgestimmten Bilderbüchern („Curiöser Spiegel", ca. 1698) insbesondere die 1568 von Jost Amman und Hans Sachs sowie 1698 von Christoph Weigel herausgebrachten „Ständebücher". Unter den 114 Holzschnitten bzw. 204 Kupferstichen mit den Vertretern der drei Stände dominieren bei Weitem die Handwerker. Der auf 600 Seiten angewachsene Text

1.2 DER BLICK IN DIE WERKSTATT eines Buchdruckers in Christoph Weigels „Ständebuch" zeigt mehrere Mitarbeiter in der Werkstatt bei der Ausführung unterschiedlicher Arbeiten: Im Vordergrund betätigt der Drucker die Presse, während rechts im Hintergrund ein Geselle die Tampons schwarz einfärbt und links ein Schriftsetzer am Setzkasten zu sehen ist.
Christoph Weigel: Abbildung und Beschreibung der gemein-nützlichen Hauptstände … Regensburg 1698 (Stadtbibliothek Nürnberg, Solg. 1458.4°)

zu Weigels „Ständebuch" veranschaulicht den Anspruch, umfassend über jedes Handwerk, seinen Ursprung und seine technologischen Entwicklungen informieren zu wollen. Entsprechend sollen auch die Illustrationen durch Anhäufung von Details ein Maximum an Auskunft liefern. In den Werkstätten sind stets mehrere in Arbeitsteilung tätige Personen zu sehen, die die Veranschaulichung unterschiedlicher Produktionsstadien erlauben oder Interaktionen zwischen den Arbeitenden und ihren Kunden wiedergeben (Abb. 1.2).

FACHLITERATUR ZUR TECHNIK Eng verflochten mit der Entstehung des Handwerkerbilds sind Zeichnungen oder Holzschnitte, die die seit dem 13. Jahrhundert aufkommende technologische Fachliteratur etwa zum Bauhandwerk (Villard de Honnecourts „Bauhüttenbuch"), zur Kriegsführung (Konrad Kyesers „Bellifortis", 1405; das „Mittelalterliche Hausbuch", nach 1480) oder zu Bergbau und Hüttenwesen („Schwazer Bergbuch", 1556; Georg Agricolas „Vom Bergwerck",1557) begleiten. Sie hatten die Aufgabe, dem Betrachter die Konstruktion bestimmter Gerätschaften zu veranschaulichen. Vor dieselbe Herausforderung waren auch die Maler der Handwerkerbilder gestellt, wenn Arbeitsgeräte wie Fiedelbohrer, Webstuhl oder Drehbank wiederzugeben waren (vgl. Abb. 10.2; Abb. 6.3; Abb. 14.1, 14.2, 14.4, 14.5). Voraussetzung für die Bewältigung dieser Anforderung war die sich stetig verbessernde Beherrschung der räumlichen Darstellung und der Perspektive.

ARBEITS- UND MEMORIALBILDER „Arbeitsensembles" wie im Fall der „Ständebücher" mit der Wiedergabe mehrerer Personen in einer Werkstatt oder Interaktionen von Handwerker und Kunden waren nicht Gegenstand der Hausbücher. Hier leitete die Ausführung der Wunsch, die Erinnerung an eine einzelne Person zu wahren und den rechtmäßigen Empfänger einer Altersversorgung vorzuführen. Eher selten wird deshalb der Handwerker zusammen mit Gesellen oder Kundschaft gezeigt; zuweilen wird sogar auf die Abbildung der für einen Arbeitsgang zwingend erforderlichen zweiten Person verzichtet (vgl. Abb. 13.2) oder ein mit dargestellter zweiter Arbeitsplatz unbesetzt belassen. Nochmals bestätigt die Einordnung der Handwerkerbilder in den Hausbüchern in die Tradition des Arbeitsbilds und technologischer Zeichnungen damit, dass bei aller Realitätsnähe im Hinblick auf die ausgeübte Tätigkeit der Wirklichkeitstreue auch eine Grenze gesetzt wird durch die Funktion der Darstellungen als Memorial- oder Erinnerungsbilder einer einzelnen Person.

Aufgrund der jahrhundertelangen Kontinuität kann es keine einheitliche Interpretation der Handschriften, der Bilder und ihrer Funktionen geben. Die Einführung der Reformation zog Veränderungen im Aufgabenspektrum der Gemeinschaften nach sich, die Umstellung des Zeitpunkts der Bild- und Texteintragungen vom Ausscheiden aus den Stiftungen auf den Eintritt in die Stiftungen führte zu einer gesteigerten Wahrnehmung der einzelnen Personen als Individuum und zur Entstehung von Porträts, der Wandel in Konventionen zu Änderungen in der Gestaltung der Bildnisse; alle diese Rahmenbedingungen sind bei jeder Interpretation der Bilder zu beachten. Eine gesicherte Auswertung der Darstellungen als Zeugnisse kultur- und handwerksgeschichtlicher Aspekte kann nur durch ihre gezielte Kontextualisierung gelingen.

Christine Sauer

94

468

Niclaus Wagner ein Lochschlosser
vnd burger alhie, sey 64 Jar alt, Ist den
27 Nouembris Anno 1591 Inn das zwölfft
Brüderhauß eingekommen worden vnd ser
nach den 17 Nouembris Anno 1600 darinn
mit todt abgangen hat also In solchem hauß
gelebt Neün Jar, weniger Zehen tag.
denne vnd vns allen gott gnedig sein wöle.

"köstlich oder schlecht"

WIRTSCHAFTLICHE UND SOZIALE ENTWICKLUNG DES HANDWERKS

In großen Gewerbestädten wie Augsburg, Nürnberg oder Köln waren bereits im Spätmittelalter viele gewerbliche Tätigkeiten vertreten. Die im 14. Jahrhundert weit vorangeschrittene berufliche Differenzierung veranschaulicht die Situation in Nürnberg: Hier zählte man 1363 immerhin schon 50 Handwerksberufe. In den Städten arbeiteten an der Wende vom 14. zum 15. Jahrhundert zahlreiche Handwerker wie die Bäcker und Metzger, Weber, Schuhmacher, Schneider, Gerber, Kürschner, Schreiner, Böttcher, Wagner, Maurer, Zimmerleute und Schmiede, ohne dass damit die berufliche Vielfalt annähernd umrissen wäre.

VIELFALT DER BERUFE

Einige Berufe sind im Laufe der frühen Neuzeit verschwunden: Dazu gehören der Pergamenter, der Harnischmacher oder Plattner, dessen Arbeitsgebiet der Flaschner oder Klempner übernahm, der Sarwürker (Kettenhemdmacher) oder der Blechhandschuhmacher. Manche Berufe entstanden neu, wie die Bortenmacher bzw. Posamentierer (Textilherstellung), die in den Hausbüchern erstmals 1656 vertreten sind, oder die Perückenmacher. Andere Tätigkeiten lösten sich z. B. aus dem großen Arbeitsgebiet der Schmiede heraus: Das waren zunächst die auch als Kleinschmiede bezeichneten Schlosser, ferner die Windenmacher, die Büchsenmacher und nicht zuletzt die Uhrmacher, bei denen an manchen Orten Groß- und Kleinuhrmacher unterschieden wurden und zu denen mitunter auch die Sanduhrmacher und die Kompassmacher zählten. Seit dem 14. Jahrhundert nahmen die Messerer in den Zentren der Produktion meist nur noch das Heften und Beschalen der von den Klingenschmieden gefertigten und von den Schleifern polierten Klingen – häufig im Verlag der Messerer – vor (vgl. Kap. 5). In Nürnberg dürfte diese berufliche Vielfalt am ausgeprägtesten gewesen sein, besonders im Metallgewerbe, wo sie vom Ahlenschmied bis zum Zirkelschmied (Abb. 2.1) reichte, wo aber auch Fingerhuter oder Brillenmacher in ansehnlicher Anzahl vertreten waren. Über die Textil- und Bekleidungsgewerbe, die Ledergewerbe, die Nahrungsmittelgewerbe, die Kunst- und Metallgewerbe, die Papiergewerbe, die holz- und hornverarbeitenden Gewerbe

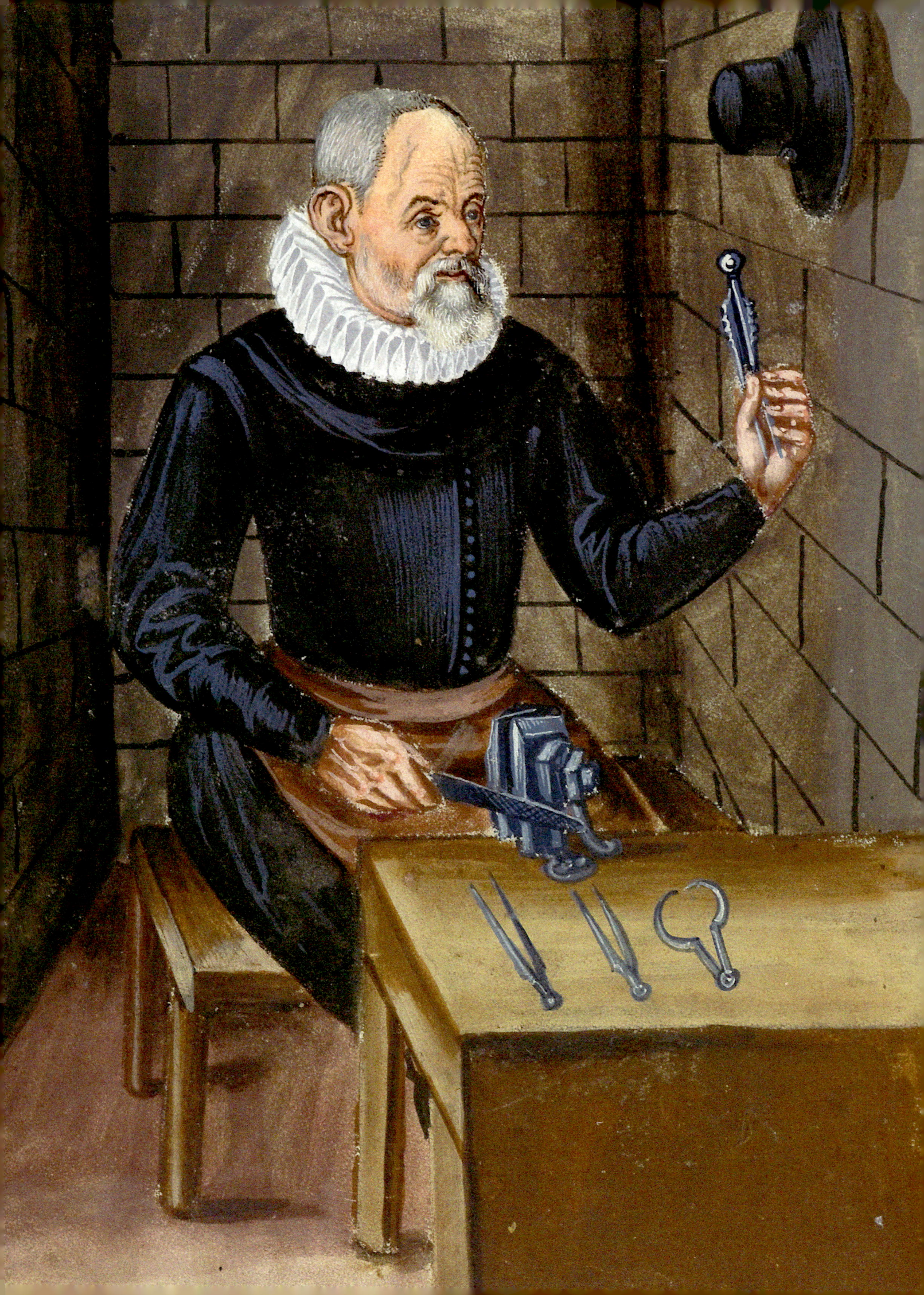

sowie die Baugewerbe kommen schließlich die Dienstleistungsgewerbe in Betracht, zu denen im Bereich der Gesundheits- und Körperpflege besonders die Bader und Barbiere zählen, denen im späten 17. Jahrhundert die Perückenmacher folgten. Den Transport und die Dienstleistungen der Boten, der Ballenbinder, der Fuhrleute und Ablader wird man eher zum Handel zählen können, doch kamen ihre Tätigkeiten auch dem Handwerk zugute.

EIN GOLDENES ZEITALTER?

In der älteren Forschung findet sich die Annahme, dass das Handwerk im 15. Jahrhundert einen goldenen Boden gehabt habe; auch Wilhelm Abel bezeichnete das Spätmittelalter als „ein goldenes Zeitalter der Lohnarbeit". Wenngleich die neuere Forschung zu einer zurückhaltenderen Einschätzung kommt, so ist nicht zu bestreiten, dass nach dem Schwarzen Tod 1348/52, jedenfalls gegen Ende des 14. Jahrhunderts, die Löhne merklicher anstiegen, während die Nahrungsmittelpreise sanken. Diese Entwicklung wurde im 15. Jahrhundert durch Missernten und Hungersnöte unterbrochen, die in der Zeit von 1425 bis 1450 zu Preissteigerungen führten, doch im folgenden Vierteljahrhundert ließ das „Preistal" bei gleichbleibenden Löhnen die Kaufkraft im Gewerbe steigen. Erst im letzten Quartal des 15. Jahrhunderts und noch deutlicher im ersten Quartal des 16. Jahrhunderts stiegen die Preise der Grundnahrungsmittel wieder an, sodass zunächst geringe, später aber spürbare Verschlechterungen eintraten. Auf das zweite Jahrhundertviertel mit Teuerung und Hungersnöten 1527 bis 1534 folgten schließlich starke Preissteigerungen beim Getreide mit einem Höhepunkt 1571 bis 1573. Der gegen Ende des Jahrhunderts folgende Preisauftrieb führte zu erheblichen Kaufkraftverlusten bei den Löhnen und zu Einbußen bei den selbstständigen Gewerbetreibenden. Immer weiter öffnete sich die Schere zwischen Agrarerzeugnissen und gewerblichen Produkten. Für die gewerblichen Produzenten kam hinzu, dass im Zuge der ersten Phase der Kleinen Eiszeit von 1560 bis 1610 nicht nur die Nahrungsmittelpreise stiegen, sondern auch die Preise vieler Rohstoffe, die Land- und Waldwirtschaft für das Gewerbe bereitstellten.

Da die Rohstoffkosten in der gewerblichen Produktion meist deutlich höher als die Arbeitskosten waren, lag ein sparsamer Umgang mit Rohstoffen und eine umfassende Verwertung nahe – einschließlich der Wiederverwertung. Selbst die bei der Lederherstellung benötigte Lohe wurde, nachdem die Gerbstoffe ausgelaugt waren, zu Kuchen gepresst und als Brennstoff oder Dünger weiter genutzt (Abb. 2.2).

HANDWERK UND ZUNFT

Das Handwerk hatte sich zunächst in den Städten konzentriert. Hier konnten die Handwerker im 14./15. Jahrhundert im Verlauf der Zunftunruhen politische Macht und Teilhabe an der Stadtregierung erlangen. Dies gelang nicht überall, denn in großen Handelsstädten wie Nürnberg, Frankfurt am Main oder Lübeck konnten die Korporationen der Handwerker – ob man sie nun Zunft, Amt, Einung, Mittel, Gaffel oder Zeche nannte – nie eine verfassungsmäßige Mitwirkung am Stadtregiment erreichen. In einigen Städten gab es zumindest zeitweise regelrechte Zunftverbote. Die Partizipation der Handwerker war in den Hansestädten weniger, im Süden dagegen stärker ausgeprägt. Gerade die Zunftstuben und die seit der Mitte des 14. Jahrhunderts errichteten Zunfthäuser lassen das gestiegene Selbstbewusstsein der Handwerker erkennen. In Zürich versuchte der Rat im 15. Jahrhundert, der Einrichtung neuer Zunftstu-

2.1 DER ZIRKELSCHMIED Paul Utzmüller († 1636) sitzt an seinem Arbeitstisch und prüft einen Zirkel, den er mit einer Feile am Schraubstock bearbeitet hat. Auf dem Tisch liegen zwei Stechzirkel und ein Greifzirkel. Der als Arbeitsgerät eingesetzte Schraubstock hat nicht unwesentlich zur Verbesserung des Produktes beigetragen und die Herstellung „subtiler" Zirkel ermöglicht, wie sie von Hans Sachs in Jost Ammans Ständebuch von 1568 gelobt werden. / Amb. 279.2°, f. 95v

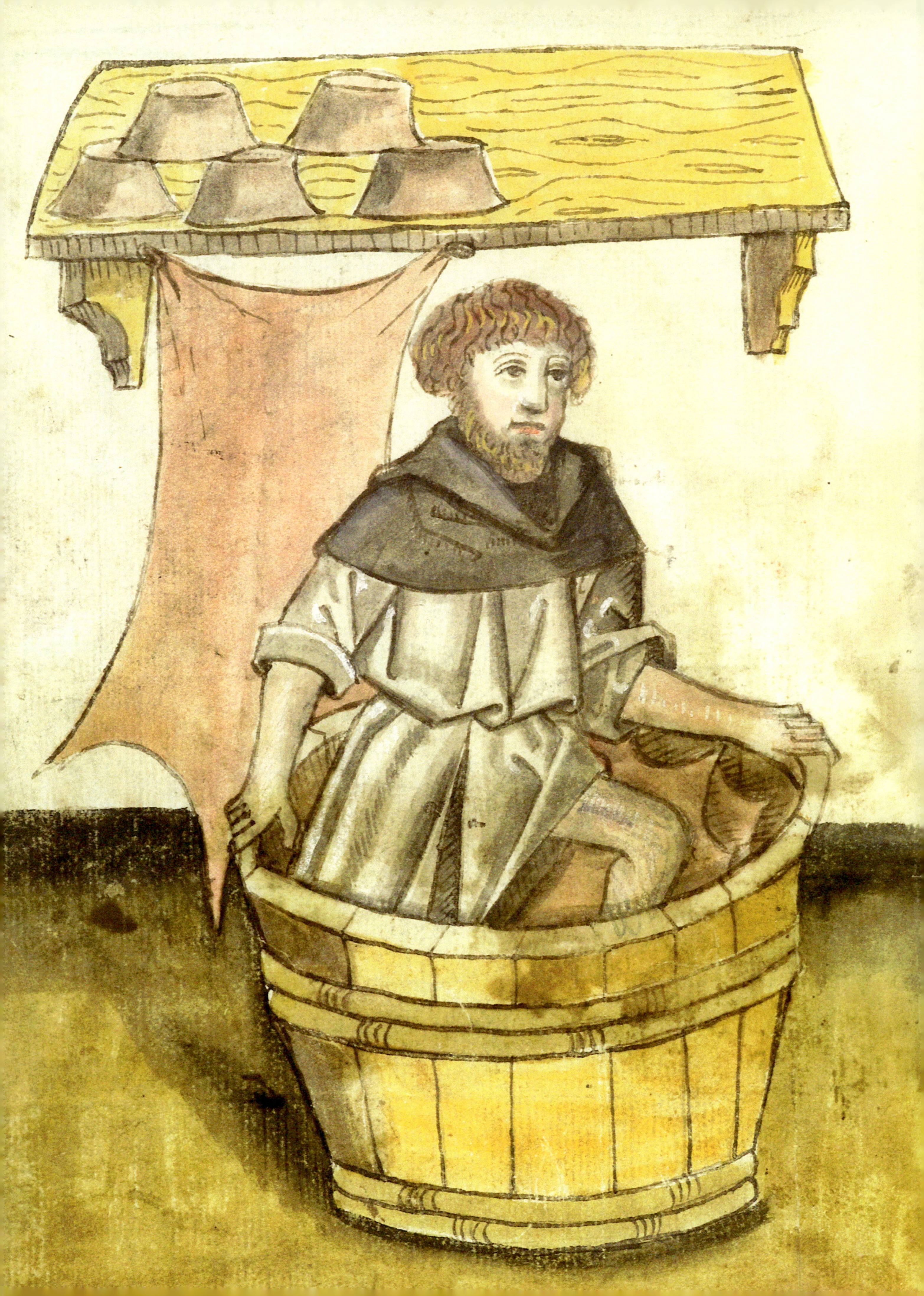

2.2 DER LOHGERBER Ulrich Peringer († 1464) walkt mit den bloßen Füßen Häute in der Lohbrühe. Letztere wurde aus Lohe hergestellt. Es handelte sich dabei um zunächst gestoßene bzw. gemahlene Eichen- und Tannenrinde. Waren die Gerbstoffe ausgelaugt, so konnte die ausgelaugte Lohe getrocknet und (wie im Regal sichtbar) zu Kegeln geformt als Brennmaterial oder auch als Dünger nachgenutzt werden. Der Bottich zeigt die charakteristische Fassung aus miteinander verschnürten Weidenruten.
Amb. 317.2°, f. 82v

ben oder dem Bau neuer Zunfthäuser Einhalt zu gebieten. Manche dieser Zunfthäuser sind schlicht ausgeführt, andere repräsentativ oder sogar protzig und können daher als regelrechte „Gegenbauten" zu den Amtsgebäuden der Obrigkeit gesehen werden. Dort wurden auch die heute als Zunftaltertümer bezeichneten Gegenstände – Pokale, Trinkgeschirr etc. – aufbewahrt. Dies waren Zentren, die der Geselligkeit, aber auch der Schau bzw. der Qualitätskontrolle dienten und damit berufliche Funktionen wahrnahmen.

KLEINE UND GROSSE BETRIEBE

Die Welt des Handwerks war überwiegend durch kleine Betriebe geprägt. Größere Betriebe bestanden vor allem dort, wo eine andauernde Nachfrage meist für den Export den Absatz sicherte und die Beschäftigung von mehreren Gesellen, Lehrjungen und Taglöhnern bzw. Stückwerkern ermöglichte. In Augsburg moderierte der Rat z. B. die Zahl der zugelassenen Stühle oder Stöcke (d. h. Arbeitsplätze je Meister) abhängig von der Absatzlage. In allen fünf Bauhandwerken der Stadt Nürnberg wurde 1535 die Anzahl der Arbeitskräfte auf zehn Gesellen und ein oder zwei Lehrjungen beschränkt, doch keineswegs alle Meister konnten dies ausschöpfen. Auch bei den Buchdruckern – in Deutschland bestanden um 1500 in rund 60 Städten etwa 300 Offizinen – gab es größere Betriebe: Die Kölner Offizinen von Johann Gymnich, Johann Heyl und Franz Birckmann, wohl die größten im 16. Jahrhundert, beschäftigten zwischen 12 und 20 Gesellen, und sie dürften nur von Anton Koberger in Nürnberg übertroffen worden sein. Hieronymus Froben und Nikolaus Episcopius in Basel beschäftigten 1557 bis 1564 jeweils kaum mehr als 15 Setzer, Drucker und Korrektoren.

LEHRJUNGEN UND LEHRMÄGDE Neben der kleinbetrieblichen Produktion ist bis heute der dreistufige Ausbildungsgang ein charakteristisches Merkmal des Handwerks geblieben. Aus dem 14. und 15. Jahrhundert sind zwar schon Lehrverträge unterschiedlichster Dauer überliefert, doch erst seit dem 15. Jahrhundert wurde deutlich zwischen Lehrjunge und Geselle unterschieden. Der Gesellenstatus war an die Absolvierung einer Lehrzeit gebunden, die z. B. bei den Webern in Speyer 1360 zunächst auch den Lehrtöchtern („lermägde", „lerdirne", „maidlin") möglich war. In den frühen Verträgen und Ordnungen wird das zentrale Ziel der Lehre mitunter allgemein angesprochen: Der Meister solle das Handwerk lehren, „ohne etwas zu verheimlichen", oder – wie von den Nadlern 1356 in Lübeck formuliert – den Jungen soviel lehren, „daß er sein Brot verdienen" könne, oder dass der Lehrling – wie bei den Lüneburger Hutmachern (1574) – einen geklopften Hut machen könne.

DIE GESELLEN UND DIE WANDERSCHAFT Die an die Lehrzeit anschließende Wanderschaft wird erst im 14. Jahrhundert quellenmäßig greifbar: Ursache dafür war vor allem die Nachfrage nach Arbeitskräften im Gefolge der Pest 1348/50. Die Gesellenbewegung entwickelte sich ausgehend vom Oberrhein in kurzen Abständen nach den Pestjahren des 14./15. Jahrhunderts, wobei als Phase der Konstituierung der Gesellenvereinigungen die Periode von 1350 bis 1410 gilt. Auch die karitative Fürsorge für kranke Gesellen sowie Bestattung und Memorialhandlungen für verstorbene Gesellen dürften dabei eine Rolle gespielt haben.

Der Begriff Geselle setzte sich nur langsam durch: In Krakau sprach die Obrigkeit um 1400 von „Hantwergknecht oder Gezelle". Ihre Unabhängigkeit von den Meisterzünften konnten die Gesellen zuerst bei den Webern und Tuchern erreichen, die in zahlreichen Städten zu den größten Handwerken zählten. In Speyer traten die Webergesellen bereits 1351 geschlossen gegen die Meister auf und forderten einen höheren Lohn: „der lon were zu kleine und sie möhent dabi niht bestan." 1399 wird zu den Schlossern aus Prag von den „gesellen, die do weg geczogen sein", berichtet, und 1463 wurde in die Würzburger Polizeisätze eine Ermahnung an die Kandelgießer (Zinngießer) aufgenommen, dass im Falle „meister und gesellen gegeneinander stossig und zwitrechtig werden ... so sol kein teyl dem andern seyn arbeit niderlegen. Auch sol kein gesell seine meister uß der werchstat ufsteen."

Für die Gesellenvereinigungen bildeten zunächst im 14./15. Jahrhundert und erst seit dem 16. Jahrhundert die Herbergen die zentralen Bezugspunkte. Die Obrigkeiten – wie in Konstanz bereits 1390 und 1407, 1418, 1423 und 1441 – suchten sie zu verbieten, was jedoch kaum dauerhaft gelang. Einerseits bestand die Befürchtung, dass die Knechte „aufstehen und herren über ihre meister werden wollten", andererseits waren die Städte auf die Zuwanderung der Gesellen angewiesen.

Sie verlangten von den Gesellen einen Treueid oder versuchten, ihre Vereinigungen – wie etwa durch die Rheinische Knechteordnung von 1436 – auf die religiösen und karitativen Funktionen als Bruderschaften zu begrenzen, und verboten auch, dass mehr als drei Gesellen gleichartige „kugelhüte, roeck, hosen, noch andere zeichen miteinander tragen" dürften. Man präsentierte sich nämlich als eigenständige Gruppe: 1431 trugen die Freiburger Schuhmachergesellen rot gefärbte Schuhe, während die Bäckergesellen schwarz-weiß geteilte Schuhe anzogen.

Die Registrierungen von Städten wie Basel oder Straßburg zeigen ebenso wie Konstanz am Bodensee 1489 bis 1579 eine Zunahme der Wanderungsintensität und eine Ausweitung des Radius' der Herkunftsorte. Der elsässische Kannengießergeselle Augustin Güntzer wanderte 1615 bis 1619 und 1620 bis 1621 durch halb Europa, andere wiederum kamen kaum über ihre Herkunftsregion hinaus. Erst am Übergang vom 16. zum 17. Jahrhundert wurde die Wanderschaft in vielen Handwerken verpflichtend. Die auf der Wanderung zugebrachte Zeit erscheint als wichtige Phase im Lebenszyklus: In der Reichsstadt Hall waren die zum Bürgerrecht zugelassenen, von 1611 bis 1635 geborenen Gesellen im Durchschnitt sieben Jahre gewandert, die von 1636 bis 1660 geborenen 5,6 Jahre und die später zur Welt gekommenen durchschnittlich 6,5 Jahre.

Dabei zeichnen sich berufsspezifische Arbeitsmärkte ab: Die Gesellen des Baugewerbes kamen meist aus umliegenden Dörfern bis hin zu benachbarten Mittelgebirgen; seit dem 17. und 18. Jahrhundert sind Saisonarbeiter aus Tirol an den großen Baustellen des Barock anzutreffen (vgl. Kap. 13). Im Nahrungsmittelgewerbe zeigt sich eine enge Verbindung zum ländlichen Umland, und im Textilgewerbe – abgesehen von der Färberei – bildete meist die Gewerberegion selbst den Einzugsbereich. Dagegen lässt sich bei den Schuhmachern, Schlossern und Schreinern sowohl Nah- als auch Fernwanderung beobachten. Ausgeprägt war die Fernwanderung besonders in den sogenannten geschenkten Handwerken, die seit dem 15. Jahrhundert deutlicher in Erscheinung traten: Dies waren kleine, nur auf wenige Standorte beschränkte Handwerke wie die Buchbinder, Kammmacher und Zinngießer, die auf ihrer Arbeitssuche lange Wanderwege absolvieren mussten. Bei den geschenkten Handwerken hatte sich durch gegenseitige Unterstützung ein Anspruch auf das Geschenk herausgebildet, und die Gesellen reklamierten im 16. und 17. Jahrhundert ein Vorrecht auf bestimmte Arbeitsprozesse gegenüber den Meisterfrauen, Meistertöchtern und Mägden.

Eine Eigenart des Nürnberger Handwerks waren die sogenannten gesperrten Handwerke, bei denen die Gesellen – ähnlich wie bei den Glasmachern in Murano – nicht wandern und kein Werkzeug aus der Stadt bringen durften, um die Vorrangstellung spezieller Handwerke – wie der Brillenmacher, der Posaunenmacher und anderer – auf Dauer zu erhalten.

LEDIGE UND VERHEIRATETE GESELLEN Die meisten Gesellen zählten im mitteleuropäischen Raum zur Altersgruppe der 15- bis 30-Jährigen, wenn man vom

Baugewerbe und vom Textilgewerbe sowie einigen weiteren Gewerben absieht, die in größerem Umfang verheiratete Gesellen beschäftigten. Der Berufswechsel in sogenannte „freie Gewerbe", in andere Tätigkeiten, die Betätigung als Stückwerker oder auch als „Pfuscher" war zwar keineswegs selten, doch bis ins 19. Jahrhundert blieb die Verselbstständigung in weiten Bereichen des Handwerks eher die Regel, wobei die Gesellen oft bis zur Erlangung des Meisterrechts ledig blieben.

Das Meisterstück hatte sich seit dem späten Mittelalter herausgebildet: Die Maler und Glaser Lübecks forderten zwar 1425, der angehende Meister solle „syne Kunst bewisen", doch bis ins 16. Jahrhundert war selbiges noch kaum verbreitet. Daher forderte in Konstanz der Rat 1517, „uffgesetzte prob und maisterstück abzulegen". Die Durchsetzung wird auf die Mitte des 16. Jahrhunderts datiert. Meist war es mit einem aufwendigen Meistermahl verbunden und zwang die Obrigkeit immer wieder zum Einschreiten.

KNAPPEN UND STÜCKWERKER Gesellen, die das Meisterrecht nicht erlangt hatten, sowie Meister, die es nicht in vollem Umfang ausübten, arbeiteten zum Teil „auf eigene Hand" (auf eigene Rechnung). Gerade in den Exportgewerbestädten waren mitunter auch Meister „gesellenweise" oder als „Knappen" tätig. Bei den Nürnberger Stückwerkern handelte es sich zunächst wohl um verarmte Meister, seit den 1560er-Jahren auch um Gesellen und angelernte Kräfte, wobei im späten 16. Jahrhundert gelegentlich auch Stückwerkerinnen genannt werden, wie z. B. 1578/88 bei den Fingerhutern. Sie arbeiteten für einen oder mehrere Meister bzw. Verleger in deren oder in der eigenen Werkstatt. Ein großer Teil der gewerblichen Erzeugung Nürnbergs dürfte auf Stückwerker zurückgehen, deren Anteil an den im Gewerbe Tätigen bei einem Drittel gelegen haben könnte. Darunter befanden sich arme und gedrückte Existenzen, wie sie Hans Sachs treffend beschrieb, andererseits auch Aufsteiger wie der Nürnberger Messerer Johann Fenizer (vgl. Kap. 5). Die Ausbildung von sogenannten Verlagsbeziehungen vollzog sich daher nicht nur in den ländlichen Textilregionen, wo Verleger z. B. die Baumwolle „fürlegten", sondern auch im Metallgewerbe und eben auch im städtischen Exporthandwerk wie bei den Messerern. Letztere waren in Nürnberg schon 1370 mit Abstand das größte eisenverarbeitende Handwerk in der Stadt: 1549 sind 224 Messerer und 1580 sogar 300 Meister genannt. 1537 verarbeiteten die Nürnberger Messerer wöchentlich 80 000 Klingen, für 1557 wird ein Ausstoß von 4 bis 4,5 Millionen Messern, 1591 von 1,9 Millionen Messern angenommen.

ALTER UND SOZIALE SICHERUNG

Der Übergang in die Altersphase vollzog sich im Handwerk eher fließend und war eng gekoppelt an das „Arbeitsmilieu". Während im bäuerlichen Bereich Mehrgenerationenfamilien durchaus vorkamen, hat sich die Großfamilie, die mehrere Generationen umfasste, im Bereich des Handwerks als ein Mythos erwiesen. Zwar bestand vielfach Berufskontinuität und Berufsvererbung, es kam jedoch kaum zur Betriebsvererbung und zur Ausbildung von familienbetrieblichen Traditionen, denn die Verselbstständigung war in vielen Handwerken nicht an das Erbe gebunden. Auch im Alter führte die Handwerkerfamilie meist einen selbstständigen Haushalt, Haus- und Grundbesitz erwies sich oft als wichtigere Einkommensquelle als der Betrieb selbst. Allerdings war auch im Alter die Weiterführung des Betriebs mit Hilfskräften durchaus möglich. Die verheirateten Gesellen, Knappen und Stückwerker waren dagegen als Alte ausschließlich auf ihre Arbeitsfähigkeit angewiesen: Die Probleme der alten Gesellen traten dort besonders hervor, wo schwere körperliche Arbeit zu verrichten war und wo sich der Kräfteverschleiß – wie im Bauhandwerk – schon früh bemerkbar machte. Viele der verheirateten Gesellen zählten ohnehin zu den „Habnits". 1618 entschlossen sich die Chemnitzer Leinewebergesellen, auch „den alten, schwachen, verdorbenen meistern und knappen, so ihre nahrung mitt der arbeit nicht mehr erwerben noch arbeiten können", eine entsprechende Hilfe zu gewähren. Die

Kasse der Chemnitzer Tuchknappen, die seit 1536 existierte, schloss ebenfalls alte und erwerbsunfähige Tuchmacher mit ein. Bei den verheirateten Gesellen und den Stückwerkern war vor allem problematisch, dass nach ihrem Tode die „Gesellenweiber" keine Ansprüche auf die Weiterführung des Handwerks machen konnten, wie dies sonst durch das sogenannte Witwenrecht – zumindest zeitweise – möglich war. Männer wie auch Frauen konnten sich in ein Spital einkaufen oder im günstigsten Falle kostenlos aufgenommen werden. Die Spitäler gehen meist auf bürgerliche Stiftungen des späten Mittelalters zurück. Für die im 15. Jahrhundert außerhalb von Nürnberg entstandenen Bruderhäuser (Augsburg, Regensburg etc.) sowie die Landauersche Zwölfbrüderstiftung in Nürnberg (1510) fungierte die Mendelsche Stiftung offenbar als Vorbild. Von arbeitsfreiem „Ruhestand" kann allerdings nur bedingt gesprochen werden.

ARBEIT UND ARBEITSZEIT

Zu den übergreifenden Bedingungen der Arbeit im spätmittelalterlichen Gewerbe gehörte die Bindung an die natürliche Helligkeit: Man arbeitete von Sonnenaufgang bis Sonnenuntergang. Seit dem 14. Jahrhundert begann sich die Arbeitszeit jedoch vom „Lichttag" zu lösen. In Europa waren von 1370 bis 1380 in den größeren Städten öffentliche Schlaguhren installiert worden, und mit der Schlaguhr hatte die Teilung des Tages in 24 gleich lange Stunden Verbreitung gefunden (vgl. Kap. 12): Jede Stunde wurde geläutet, seit dem Ende des 14. Jahrhunderts in Großstädten jede Viertelstunde. Die tägliche Arbeitszeit konnte somit gehört und gemessen werden. Wenn für die Schmiedegesellen wendischer Städte wie Lübeck, Hamburg und Lüneburg 1494 festgesetzt wurde, dass sie den Tag morgens um 3 Uhr beginnen und am Abend um 6 Uhr mit der Arbeit aufhören sollten, so wurde damit die im Verlauf des Jahres konstant bleibende Arbeitszeit unabhängig vom Lichttag festgesetzt. Falls bei künstlichem Licht, bei Kienspan, Kerze oder Öllampe, gearbeitet wurde, so war eine abstrakte Zeitbestimmung erforderlich.

Noch für das 15. Jahrhundert kann von einer weitgehenden Kongruenz von „Lichttag" und „Werkzeit" ausgegangen werden, doch sie begann sich aufzulösen. Für das 14. und 15. Jahrhundert sprechen die Ordnungen noch pauschal von „der Nacht", im Laufe des 16. Jahrhunderts werden die Uhrzeiten in den Ordnungen präziser („up denn slach des zeigers 10") bestimmt. Das galt für die Werkstattarbeiter, nicht jedoch für die Außenarbeiter, denn die Bauarbeit war abhängig von der Witterung, und man wollte die auf die Saison begrenzte Bauperiode ausnutzen (vgl. Kap. 13). Die Arbeitszeit konnte im Hochsommer 13 Stunden betragen, während sie im Winter bis auf sieben Stunden abfiel. Die abstrakte Stundenrechnung konnte sich nur begrenzt durchsetzen: Die Sommerarbeit der Leipziger Zimmerer war nach der Ordnung von 1611 zwar zeitlich fixiert, doch im Winter sollten die Gesellen arbeiten, „wenn sie sehen können bis 11 Uhr und von 12 Uhr solange sie sehen können". An Samstagen und am Vorabend von Festtagen endete die Arbeit gewöhnlich früher, in Regensburg durften die Bauleute 1533 alle 14 Tage den Arbeitsplatz früher verlassen, um auf eigene Kosten die Badstube aufzusuchen.

Arbeit, die in die Nacht hineinreichte, wird in den Quellen als „Lichtarbeit" (Arbeit bei künstlichem Licht) bezeichnet. Erste Belege für die „Lichtarbeit" in der Zeit vom 8. September bis kurz vor Ostern finden sich schon für das 14. Jahrhundert. Sie brachte also auch eine gleichmäßigere Verteilung der Arbeit im Jahreslauf. Zur Abschätzung der Arbeitszeit der Gesellen muss auch der „gute" oder „blaue" Montag in Betracht gezogen werden, der seit dem 14. Jahrhundert in den Quellen aufscheint. So wurden den Kieler Schmiedegesellen 1389 vier freie Montage pro Jahr gewährt. Im 15. Jahrhundert mehren sich die Belege dafür, dass einzelne Montage während des Jahres arbeitsfrei waren oder zu Versammlungen, Memorien oder als Badetag genutzt werden konnten. Erst im 16. Jahrhundert hatte sich in allen Regionen der blaue Montag durchgesetzt. In Köln, wo auch nach der Reformation der alte Feiertagskalender mit 41 Feiertagen galt, war der blaue Montag offenbar nicht verbreitet. Überblickt man die Verbreitung des blau-

Fastnacht und das Arbeitsjahr

Im Rahmen der städtischen Fas(t)nacht spielten die Handwerksgesellen eine zentrale Rolle und vor allem die sogenannten Lichtbräuche wie Lichtbier, Martinswein, Lichtgans und Lichtbraten, die mitunter mit „Kurzweil", Umzug und Feuerwerk verbunden waren, zählten zu den entsprechenden Brauchformen. Besonders in der NS-Zeit hatte man die „Lichtgans" mit der Vegetationsmagie in Verbindung gebracht und die Bräuche der Handwerker überhaupt auf germanischen Ursprung zurückgeführt.

Eine einfachere Erklärung mit Blick auf Arbeit und Arbeitsjahr liegt jedoch nahe: Bei den Werkstatthandwerkern begann die „Lichtarbeit", d. h. die Arbeit bei kärglicher und augenschädlicher Beleuchtung, an Michaelis (29. September) oder spätestens Martini (11. November). Sie endete an Fasnacht oder spätestens an Georgi (23. April). Der Beginn und vor allem der Abschluss der verhassten Lichtarbeit wurden festlich begangen; überregional sind Lichtbier, Lichtgans und Lichtbraten belegt. Bei den Freiberger Riemern war es 1548 am Aschermittwoch üblich, „das Licht (zu) vertrinken".

Lichtarbeit und Wanderzeit galten im Handwerk gleichsam als Synonyme für Winter und Sommer. In den Fastnachtsspielen der Gesellen, so z. B. im Hamburger Fastnachtsspiel der Tischler von 1696, geht es denn auch um den Kampf um das Licht und um die knauserige Behandlung der Gesellen im Winter: „Die fetten Würst freßt ihr allein, Und gebt den Gesellen ein Sauerkraut, Erbsen und Bohn füllt ihre Haut. Ein Kraut-Meister seyd ihr, dass Gott erbarm!" Die Meister entgegnen im Wortgefecht, die Gesellen hätten „nur stetig im Kruge gesessen, und das Licht auff der Hubelbanck vergessen", sowie „bey Jungfrauen gesessen" und „Meisters Hauß gantz vergessen". Sie seien anspruchsvoll im Essen und faul bei der Arbeit. Der Richter mit dem Schwert fällt schließlich seinen Spruch, dass das Licht ertränkt werden soll. Das Auslöschen des Lichts wurde vor allem im 17. Jahrhundert als „Lichttränken" und mit barocken Umzügen mit Feuerwerk begangen.

en Montags, so fällt auf, dass er sich offenbar parallel zur Ablösung der Kongruenz von Lichttag und Werktag durchsetzte. Die weitere Ausdehnung der Arbeitszeit durch die Reduzierung weiterer Feiertage im Zuge der Reformation führte zu zahlreichen Konflikten mit den Meistern.

LOHN UND LEISTUNG

Neben Konflikten um die Arbeitszeit sind auch zahlreiche Auseinandersetzungen um den Lohn belegt: Selbst neuere Darstellungen gehen noch davon aus, dass die Bezahlung nach Leistung erst eine Erscheinung der „Moderne" sei. Werner Sombart verband mit dem Handwerk einen „Mangel an kalkulatorischem Sinn", einen „gering entwickelte(n) Sinn für das Rechnungsmäßige, für das exakte Abmessen von Größen, für die richtige Handhabung von Ziffern". Er ging davon aus, dass man im vorindustriellen Handwerk „nicht weiter arbeitet, wenn man genug hat", und nahm dies als ‚natürliche' vorkapitalistische Wirtschaftsgesinnung. Erst im 19. Jahrhundert hätten mit der Zunahme des Erwerbstriebes Leistungs- und Akkordlohn Verbreitung gefunden.

Der Blick in die Quellen zeigt ein anderes Bild: In der Weberei wurde ausschließlich im Stücklohn gearbeitet. In Nürnberg wie auch in Augsburg und Villach wurden sogar die Lehrlinge der Barchentweber nach den Lohnsätzen von 1535, 1582, 1593 und 1611 im Zeitakkord entlohnt: Die Löhne wurden gestaffelt festgelegt, abhängig von der Anzahl der Tage, die ein Lehrling für ein Stück benötigte. Für den Buchdruck belegen die überlieferten Rechnungsbücher, dass in großen Offizinen der Leistungslohn, das „Berechnen", üblich war; nur in kleinen Offizinen war ein Zeitlohn, das „gewisse Geld", üblich (vgl. Kap. 11). Die Ordnung der Frankfurter Hutmacher von 1407 sah bereits das „stuckwerk arbeiden" vor. Die Augsburger Schuhmacher gewährten 1478 ebenso wie die Kieler Schuhmacher 1483 offenbar Stücklohn. 1614 konnten die Wiener Schuhmacher daher behaupten, das Stückwerken sei nichts Neues, sondern eine „uralte hergebrachte Sache und zwar dahin gerichtet ist, damit die fleißigen Gesellen durch verferttigung mehrerer arbeit einen mehreren lohn sich verdienen, die faule und unmäßige knecht hingegen zu keiner last fallen, auch keinen mehreren alß den würdigen verdienten lohn bringen möge".

Neben dem Stücklohn finden sich auch zahlreiche Hinweise auf indirekten Leistungslohn: 1399 verordnete der Rat der Stadt Basel, die Schneider sollten den „knechten und knaben" so entlohnen, „darnach er werken und verdienen kan, wand einer gar nutzlicher ist und baß werken kan denne der ander, darumb einem guten nutzlichen knecht me lones ze gebende ist, denne dem, der nit werken kan als er". Auch bei Nürnberger Schreinern lag 1443 der Gesellenlohn bei vier bis höchstens acht Batzen je Woche, je nachdem „der eine vor den andern etwas kann und mit der Arbeit fertig ist".

Kaum ein Lohn wurde unabhängig von der Leistung gegeben: Unterschiede in den Qualifikationen und der Arbeitsbereitschaft – und eben auch in Angebot und Nachfrage an Arbeit und Arbeitskräften – treten deutlich hervor. Es bestand offenbar ein gewisser Grundkonsens, was als „gute", aber auch als „schlechte" und nicht angemessene Leistung zu betrachten war.

TECHNISCHER WANDEL?

Die ältere Forschung sprach nicht nur von einem ökonomischen, sondern auch von einem technischen Traditionalismus der „Zunftproduktion", die sie als „rückständig", „fortschrittsfeindlich" und gegenüber Neuerungen feindselig abqualifizierte. Die Annahme, die Handwerker und ihre Zünfte hätten neue Werkzeuge und Waren verhindert, hat sich bis in die neuere Forschung hinein gehalten: Man berief sich auf eine angebliche „Verordnung" der Zünfte der Stadt Thorn von 1523, nach der niemand „etwas Neues erdenken oder erfinden oder gebrauchen (solle)". Der entsprechende Passus entstammt allerdings der „reformatio", die König Sigismund wegen der Unruhen zwischen Bürgerschaft und Patriziat in der Stadt Thorn (Torun) 1523 erlassen hatte, und kann

2.3 DER FEILENHAUER Cuntz Feylschmid († vor 1423) schlägt mit einem scharfkantigen Hammer Zähne in ein Feilenblatt, das er mit der Linken auf einen Amboss hält. Drei bereits fertige, aber noch ohne Heft ausgestattete Feilen liegen auf der Bank.
Amb. 317.2°, f. 41r

2.4 PANGRATZ PONFIDEL († 1554) konnte aufgrund einer kleinen Veränderung die Zähne präziser in Feilenblätter einhauen: Weil die Feile mit einem Lederriemen, der mit dem Fuß gespannt wurde, auf dem Hauklotz fixiert worden war, konnte die zuvor zum Festhalten benötigte Hand nun zusätzlich für ein präziser zu führendes Werkzeug eingesetzt werden. Die Behauung erfolgte jetzt mithilfe von Hammer und Meißel. Mehrere in Arbeit befindliche Feilen und Rohlinge liegen auf dem Tisch und in der Esse. Griffbereit auf der Bank sowie auf dem Werkblock, in den ein großer Amboss eingelassen ist, hält der Handwerker Zange, Hammer und Meißel vor.
Amb. 317b.2°, f. 5v

▸ **2.5 DER MESSERER** Tuldner († vor 1414) bearbeitet eine Messerklinge auf eine bis in das 16. Jahrhundert hinein übliche Weise: In den Werkblock ist neben dem Amboss eine Winkelstütze (Feilstock) aus Holz eingelassen, in der der Handwerker das Messer mit dem Heft abstützt und mit einer Hand festhält, um mit der anderen Hand die Feile zum Bearbeiten der Klinge zu führen. Vor ihm auf dem Tisch liegen zahlreiche Messer von unterschiedlicher Größe und Form. Im Schrank steht als Verpackung für die fertigen Messer eine Spanschachtel. / Amb. 317.2°, f. 12v

▸ **2.6 DER LÖTSCHLOSSER** Nikolaus Wagner († 1600) kann infolge einer wahrscheinlich von Nürnberger Handwerkern ausgehenden Geräteinnovation seine beiden Hände zum Feilen des Bügels eines Vorhängeschlosses einsetzen: Als im frühen 16. Jahrhundert aufgekommene Arbeitshilfe dient ein Schraubstock (hier mit einer bis zum Boden gehenden Angel), in dem das Schloss zur Bearbeitung fixiert worden ist. In einer Esse im Hintergrund lodert ein Feuer, den Blasebalg kann Wagner mittels eines Holzstabs vom Arbeitsplatz aus bedienen. / Amb. 317b.2°, f. 65v

nicht als Beleg für die Haltung der Handwerker selbst gelesen werden. Werfen wir einen Blick auf die technische Entwicklung im 15. und 16. Jahrhundert, so lässt sich durchaus ein Wandel erkennen, der die Arbeitsprozesse, die Werkzeuge und auch die Produkte betraf.

Bei den Feilenhauern wurde z. B. der Hieb zunächst durch einen Hammer mit meißelförmiger Schneide gesetzt, später mit Hammer und Meißel (Abb. 2.3 und 2.4). Ein Beispiel einer Geräteinnovation, die offenbar von Nürnberg ihren Ausgang nahm, ist der Schraubstock: Das Hausbuch der Mendelschen Zwölfbruderstiftung zeigt vor 1414 einen Messerer, der ein Messer mit der Feile bearbeitet und dabei die Winkelstütze oder Auflage (Feilstock) benutzt, die auch im 16. Jahrhundert bei den Messerern noch üblich war (Abb. 2.5). Doch schon die Darstellung des 1528 verstorbenen Schlossers Ulrich Hoch zeigt diesen an einem Arbeitstisch mit „Schraubstock", in den er einen Schlüssel eingespannt hat (vgl. auch Abb. 2.6). Nach der Skizze eines hölzernen Schraubstocks mit eisernen Klemmbacken des Nürnbergers Martin Löffelholz (1505) ist das Bild des Schlossers die erste Arbeitsdarstellung mit einem Schraubstock. 1549 erscheint das Gerät bereits als Meisterzeichen eines Nürnberger Messerers. Im Ständebuch Jost Ammans von 1568 gehört er zur Werkstattausstattung aller Metallhandwerker, in den Hausbüchern wird er 1562 von einem Kammmacher benutzt (vgl. Abb. 10.5). Bereits 1535 behält eine Nürnberger Ordnung den Zirkelschmieden die Herstellung von „schraubstecken" vor: Sie stellten ihn her und verwendeten ihn auch selbst (Abb. 2.1).

Der nach den bisher verfügbaren Quellen wahrscheinlich im „Epizentrum" Nürnberg entwickelte Schraubstock dürfte – ähnlich wie die Hobelbank, die sich in der Zeit von 1500 bis 1700 von der „Bankplatte" hin zur Hobelbank mit Schraubzangen entwickelte – weite Verbreitung gefunden haben. In vielen Handwerken lassen sich bei Werkzeug und Gerät ähnliche Entwicklungen beobachten (vgl. Kap. 8 u. 14).

Die Produktivitätssteigerung dieser Geräteinnovation kann nur abgeschätzt werden: Durch die Freisetzung einer (früher haltenden) Hand konnte nun höhere Kraft aufgetragen werden. Weiterhin ist eine erhebliche Steigerung der Präzision anzunehmen, die sich als Qualitätssteigerung ausdrücken konnte. Gerade auf die Herstellung von Messinstrumenten, wissenschaftlichen Instrumenten, Zeichengeräten oder auch Werkzeugen – wie die Erzeugnisse der Zirkelschmiede – konnten sich solche Innovationen merkbar im genannten Sinn auswirken.

Den Prozessinnovationen entsprachen wiederum zahlreiche Produktinnovationen: Die umfangreiche Palette an Erzeugnissen ist auch Thema des Meistersingers und Schuhmacherpoeten Hans Sachs (1494–1576) in seinen Versen zum Ständebuch. Es sind „koestliche Ding", die der selbstbewusste Goldschmied fertigt, darunter auch „von Silber Schüssel und Schaln / Wer mirs gutwillig thut bezaln". Der Messerer macht seine Ware „wol beschalt / Köstlich und schlecht / darnach mans zalt". Der Sporer schmiedet „Sporn von Stahl und Eyßn", dem Bauern macht er es „gröber viel / Der es nur wolfeyl haben wil". Auch der Schreiner arbeitet „köstlich oder schlecht / Eim jeden umb sein pfenning recht". So gehen viele Waren „in die weite Land" oder sind für „groß Herren" bestimmt, andere wieder „für den gemeinen mann". Dass all die Vertreter der verschiedenen Berufe auf ihren Vorteil sehen und auch die weite Spanne zwischen dem „Meisterlichen" und dem Betrug thematisiert wird, ist sicherlich auch dem Genre geschuldet, aber die Vorlage dazu hat das tätige Leben in den 1560er-Jahren gegeben.

Reinhold Reith

Hanns Mayr flayschhacker ward In der bruderschafft genomen am
montag nach dem Sontag Trinitj In 1521 Jar und starb heroyn
am 7 tag Februarj 1528 Jar

Das täglich Brot

BÄCKER, METZGER, FISCHER UND CO.

Städtische Verbraucher gaben in Spätmittelalter und früher Neuzeit einen großen Teil ihrer Einkommen für die Ernährung aus, daher fanden in den Nahrungsmittelgewerben auch viele Hände Arbeit. Bäcker und Metzger zählten neben Müllern, Brauern und Fischern in den Städten, Dörfern und Marktorten zu den am stärksten vertretenen Handwerkern. Dem Nahrungsmittelgewerbe zuzurechnen sind darüber hinaus auch die Gast- und Schankwirte sowie die Garküchen und zahlreiche kleinere Berufe, Nebengewerbe und Tätigkeiten im Klein- und Kleinsthandel, die neben den Haushalten selbst die Versorgung mit Nahrungsmitteln bewerkstelligten. Viele Berufe haben sich unmittelbar aus Tätigkeiten im Rahmen der Haushaltsproduktion heraus entwickelt. Zu nennen wären hier das Mahlen, Backen und Brauen. Die Bevölkerungsverdichtung in den Städten hatte seit dem Hochmittelalter zu einer beruflichen Differenzierung und Spezialisierung geführt. Meist bestand noch enge Verbindung zwischen Stadt und Land, die nicht nur auf die Ackerbürgerstädte begrenzt war, sondern auch durch die Land- und Gartenwirtschaft sowie die Viehhaltung in der Stadt lange beibehalten wurde.

DAS BROT DER BÄCKER

Brot war das wichtigste Grundnahrungsmittel, wobei mit einem Verzehr von 500 g pro Kopf und Tag für die vorindustrielle Zeit gerechnet wird (Abb. 3.1). Hauptbrotgetreide war in Mitteleuropa der Roggen: Mit Roggen konnte man lockere Sauerteigbrote backen; Gerste und Hafer taugten nur zu Fladen. Während im Norden Europas dunkles Roggenbrot konsumiert wurde, verarbeitete man im Süden auch Weizen und Dinkel in zwei oder mehreren Mahlgängen zu Feinmehl für Brot oder Mehlspeisen. Helles Brot galt als kostspieliges Essen. Augsburger Bäcker erklärten noch im 18. Jahrhundert, der „Vermögliche" esse weißes Brot, der „arme und gemeine Bürger" halte sich an das schwarze Brot.

DAS TÄGLICH BROT

3.1 UNTER DEN 114 HOLZSCHNITTEN in Jost Ammans 1568 erschienenem „Ständebuch" mit Reimen von Hans Sachs ist auch der Bäcker vor dem gemauerten Ofen beim Einschießen des Brotes mit dem Schieber abgebildet. Im Hintergrund wird in einer Mulde der Teig geknetet. Jobst Amman zeigt den „Beck" vor dem Ofen in seiner Arbeitskleidung, einem Lendenschurz; die Handwerker in den Hausbüchern werden dagegen stets in der von den Stiftungen gestellten Tracht wiedergegeben.
Jost Amman und Hans Sachs: Eygentliche Beschreibung Aller Stände auff Erden, Frankfurt am Main 1568 (Stadtbibliothek Nürnberg, Amb. 1598.8°, Bl. M1)

Immer wiederkehrende Ernteausfälle führten periodisch zu Preissteigerungen, Verknappungen und der Gefahr von Teuerungs- und Hungerkrisen. Die Städte beaufsichtigten daher den Getreide-, Mehl- und Brothandel und kontrollierten Höchstpreis, Qualität und Brotgewicht. Zunächst war in Krisenjahren die Getreidezufuhr der neuralgische Punkt der Versorgung: Von Fall zu Fall intervenierte der Rat durch Aufkauf und Abgabe von Getreide auf der Basis städtischer Vorratshaltung. In zahlreichen Städten existierte ein Kornhaus, ein Speicher oder eine sogenannte Schütte: Nürnberg ließ nach einer dritten Hochpreisphase (1500 bis 1504) im Jahr 1504 ein neues Kornhaus errichten; in Augsburg unterhielt das sogenannte Proviantamt zwei Kornmagazine, Hochstift und Domkapitel verfügten über ein eigenes Kornhaus, und viele Stiftungen bedienten sich eigener Kornböden. Bei unzureichendem Angebot verhängte der Rat ein Exportverbot von Getreide und suchte den „Fürkauf", den spekulativen Weiterverkauf, zu erschweren oder ließ – wie in Nürnberg 1482 und 1501 – für die „arme gemein" verbilligtes Notbrot backen.

MÜLLER UND MELBER Das Getreide musste zunächst gemahlen werden. Für diesen Arbeitsgang kamen im Westen und Norden Europas vor allem Windmühlen zum Einsatz, während im Binnenland die Wassermühle dominierte. Beide waren von Naturkräften abhängig; z. B. konnten Eis oder auch Trockenheit die Wassermühlen lahmlegen und die Versorgung gefährden. Die Müller arbeiteten für die Bauern, die Bürger und vor allem für die Bäcker. Im Verhältnis zu den Bäckern gab es nur wenige Müller, und diese waren in den Städten meist der Bäckerzunft angeschlossen. Beide betrieben oft zusätzlich Mehlhandel, in dem sich auch Kleinhändler wie Hucker, Melber oder Pfragner betätigten. Letztere brachten neben Mehl aber auch Erbsen, Linsen, Schmalz und anderes auf den Markt. Müllergehilfen übernahmen das Mehlsieben, um das Mehl von der Kleie zu trennen, sichten oder beuteln, da sich das mechanische Sichten erst im 16. Jahrhundert durchsetzte. Zwischen den Müllern und den Bäckern kam es wegen der Ausmahlung des Getreides häufig zu Konflikten, und nicht nur in Spottgedichten – der Müller könne so meisterlich tief in die Säcke greifen – wurde dem Müller die Zurückhaltung von Mehl vorgeworfen. Wie in Graz 1598, so suchten die Bäcker deshalb auch andernorts in den Besitz einer Mühle zu kommen.

BROTPREIS UND BROTGEWICHT Doch der größte Teil der Bevölkerung kaufte nicht Getreide oder Mehl, sondern Brot. Der Brotpreis bzw. das Brotgewicht war für die Konsumenten ausschlaggebend: Bereits das Augsburger Stadtrecht von 1276 traf Bestimmungen, dass sich die Brottaxe und damit der Brotpreis nach dem Kornpreis richten solle. In zahlreichen Städten – wie in Straßburg, Basel, Augsburg, Köln, Wien, Graz und Salzburg – blieb im späten Mittelalter der Preis des Brotes gleich. Ging der Getreidepreis hoch, so wurde das Brot kleiner und vice versa: Das Brotgewicht war daher die bewegliche Einheit. Der Rat folgte der Erhöhung der Getreidepreise mit den Brottaxen meist nur zögernd. Da das Getreide von Jahr zu Jahr unterschiedlich ergiebig war, wurde durch ein jährliches Probebacken die Brottaxe und somit die Relation zwischen Getreidepreis und Brotgewicht neu ermittelt. Dazu wurden neben dem Getreidepreis und der Getreidequalität auch das benötigte Brennholz, der Hauszins, die Hefe, das Salz und die Arbeitskosten in Anschlag gebracht.

Um die Kontrolle des Marktes gewährleisten zu können, herrschte „Marktzwang", d.h., die Bäcker durften ihre Ware nur an den öffentlichen Läden bzw. Bänken auf der „Schranne", im „Brothaus" oder an der „Brotlaube" verkaufen. In Graz und in zahlreichen anderen Städten wurde der Brotverkauf erst im 18. Jahrhundert in die Bäckerhäuser verlegt. Besonders bei Teuerungen wurden die Bäcker angehalten, alles auf den Markt zu bringen. Das Brotverstecken wurde mit Eisen- und Turmstrafen geahndet: 1622 setzte man beispielsweise einen Augsburger Bäcker, der 100 Semmeln versteckt hielt, auf den hölzernen Schandesel vor dem Rathaus.

FALSCHE GEWICHTE? Um schlechte Qualitäten und zu geringe Brotgewichte zu verhindern, sollten die Bäcker – wie in Salzburg 1524 – die Brote mit einem Zeichen durch Hineindrücken von Löchern mit dem Zeigefinger oder durch Stiche bzw. mit einer Brotmarke versehen. Außerdem dürfe der Bäcker nicht daran gehindert werden, „schöner oder pesser Brot" herzustellen. In Augsburg klagten die Proviantherren über „allerlai eingemischten vnsaubern Zeug", sodass in der Folge die Bäckerordnung (1606) ebenfalls die Kennzeichnung verlangte. Städtische „Brotwäger" und Geschaumeister sollten regelmäßig prüfen. Bei zu geringem Gewicht oder schlechter Qualität wurden sogenannte Bäckerstrafen verhängt, zu denen neben Geldstrafen auch Haft- und Prangerstrafen zählten. In Wien wurde 1553 ein Bäcker, der zum dritten Mal beim Verfälschen eines Brotgewichtes ertappt wurde, „mit der schuphen" bestraft. Beim aus verschiedenen Städten überlieferten Bäckerschupfen bzw. bei der Bäckertaufe wurde der Übeltäter in den Korb eines Schnellgalgens gesetzt und unter Wasser getaucht.

ANGEBOT UND NACHFRAGE In Krisenzeiten – wie in Augsburg 1614 – war es durchaus erlaubt, Mischbrot aus Roggen und Gerste zu backen. Die Bäcker selbst bevorzugten wegen des geringeren Holzbedarfs große Brote, doch sie wurden immer wieder ermahnt, auch kleine Brote oder Gebäck herzustellen.

Die Zahl der Backhäuser und Meisterstellen war meist limitiert, wuchs allerdings im 16. Jahrhundert an. Die Nachfrage sicherte den überwiegend kleinen Betrieben – 1444 zählte man in Straßburg z.B. 74 Meister und 81 Gesellen – ständige Beschäftigung, wobei in den großen Handels- und Reichsstädten zwischen Schwarz- und Weißbäckern, Sauer- und Süßbäckern, Weiß- und Fastbäckern oder Los- und Grobbäckern unterschieden wurde. Bei Versorgungsengpässen konnte der Rat fremde Bäcker zulassen, wie dies beispielsweise beim Konzil zu Konstanz zwischen 1414 und 1418 der Fall war (Abb. 3.2).

3.2 „FREMDE BRODBBAEKER ZU CONSTANZ" erwähnt Ulrich von Richental († 1437) in seiner Chronik des in Konstanz von 1414 bis 1418 abgehaltenen Konzils. Die Illustration in einer um 1464 entstandenen Abschrift zeigt einen fahrbaren Backofen und einen davor stehenden Mann mit einem Schieber beim Einschießen eines Gebäcks, das fertig gebacken auf der rechten Bildseite auf einem Tisch zum Verkauf angeboten wird. Wie diese Pasteten („bastetten") werden auch die auf einer Stange aufgehängten, herzförmigen Brezeln („brätschellen") im Text erwähnt.
Ulrich von Richental: Chronik des Konstanzer Konzils, um 1464 (Konstanz, Rosgartenmuseum, Hs. 1, f. 23v)

"falsch und beschiss": Qualitätskontrolle

Gerade die Qualität der Nahrungsmittel war in Satiren und Predigten ein ständiges Thema: Schon Berthold von Regensburg mahnte in seinen Predigten aus dem 13. Jahrhundert, dass der Fleischer finniges Fleisch verkaufe, und der Autor des Gedichtes „Des Teufels Netz" aus dem 14. Jahrhundert listet Missstände und Betrug auf und stellt satirisch 94 Stände vor, die dem Teufel ins Netz gegangen seien. Der Wirt, der „allzit uff grossen gewinn" sehe, biete zu kleine und überteuerte Portionen an, oft aus alten und halb verdorbenen Speiseresten. Der Müller unterschlage Korn und strecke das Mehl, der Bäcker mache es nicht besser. Die Viktualienhändler hätten falsche Maße und Gewichte, verkauften faules Obst und versteckten faule Eier unter den guten. Der Krämer halte verdorbene Gewürze feil, der teure Safran werde „geschmiert und geschwert" usf. Auch Sebastian Brant listet in seiner Moralsatire „Das Narrenschiff" (1494) zahlreiche Fälle von „falsch und beschiss" auf, nicht zuletzt das „Weinschmieren" und Weinpanschen. Predigten und Satiren leben von der Übertreibung und der gezielten Provokation, dennoch verdeutlichen sie gängige Praktiken und damit die Notwendigkeit der Gütesicherung.

Die Versorgung mit lebensnotwendigen Gütern wurde im Spätmittelalter daher von den Kommunen geregelt und überwacht: Gerade in den gewerbereichen Städten hatten sich Anstalten herausgebildet, die Waren auf Güte und Echtheit prüften. An diesen „Schauanstalten" (Abb. 3.3) waren die Korporationen der Handwerker, die Zünfte, und die Obrigkeit beteiligt. Die Versorgung mit Grundnahrungsmitteln war Gegenstand der Versorgungspolitik und erstreckte sich über die Fleisch-Schau hinaus auf viele Nahrungsmittel: Schauer prüften, ob Schweine rein oder finnig wären, Weinmesser kontrollierten den

3.3 DIE AMTLICHE SAFRAN- UND GEWÜRZSCHAU in Nürnberg diente der Qualitätskontrolle vor dem Verkauf. Die Schauer prüften die Gewürze, bevor sie dann gewogen, von Ballenbindern verpackt und mit einer reichsstädtischen Marke gekennzeichnet wurden. Der Kupferstich nach einem Gemälde von Joachim von Sandrart hält das Prüfverfahren nach der Revision der Schauordnung von 1656 vor einer idealisierten Kulisse mit einem in Nürnberg nicht vorhandenen Seehafen fest.
Safran- und Gewürzschau zu Nürnberg, Georg Paul Nussbiegel nach Joachim von Sandrart, 1783 (Stadtbibliothek Nürnberg, Will VII, 919)

Wein, Weinstecher nahmen „Stichproben", Heringsschauer sind in Nürnberg schon 1350 belegt. In der Reichsstadt existierte ferner eine weithin anerkannte Safran- und Nelkenschau zur Kontrolle der eingeführten Gewürze. Aber auch den beeideten Schauern war nicht immer zu trauen: Im Jahr 1400 wurden in Nürnberg drei geschworene Getreidemesser wegen Unredlichkeiten nach Abschlagung der Schwurfinger ihres Amtes entsetzt.

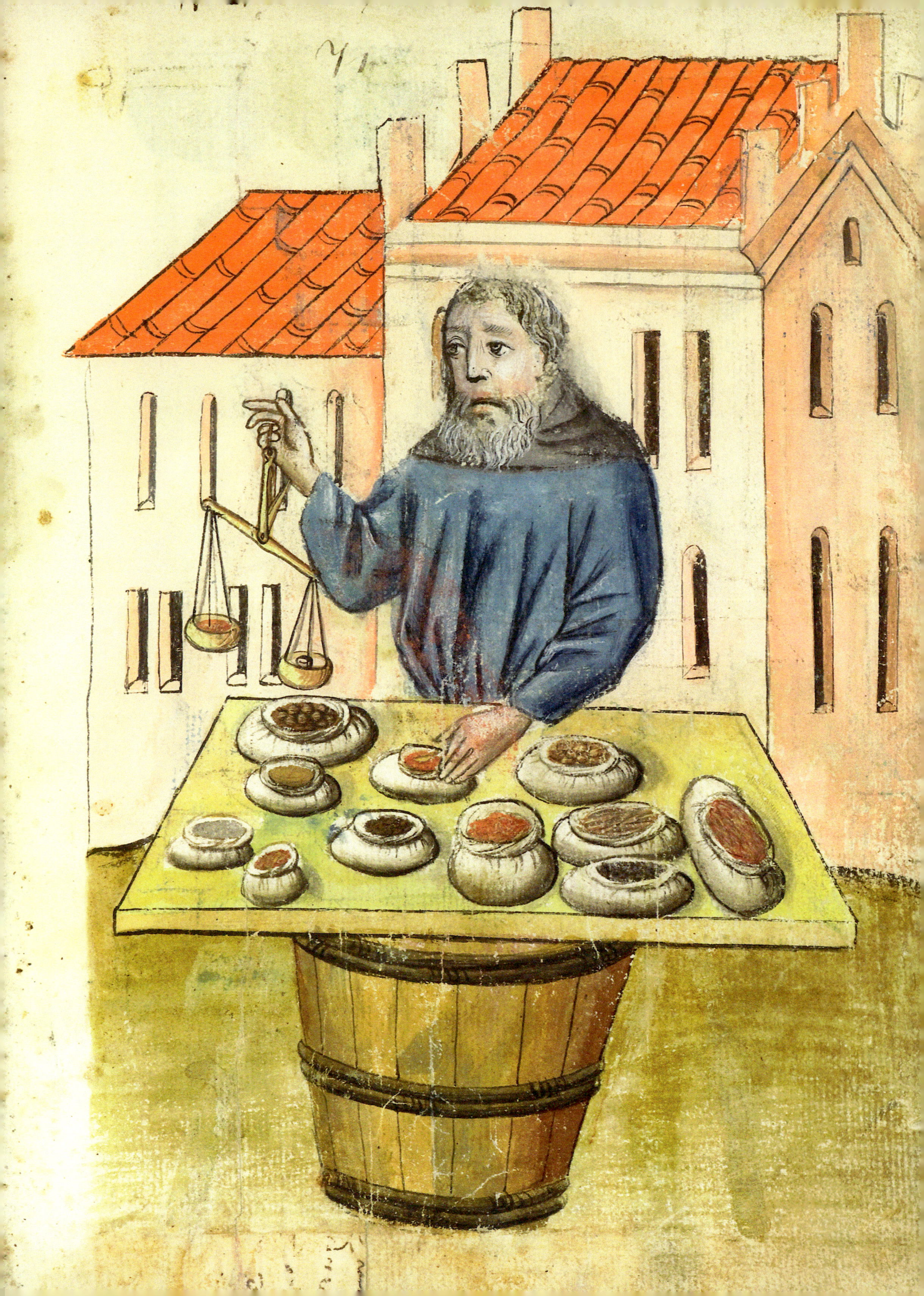

3.4 DER GEWÜRZKRÄMER Perchtolt Kromer, Uslaub genannt († 1453), hat ein Holzbrett auf ein Fass gelegt und bietet darauf seine Ware auf einem Platz in der Stadt feil. Die Gewürze verwahrt er in kleinen Beuteln; zum Abwiegen benutzt er eine Waage, die er in der Rechten emporhält. / Amb. 317.2°, f. 75r

LEBKÜCHNER UND PASTETENBÄCKER Einzelne Gebäcksorten wurden nur zu bestimmten Jahreszeiten gebacken oder lediglich zu den großen Feiertagen hergestellt, so in Graz die Brezel während der Fastenzeit und die geflochtenen Striezel zu Allerheiligen. Hier protestierten die Bäcker gegen unliebsame Konkurrenz, wenn z. B. „Soldatenweiber" sogenannte Brioche-Kipferl sowie Guglhupf und Riegerl vor dem Murtor feilhielten. Doch nur in größeren Städten boten die Küchel-, Zucker-, Oblaten- und Pastetenbäcker sowie Konditoren ihre Waren an. Stand in Nürnberg das Backen von Lebkuchen zunächst allen Bäckern zu, so kam es im 17. Jahrhundert infolge der Trennung von Lebküchnern und Bäckern zu einer Spezialisierung. Der für dieses Gebäck benötigte Honig kam aus dem Reichswald. Bis ins 18. Jahrhundert war Nürnberg nicht nur ein Zentrum des Zuckerhandels. Auch im Gewürzhandel, insbesondere beim Safran, hatte die ehemalige Reichsstadt eine fast monopolartige Stellung (Abb. 3.3, 3.4). Georg Karl Schurtz schrieb 1673 in „Die neueingerichtete Materialkammer", dass man die Lebkuchen „an keinem Ort so gut machen kann".

DIE METZGER

Man nimmt an, dass im Spätmittelalter kaum weniger als 100 kg Fleisch pro Kopf und Jahr verzehrt wurden. Mit dem hohen Fleischkonsum korreliert die große Zahl der benötigten Metzger. In den Städten war diese Berufsgruppe immer stark vertreten: 1363 zählte man in Nürnberg 71 Metzger, und 1451 arbeiteten in Basel 109 Meister. 1475 beherbergte Augsburg 140 Metzger, 1615 waren es bereits 180. Wegen des Kapitalbedarfs zum Einkauf von Vieh gehörten die Metzger meist zu den vermögenderen Gewerben, wenngleich sich in der zweiten Hälfte des 16. Jahrhunderts Auseinandersetzungen zwischen armen und reichen Metzgern häuften. Die Streitigkeiten führten mitunter zur Einschränkung der Schlachtquoten, sodass in Augsburg 1590 ein Metzger nur noch fünf Ochsen pro Woche schlachten durfte. Die Metzger waren nicht überall zünftig, doch Zunfthäuser und Zunftaltertümer wie etwa der gotische Zunftsaal der Konstanzer Metzger aus dem 15. Jahrhundert oder die 1564 entstandene Wappenscheibe der Metzger von St. Gallen mit der Darstellung vom „Schlagen" eines Ochsen lassen die wirtschaftliche Potenz und das Selbstbewusstsein dieser Berufsgruppe erkennen. An vielen Standorten gab es eine Trennung in Rinder- und Schweinemetzger, die nicht selten auch selbst Viehhandel betrieben.

OCHSENSCHLAGER UND SÄUSTECHER Die stärkste Nachfrage bestand bei Rind- und besonders Ochsenfleisch. Der Fleischbedarf großer Städte wie auch der Bergbaugebiete war nur durch den Zutrieb von Ochsen zu decken. Augsburg bezog seine Ochsen z. B. aus Ungarn, Polen, Böhmen und dem Bayerischen Wald. Nach dem langen Viehtrieb und entsprechendem Gewichtsverlust musste das Großvieh in der Nähe der Städte wieder gemästet werden. Mit dem Beginn des zweiten Viertels des 16. Jahrhunderts stagnierte jedoch die Zufuhr: Durch die Bevölkerungszunahme war einerseits die Nachfrage gestiegen, andererseits durch das Vordringen der Türken in Ungarn und Österreich der Ochsenhandel behindert; zudem war der inländische Viehstapel zurückgegangen, und auch die Schäferei schmälerte offenbar die Rindviehhaltung. Ebenso wurde die Finanzierung der Einkäufe schwieriger. 1493 gewährte der Nürnberger Rat erstmals ein Darlehen an die Metzger zum Ochseneinkauf, 1532 richtete er eine städtische Viehkasse ein, das sogenannte Ochsenamt, das Kredite oder Vorschüsse gab. 1571 kam es neben Getreideteuerung auch zu einer „Fleischnot". Während des Dreißigjährigen Kriegs wurden in Augsburg jährlich 14 000 Ochsen geschlachtet.

3.5 DER FLEISCHHACKER Haintz Mayr († 1528) teilt mit einem großen Fleischerbeil eine Keule. Neben ihm am Gestell hängt eine Waage. In einer Schale liegen Fleischstücke, in der anderen Gewichte. Bereits zerlegtes Fleisch wird auf dem Auslagetisch, jeweils ein halbes Schwein am Gestell und auf der Ablage zum Verkauf angeboten. / Amb. 279.2°, f. 17v

Die Schweinehaltung spielte in der Stadt eine große Rolle. In Augsburg waren 1609 jedem Bürger zwei Mastschweine gestattet, Bäcker und Müller durften mehr halten und betrieben wie die Pfragner (Lebensmittelkleinhändler) die Schweinehaltung fast als Nebengewerbe. Die Schlachtung und Verarbeitung der Schweine für den privaten Bedarf nahmen meist Lohnschlächter, sogenannte „Säustecher", vor. Dies waren oft Gesellen oder arme Meister; nicht selten wurde das Schweinstechen auch als Nebengewerbe betrieben (vgl. Abb. 13.10). Die Wurstherstellung stand wiederum nur den Schweinemetzgern zu, denen die Rindermetzger brauchbare Därme liefern sollten. Während in Nürnberg die größeren Würste (von denen vier oder fünf ein Pfund wogen) allgemein verkäuflich waren, durften die sogenannten Pfennigbratwürste (von denen acht ein Pfund wogen) nur an die Wirte und Garköche abgegeben werden. Regionale Spezialisierungen waren auch hier ausgeprägt, neben den Rind- und Schweinemetzgern waren Kuttler, Wämstler, Flecksieder oder Wurstmacher tätig.

SCHLACHTHAUS UND STECHHÜTTE Bereits im Spätmittelalter bestand in größeren Städten beim Großvieh der Schlachthauszwang, d. h., es wurde zentral bzw. öffentlich geschlachtet: In Salzburg nahm man das Schlachten von Kühen, Ochsen und Kälbern nach der Ordnung von 1524 auf der Salzachbrücke vor, nicht verwertbare Schlachtabfälle wurden in die Salzach geworfen. In Nürnberg bestand im 14. Jahrhundert zunächst nur eine einfache hölzerne „Schlagbrücke" an der Pegnitz, der bald ein mit Schindeln gedecktes Schlachthaus auf Pfeilern über dem Wasser mit Brücke zum Fleischhaus folgte. Schlachthäuser gab es auch in Basel und Köln. In Augsburg wurde im 16. Jahrhundert der „Schlachthauszwang" durch Einrichtung einer „Stechhütte" auf die Schweine erweitert. Grundsätzlich musste das Vieh vor dem Schlachten geschaut werden: 1494 erhielt z. B. ein Augsburger Metzger einen Stadtverweis bis zur Bezahlung von 1000 Steinen für den Bau der Stadt, weil er eine Sau ungeschaut geschlachtet und verkauft habe.

ANGEBOT UND NACHFRAGE Der Verkauf war nur an den Fleischbänken (Scharn) zugelassen (Abb. 3.5). Das konnten einfache Buden oder stattliche Gebäude sein. Stellvertretend für Letztere seien das 1529 erbaute, 1945 zerstörte und in den 1980er-Jahren rekonstruierte Knochenhauer-Amtshaus in Hildesheim oder die 1606 bis 1609 unter dem Stadtbaumeister Elias Holl errichtete „Stadtmetzg" über einem

3.6 DER LEBENSMITTELKLEINHÄNDLER (Pfragner) Andres Pfragner († vor 1425) verkauft geräucherte Fische, die seitlich an einem Bord hängen und vor ihm auf zwei aus Holz gehauenen Tabletts auf seinem leichten Verkaufstisch mit gitterartiger Ablagefläche liegen. / Amb. 317.2°, f. 30r

der Lechkanäle in Augsburg genannt. Das Wasser benötigte man zum Schlachten, zur Kühlung der Fleischkeller und zur Abfallbeseitigung. Die Zuteilung der Bänke erfolgte meist durch Los, keinem Metzger stand mehr als eine Bank zu.

Der Fleischpreis oder die Taxe war ähnlich wie Brotpreis und Brotgewicht ein ständiger Konfliktpunkt zwischen den Metzgern und dem Rat, besonders, wenn das Angebot knapp und die Nachfrage hoch war: Das war meist in der Zeit zwischen Ostern und Pfingsten der Fall, da der Viehzutrieb erst langsam wieder einsetzte.

HÄUTE, HORN UND UNSCHLITT Über Nahrungsmittel hinaus lieferten die Metzger einigen Gewerben auch ihre Rohstoffe, so den Gerbern und Pergamentern die rohen Häute (vgl. Kap. 9) oder den Kammmachern, den Paternosterern, den Würfelschneidern oder den Laternenmachern die Knochen und das Horn (vgl. Kap. 10). Talg bzw. Unschlitt war ein begehrter Rohstoff zur Kerzen- und Seifenherstellung, wobei das an Nieren und Gedärmen von Rindern und Kleinvieh liegende Fett ausgelassen wurde.

Zur Nachfrage der Städte kam im Zuge der Großen Montankonjunktur auch die der Bergbauregionen, sodass z. B. in Salzburg 1556 Klagen über Mangel an Unschlitt laut wurden, denn die Metzger hätten den Talg „auff die Pergkhwerch, mit grosser Anzal verkaufft". Diese Verknappungen zogen Auseinandersetzungen zwischen den Metzgern und den Pfragnern, die als Kleinhändler in Nahrungsmitteln auch Kerzen herstellten, und den Seifensiedern nach sich, denn die Kosten für Unschlitt wirkten sich wiederum auf den Preis der Kerzen aus.

„GRÜNE" UND „GESALZENE" FISCHE

Neben den Metzgern waren in den spätmittelalterlichen und frühneuzeitlichen Städten auch die Fischer – mitunter als zünftiges Handwerk – vertreten. Fastengebot und Fastenzeit kamen den Fischern zugute. An manchen Orten wie z. B. 1390 in Wien konnten Metzger ebenfalls die Fischerei betreiben oder mit Fischen handeln. Fisch wurde zum einen als getrockneter, geräucherter oder gesalzener Meeresfisch (Hering, Kabeljau) konsumiert, den auch Klein- und Viktualienhändler anboten (Abb. 3.6). Selbst tief im Binnenland machte der Preis für ein Pfund gesalzenen Hering kaum mehr als ein Drittel des Preises für Hecht, Forelle oder Barsch aus. Zum anderen lieferte die Binnenfischerei (Abb. 3.7) Süßwasserfische und

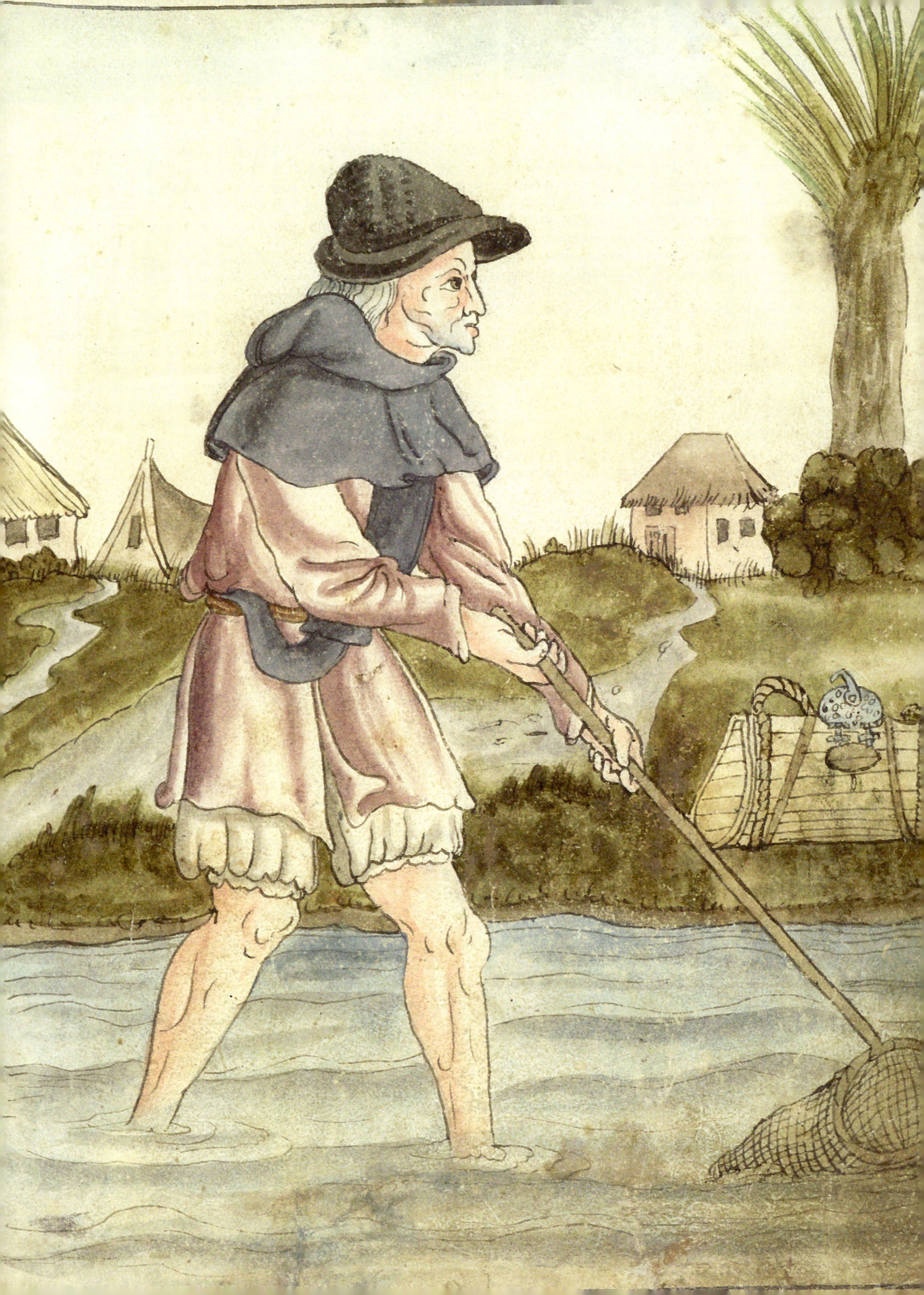

3.7 DER GRÜNFISCHER Hans Pydendorffer († 1552) schreitet durch den flachen Wasserlauf und versucht mit einem Kescher Fische zu fangen. Am Ufer steht ein hölzerner Transportbehälter für die gefangenen Fische. Dieser konnte mit einem Seil auf dem Rücken getragen werden und wurde mit einem Schloss gesichert. Der Fischer erreichte mit 98 Jahren ein ungewöhnlich hohes Lebensalter. / Amb. 317b.2°, f. 2r

bediente damit einen mittleren und gehobenen Bedarf. In Nürnberg boten sogenannte Grünfischer lebende Fische, aber auch Krebse auf dem Markt an. Allein 50 verschiedene Fischarten konnten auf dem Wiener Fischmarkt erworben werden. Die meisten Fischsorten, so ein Augsburger Ratsherr, seien jedoch nur für „schleckmeuler". Forellen, Hechte, Karpfen oder auch Krebse waren besonders in der Fastenzeit regional kaum ausreichend zu beschaffen, daher dehnte sich der Radius des Fischhandels im 16. Jahrhundert – ergänzt durch die Teichwirtschaft besonders in Böhmen, Sachsen, Schlesien und der Oberlausitz – weiter aus. Böhmische Karpfen kamen seit dem 15. Jahrhundert nach Wien, Steyr oder Salzburg, und im 16. Jahrhundert besorgten spezialisierte Fischhändler Transport und Absatz. Auf dem langen Weg musste an einer „Wässerstatt" frisches Wasser zugeführt werden.

WEIN UND BIER

Zu den vormodernen Grundnahrungsmitteln zählten auch Wein und Bier, sodass das „Umgeld" auf diese Getränke meist den ertragreichsten Einnahmeposten eines städtischen Haushalts ausmachte. Der Preis für Wein schwankte aufgrund der quantitativ und qualitativ wechselnden Ernteerträge meist sehr stark, vor allem, weil der Traubensaft noch kaum lagerfähig war. Die Rebkultur erreichte im Spätmittelalter eine weite Verbreitung, wobei sich im Westen und im Süden die besseren Lagen befanden. Bei besonderen Anlässen wurde bevorzugt Wein getrunken: Frühe Hochzeits- und Taufordnungen reglementierten eigentlich nur den Weinverbrauch. Dennoch ist der Bierkonsum nicht zu unterschätzen. Die Weinbaugrenze verschob sich im Zuge der im zweiten Drittel des 16. Jahrhunderts einsetzenden Kleinen Eiszeit nach Süden; die letzten Weinberge um Nürnberg dürften im Dreißigjährigen Krieg verschwunden sein. Um 1600 überstiegen die Umgeldeinnahmen von Bier die von Wein um ein Drittel, daher dürfte zu dieser Zeit wohl fünfmal so viel Bier wie Wein getrunken worden sein. Bis Ende des 18. Jahrhunderts hatte der Wein als Alltagsgetränk weitgehend an Bedeutung verloren. Bier war nicht nur deutlich billiger als Wein. Auch der Schankpreis blieb mehr oder weniger stabil, doch schwankte die Stärke des Biers in Abhängigkeit vom Getreideangebot bzw. vom Getreidepreis. Nur wenn Gerste knapp war, durfte bis zu einem Drittel Dinkel eingesetzt werden.

SCHOPENBRAUER UND BIERSIEDER Bis ins 17. Jahrhundert lag der Schwerpunkt der Biererzeugung im norddeutschen Raum. In den Hansestädten waren die Brauer bis ins 16. Jahrhundert hinein nicht zünftig. Die Brauerei hatte sich hier aus der Haushaltsproduktion entwickelt. Zunächst wurde für den häuslichen und eigenstädtischen Bedarf gebraut, erst später kam dann haltbares, gehopftes und damit exportfähiges Bier hinzu. Das Braurecht haftete am Haus: In Hamburg lag im späten 15. Jahrhundert auf mehr als 500 und in Einbeck zu Beginn des 17. Jahrhunderts auf 700 Häusern das Braurecht. Bremen eröffnete den Export nach Friesland, Holland, Seeland und Flandern, Hamburg und Wismar folgten. Hamburg zählte 1376 knapp 200 Stadtbrauer und 270 Exportbrauer. In Lübeck hatte sich die Brauerei in enger Verbindung mit der Errichtung der Wasserkünste (1290/1302) entwickelt. Zu Beginn des 15. Jahrhunderts brauten dort mehr als 100 Brauer für den Export und setzten ca. 120 000 hl Bier ab.

Nach dem Dreißigjährigen Krieg verschob sich der Schwerpunkt der Bierproduktion nach Süden. Während im Norden der Brauherr meist einen Schopenbrauer (Braumeister) mit seinem Personal jeweils

3.8 DER BIERBRAUER Herttel Pyrprew († vor 1425) rührt mit einem langen Stab in der auf einer gemauerten Feuerstelle eingelassenen Braupfanne bzw. -kessel mit zwei seitlich befestigten Ringen. Am Boden stehen zwei Daubenbottiche mit den Brauzutaten. Über dem Braumeister hängt an einem Auslegearm ein Hexagramm, der Brauerstern, der das Recht zum Bierausschank anzeigt.
Amb. 317.2°, f. 20v

für einen Brauvorgang verpflichtete, arbeitete der Brauer im Süden im Kleinbetrieb und braute für den eigenen, durch ein ausgehängtes Schankzeichen angezeigten Ausschank (Abb. 3.8). Nur herrschaftliche Brauereien und städtische Regiebetriebe hatten einen größeren Ausstoß. Der Umfang des Braugewerbes nahm jedenfalls zu, und um 1800 dürfte der Verbrauch an Bier je Kopf der Bevölkerung jährlich bei 300 l gelegen haben.

Die Qualität des Biers wie auch der Bierpreis unterlagen ebenfalls der obrigkeitlichen Kontrolle. Wie beim Brot gab auch beim Bier der Getreidepreis den Ausschlag. Die sprunghafte Entwicklung dieser Preise führte im 16. Jahrhundert immer wieder zu Auseinandersetzungen, bei denen die Bierbrauer empfindliche Verluste beim Sieden beklagten.

Brauer waren auf dem Land oft als Wirte oder Krämer tätig. Nicht selten verbanden sie ihr Gewerbe mit der Branntweinbrennerei. Brauabfälle konnten sie zur Schweinemast verwenden oder weiter veräußern. Als Nebengewerbe der Brauerei erscheint das Gerben- oder Germsieden (Hefesieden), und in größeren Städten wie Nürnberg waren auch sogenannte Hefner tätig, die aus ungenießbarem Bier Hefe herstellten; die Herstellung von Branntwein war ihnen jedoch untersagt. Das Brauen war nur in der kalten Jahreszeit möglich. Gebraut wurden ein Winter- und Sommerbier: Ersteres wurde sofort verkauft, während das (zunächst stärker eingebraute) Sommerbier in Bierkellern gelagert und im Sommer angezapft wurde. Auf „Lager" konnte erst durch künstliche Kühlung in der zweiten Hälfte des 19. Jahrhunderts gebraut werden.

KAFFEESIEDER, HÜHNERTRÄGER UND KRÄUTLER

Neben den größeren Berufen des Nahrungsmittelgewerbes entwickelten sich auch zahlreiche spezielle Gewerbe wie die Schokoladenmacher sowie die Kaffee- oder Essigsieder, die eine gehobene Nachfrage bedienten. Gärtner (oder Häcker) in Stadt und Umland versorgten die Stadtbürger mit Obst, Kräutern und Gemüse, das unter dem Begriff „Küchenspeise" zusammengefasst wurde. Der Berufsgartenbau, d. h. ein erwerbsmäßiger Anbau von Gemüse, dürfte sich ausgangs des Mittelalters besonders im Umkreis der großen Städte entfaltet haben. Auch hier scheinen ebenso wie die „Beerenweiber" die „Salat- und Zwiebelweiber" im Kleinhandel auf, und „alte Weiber" durften Kraut zum Einmachen kaufen und wieder absetzen. Die Schwaiger lieferten besonders Kleinvieh, das durch sogenannte Hühnerträger in die Städte gelangte (Abb. 3.9).

Die Grenze zum Genussmittelgewerbe (Tabak, Zucker etc.) und zur Landwirtschaft ist nicht immer klar zu ziehen. Viele Gewerbetreibende waren auch im Handel tätig; beim Lebensmittelkleinhandel (Fische, Obst, Geflügel etc.) lagen Herstellung und Verkauf besonders in der Hand der Frauen, deren Tätigkeit im Nahrungsmittelgewerbe stärker ins Gewicht fiel als in anderen Branchen. Das gilt auch für das eng mit dem Nahrungsmittelgewerbe verbundene Gastgewerbe, zu dem die Wirte, Weinschenken und Garköche zählten, die sich nur ungern auf ihren eigentlichen Tätigkeitsbereich (Beherbergung, Ausschank, gekochte Speisen) festlegen ließen. Während die „Zapfenwirte" ihren Gästen zu den Getränken nur Käse, Brot, Nüsse und Obst anbieten sollten, durften die Garküchen jedenfalls keine Fremden beherbergen und nur Gekochtes und Gebratenes anbieten. Die Versorgung – nicht nur der Fremden – durch die Garküchen ist nicht zu unterschätzen, weshalb der Rat solche Konzessionen auch nach Bedarf vergab: Während des Dreißigjährigen Krieges (1633) erhielten sechs arme Bürgerweiber in Nürnberg die Befugnis, zum Besten der Soldaten und anderer Leute auf ein halbes Jahr gekochten Brei, auch Lunge und Leber feilzuhalten, denn der Rat wolle „bei jetzigen schweren Zeiten und allerhand obliegender Armut etwas connivieren".

Reinhold Reith

▼ **3.9 DER HÜHNERTRÄGER** Resch vom Stayn († vor 1414) hat einen Stützstock unter den Arm geklemmt. Auf dem Rücken trägt er ein Reff, eine mit Schulterriemen befestigte Kraxe aus Holz, die oben mit Vorhängeschloss verschlossen ist. Aus Luftschlitzen schauen unten die Köpfe von Hühnern heraus.
Amb. 317.2°, f. 20r

WEIN UND BIER

24 Wolff prussell ain goldtschmitt ist an 15 october Im 1572 Jar
Jn das brueder Haus komen seins alters Im 70 Jar, und
ist gestorben den 15 december deselben Jars, also das er nitt
Lenger dan 2 monatt Jm brueder Haus gewest ist, hatt zuuor
grosse armutt gelitten, aber diser pfruntt nitt lang genossen,
402 Darumb er doch danckpar gewessen, und sich die selb Zeitt woll
gehaltten hatt

Der Gold- und Silberschmied

EDELMETALL- UND EDELSTEIN-VERARBEITENDE GEWERBE

Als angesehenste Kunsthandwerker arbeiteten Gold- und Silberschmied sowie Juwelier seit jeher an der Schnittstelle zwischen Handwerk und Kunst. Mit ihren Luxusprodukten versorgten sie zentrale Tausch- und Konsumfelder der „Materiellen Kultur" hoher Gesellschaftsschichten. Kostbare Stiftungen goldener und silberner Sakralgeräte für Klöster und Kirchen sollten ihrem Stifter zum ewigen Leben verhelfen. Im Weltlichen wurden Edelmetallarbeiten, Schmuck oder Juwelen zu vielerlei Anlässen verschenkt. Bis weit in die frühe Neuzeit hinein waren sie Requisiten einer umfassenden Geschenkkultur, die Beziehungen gern symbolisch *und* materiell geregelt sah. Die Grundtechniken des Gold- und Silberschmiedens blieben dabei weitgehend unverändert. Handwerklich ist die Goldschmiedekunst sehr konservativ, Tradition und Werkstoffwert verbieten Experimente. Form und Funktion hingegen wandeln sich je nach Wirkungsort, Zeitmode und Kundengruppe merklich und spiegeln dabei die wirtschaftliche, politische und gesellschaftliche Dynamik einer Region oder Epoche wider.

WERTVOLLE WERKSTOFFE

Märchenhaft alt und wertvoll sind die Metalle Gold und Silber. Die ältesten Mythen erzählen von ihrer Verwendung als Werkstoff für die Werkzeuge großer Helden. Vom goldenen Kampfwagen des Gilgamesch berichtet das babylonische Epos, vom gold-silbernen Schild des Achilles die Sage um Troja. Und davor, dass magisches Gold seinen Verehrern nicht immer zum Guten gereicht, warnt das Alte Testament mit der Geschichte vom Goldenen Kalb.

Aus Gold oder Silber gefertigte Ritual- und Luxusgegenstände zeichnen sich durch relative Härte aus. Ihre optische Ästhetik – „glänzend wie Gold und Silber" – rührt vom hervorragenden Reflexionsvermögen her, das bei poliertem Silber alle anderen Metalle übertrifft, während Gold besonders unempfindlich gegen chemische Einflüsse ist. Beide Metalle sind sehr seltene, der Natur nur schwer zu entreißende Bodenschätze. Historisch wurde Gold ausschließlich gediegen gewonnen, also in reiner Form, in der es in feinsten Partikeln in sogenannten „Seifen" in Kies oder Flusssand vorhanden ist. Das Prinzip des Auswaschens, wie man es aus dem Wilden Westen kennt, ist seit alters her die Hauptgewinnungsmethode. Silber hingegen wird bergmännisch, also in investitionsintensiven Bergwerken, abgebaut. Meist ist es in Erzen mit Mineralien und anderen Metallen vermengt. Metallurgische Innovationen erleichterten seine Gewinnung, so etwa das seit 1453 angewandte Saigerverfahren, bei dem silberhaltiges Kupfer zusammen mit Blei geschmolzen und die Metalle anschließend getrennt werden konnten. Viele Städte und Regionen verdankten ihren Aufschwung der Entdeckung von Silbervorkommen. Um das Jahr 1000 profitierte Goslar vom nahen Harzer Silber. Im Nordtiroler Schwaz arbeiteten um 1550 über 7000 Bergknappen im Silberbergbau. Im Erzgebirge blühten, nach sogenannten Berggeschreien, Städte wie Annaberg, Freiberg und Joachimsthal auf. Das Erschließungskapital kam aus größeren Städten wie Zwickau, Leipzig oder Nürnberg, wohin enorme Gewinne zurückflossen. Die Augsburger Fugger stiegen durch Investitionen in den Silberabbau zu den mächtigsten Bankiers Europas auf. Denn primär – weit vor aller kunsthandwerklichen Bedeutung – waren die beiden Edelmetalle bares Geld per se: Münzgeld bestand seit der Antike aus diesen beiden Metallen. Individueller Wohlstand bemaß sich an Gold- und Silberbesitz. Dieser material-ästhetischen *und* ökonomischen Funktion eines Goldschmiedewerks als Luxusprodukt *und* Kapital wegen besaß der Goldschmied eine besondere Stellung unter allen Handwerkern.

TREIBEN, GIESSEN, SCHMIEDEN

Die handwerklichen Verfahren, den Werkstoffen Gold und Silber eine Form zu geben, sind seit alters her unverändert. Seit dem 3. Jahrtausend v. Chr. sind es die hämmernden Arbeitstechniken des Schmiedens heißer Metallkörper und des Treibens kalten Metallblechs sowie das aufwendigere Gießen. Schmiede- und Treibarbeit erlaubt bei geringerem Material-

4.1 FINGERRING UND „AKELEIPOKAL", ähnlich wie sie auf der Werkbank Niclas Vogelsteiners († 1469) bereitliegen, entwickelten sich im 15. Jahrhundert vielerorts zu den Meisterstückaufgaben angehender Goldschmiedemeister. Derart „knorrete" Gefäße waren im späten Mittelalter der geläufigste Formtyp repräsentativen Tafelsilbers. Ihre Qualität bemaß sich an der Vielfalt und Symmetrie ihrer Buckelung und Gratung, die zugleich der Versteifung der Gefäßwand diente. Im Vordergrund treibt Vogelsteiner ein weiteres, noch schalenförmiges Gefäß mit den silberschmiedetypisch behutsamen Hammerschlägen über einem Amboss. / Amb. 317.2°, f. 88r

bedarf eine größere Dimensionierung der Endprodukte. Sogenannte „Korpusware", also Gefäße wie Schalen oder Becher, ist deshalb fast immer getrieben.

TREIBEN Das Treiben eines Hohlkörpers (Abb. 4.1) bedarf eines Treibhammers und einer Unterlage (Amboss) als Treibstock. Als Rohling dient ein zur Scheibe geschnittenes, flaches Silberstück, die „Ronde". Am markierten Mittelpunkt beginnend und das Werkstück langsam regelmäßig drehend und nach außen versetzend, behämmert der Goldschmied mit gleichmäßigen Schlägen die Scheibe. An jedem Hammerschlagpunkt wird die Kristallitstruktur des Werkstücks leicht verändert. Die Scheibenmitte wird nach und nach dünner, das Material mehr und mehr nach außen verdrängt, das Werkstück dehnt sich von der Mitte her aus und verformt sich zu einem Hohlkörper. Da das Silber beim Treiben stark versprödet und reißen kann, ist zwischendurch das Rotglühen bei etwa 600°–700° Celsius und ein Abschrecken zur Entspannung des Werkstücks nötig. Neben diesem einfachen „Auftiefen" können, je nach Art der Krümmung von Hammerbahn und Treibstock, auch andere Verformungseffekte erzielt werden. Becherränder werden zum Hämmernden hin „aufgezogen". Technische Qualitätsmerkmale getriebener Korpusware sind Stabilität bei voller Ausnutzung des kostbaren Werkmaterials, perfekt symmetrische Endform und Passgenauigkeit der Einzelteile.

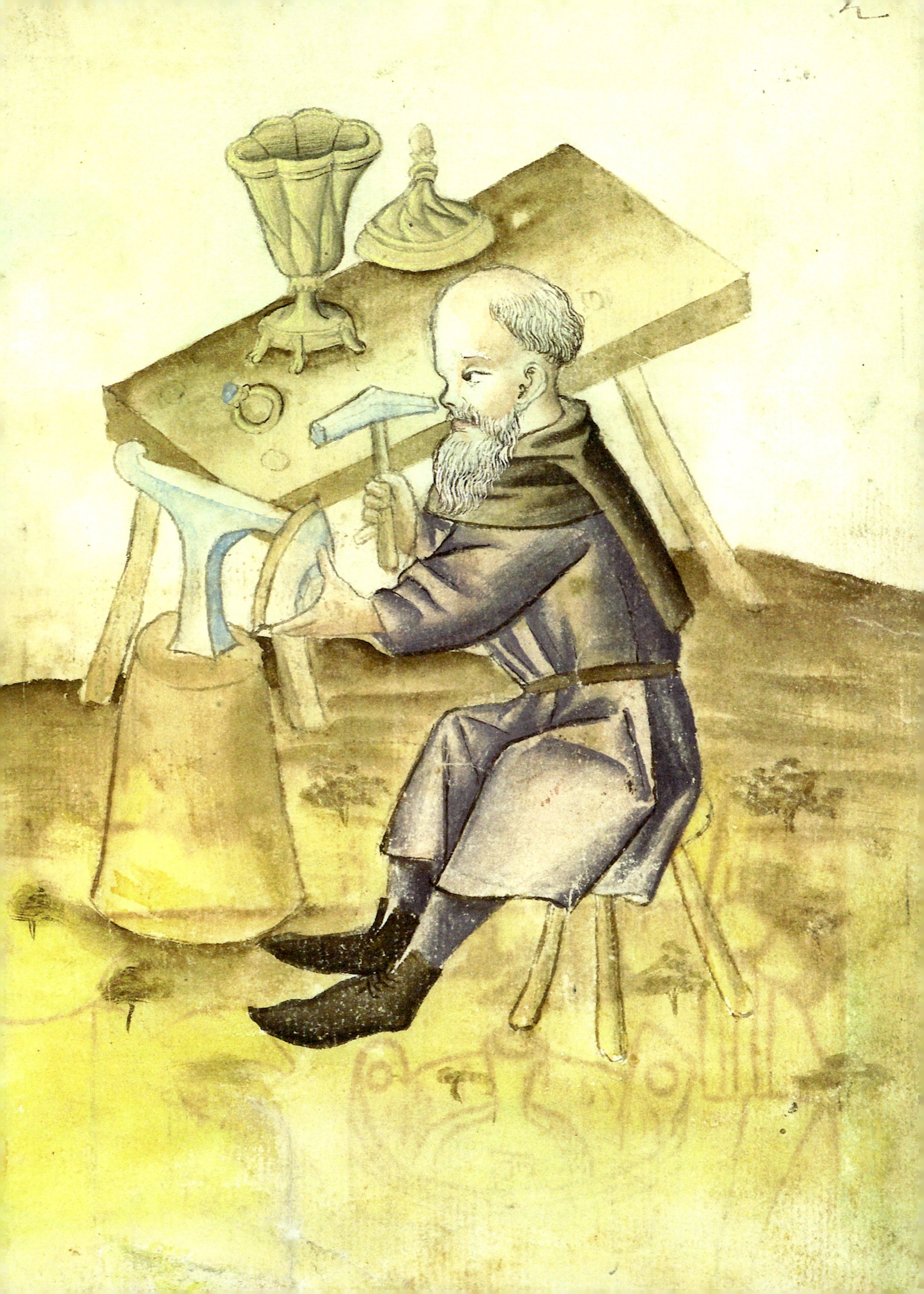

GIESSEN Beim Gießen von Gold und Silber kommt – wie bei Rotschmiedearbeiten – das Wachsausschmelzverfahren zur Anwendung. An Korpuswaren der Renaissance gegossen sind vorwiegend figürliche, angeschraubte oder angelötete Appliken wie Deckelfiguren, Henkel, Griffe oder „Nodi" (Nodus = knaufartige Verdickung am Schaft zur besseren Handhabung). Gießen muss der Goldschmied vor allem bei Schmuck: Silberne und goldene Kettenanhänger, Kleinodien (Bruderschaftsabzeichen), Agraffen (broschenartige Schließen), insbesondere der gewöhnliche Fingerring oder die vielen kleinen Ringglieder einer Panzerkette sind gegossen. Bei der gebräuchlichen Verbindungstechnik des Lötens gilt es dann, den Schmelzpunkt des Lotes so niedrig zu halten, dass eine Verformung der Verbindungsteile vermieden wird.

OBERFLÄCHENVEREDLUNG

Ebenso wie beim Treiben des Grundkörpers führt der Feinschmied die beiden wichtigsten Techniken der Oberflächenveredlung meist mit dem Hammer aus. Zur Hilfe nimmt er die stiftförmigen Werkzeuge Stichel und Meißel beim Gravieren und Punzen beim Ziselieren. Das Gravieren ist „spanabhebend". Es dringt scharf in das Metall ein, verformt das Werkstück aber möglichst nicht. Der Graveur schneidet gewissermaßen Figürliches oder Ornamentales in die Metalloberfläche. Der Gravier*stichel* wird frei mit der Hand geführt, der ebenfalls spanabhebende Gravier*meißel* hingegen mit Hammerschlägen vorangetrieben, was kräftigeres Arbeiten erlaubt, aber auch etwas gröber ist. Als Metallschnittverfahren ist Gravieren Voraussetzung für zahlreiche andere Veredlungsformen, wie das Tauschieren, Niellieren oder Emaillieren. Dabei wird in gravierte Vertiefungen farblich kontrastierendes Material eingebracht. Die Goldschmiedegravur war im 15. Jahrhundert Ausgangstechnik für das Bildmassenmedium des Kupferstichs, der somit technisch nicht von der bildenden Kunst, sondern vom Metallhandwerk her kommt. Viele Kupferstecher waren auch Goldschmiede oder kooperierten mit diesen.

Vom Gravieren unterscheidet sich das treibende (also nichtspanabhebende) Verfahren des Ziselierens, das zu einer plastischen Reliefserscheinung der Gefäßwand führt. Zunächst treibt der Silberschmied von der Rückseite des Bleches her die Grundformen des Motivs heraus, wofür er spezielle Kugelpunzen mit abgerundetem Kopf verwendet. Dann wird von der Vorderseite her das Motiv mit dem schärferen Setzpunzen fein „abgesetzt", also zeichnerisch präzisiert. Ornamente, Bordüren oder Inschriften werden mit speziellen Punzen geschlagen. In Werkstattbildern zählt entsprechend die mit vielen Punzen und Sticheln gut gefüllte Punzenbüchse zur Grundausstattung eines tüchtigen Meisters (Abb. 4.2).

Neben diesen universellen Techniken gibt es solche mit zeitbegrenzten Konjunkturen und geografischen Beschränkungen. Bereits das frühe und hohe Mittelalter über weitverbreitet war das Emaillieren, bei dem farbige Glaspulverpasten dem Goldschmiedewerk auf- oder eingeschmolzen wurden. Tiefschnittemail mit durchsichtigen, opaken Glasflüssen war nochmals seit 1570 eine Spezialität der süddeutschen Goldschmiededynastie Lencker und des David Altenstetter, die damit Prunkkassetten, Hausaltäre und Essbesteck flächendeckend verzierten, was besonders am Münchner Herzogshof Anklang fand. Beim Goldschmuck blieb Email auch in der frühen Neuzeit die bevorzugte Dekorationstechnik, besonders delikat „en ronde bosse" als farbintensiver, miniaturhaft feiner, glasharter Überzug von Ornamenten, Steinfassungen oder Figürlichem, wie es Georg Friedrich Dinglinger um 1710 in Dresden vortrefflich beherrschte.

Gleich, ob vergoldet, emailliert oder gegossen: Obligatorisch auf Werkstattdarstellungen sind Feuerstellen. Denn jeder Goldschmied ist zugleich Hochtemperaturtechnologe, der den Umgang mit Schmelzpunkten um die 950° (Silber) und 1050° Celsius (Gold) beherrschen muss.

Unverzichtbar zum Erhitzen und Schmelzen ist die mit einem Blasebalg versehene, stationäre Esse. Ergänzend stehen mobile Kohlebecken z. B. zum Vergolden, Löten und Zwischenglühen sowie tönerne, hitzebeständige Schmelztiegel bereit, in denen die „Lote" legiert werden (Abb. 4.3).

4.2 KLEINE MOBILE „SCHAULADEN" mit besonders attraktiven Preziosen sind auf historischen Goldschmiededarstellungen oft zu sehen. Wolf Prüssels Schaulade von 1572 entfaltet die Produktpalette einer Goldschmiedewerkstatt der Renaissance in ihrer ganzen Vielfalt: Zwei goldene Halsketten, ein Fingerring mit gefasstem Stein und zwei ovale Schmuckrosetten vertreten die Juwelierwaren. Davor stehen eine Silberdose, ein Silberbecher und ein zeittypisch exotischer Kokosnuss-Pokal, darunter die rustikaleren Gefäßtypen Humpen und Deckelbecher sowie ein modisches Renaissancegefäß. Große Doppelscheuern wie hinten auf der Werkbank stehend blieben bis um 1630 als Geschenke beliebt. Die verstreuten Feilen, Grabstichel und Punziereisen zeugen vom hohen Aufwand der Nachbearbeitung eines fertig getriebenen Gefäßes. / Amb. 317b.2°, f. 30r

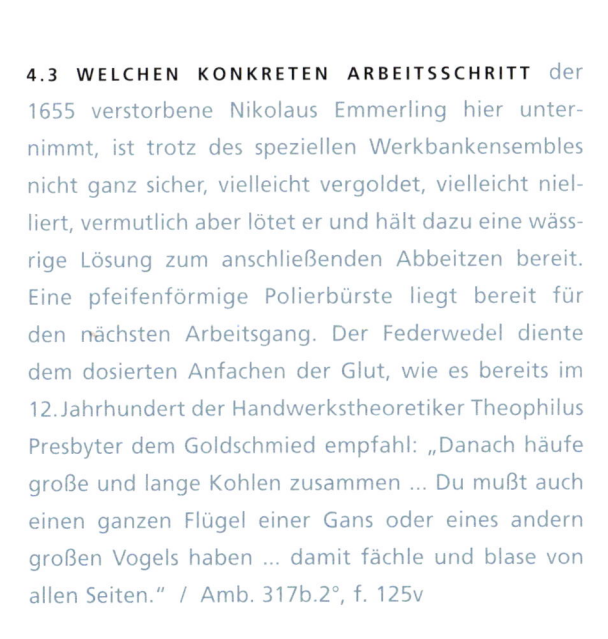

4.3 WELCHEN KONKRETEN ARBEITSSCHRITT der 1655 verstorbene Nikolaus Emmerling hier unternimmt, ist trotz des speziellen Werkbankensembles nicht ganz sicher, vielleicht vergoldet, vielleicht nielliert, vermutlich aber lötet er und hält dazu eine wässrige Lösung zum anschließenden Abbeitzen bereit. Eine pfeifenförmige Polierbürste liegt bereit für den nächsten Arbeitsgang. Der Federwedel diente dem dosierten Anfachen der Glut, wie es bereits im 12. Jahrhundert der Handwerkstheoretiker Theophilus Presbyter dem Goldschmied empfahl: „Danach häufe große und lange Kohlen zusammen ... Du mußt auch einen ganzen Flügel einer Gans oder eines andern großen Vogels haben ... damit fächle und blase von allen Seiten." / Amb. 317b.2°, f. 125v

Statussymbol und Vermögensausweis

Der Aufschwung des Goldschmiedehandwerks zwischen 1400 und 1750 hat viele soziale, wirtschaftliche und politische Komponenten. Ganze Kriege ließen sich durch Zurschaustellung von Goldschmiedeschätzen verhindern. Burgunderherzog Philipp der Gute soll 1456 sein Silbergeschirr mit einem Gewicht von 150 Zentnern öffentlich ausgestellt haben, um potenzielle Kriegsgegner über seine bestens gefüllte Kriegskasse zu informieren. Prompt gab das gegnerische Utrecht klein bei und ergab sich.

Dabei profitierten Tausende städtische Gold- und Silberschmiede seit dem 14. Jahrhundert vom neuen Spar- und Repräsentationsverhalten der Stadtbürger. Über alle handwerklichen Meisterleistungen hinaus – fürstlicher und bürgerlicher, öffentlicher oder privater Besitz von Edelmetallerzeugnissen diente in vormodernen Zeiten primär der Kapitalanlage. Silberwaren konnten schnell eingeschmolzen und zu Münzgeld „versilbert" werden. Edelsteine waren wertbeständig, ließen sich in Krisenzeiten rasch verstecken und bei knapper Kasse schnell verpfänden oder verkaufen. Dem Goldschmied kam dabei die vertrauensvolle Aufgabe eines Vermögensverwalters zu. Man überließ ihm Münzgeld zum Einschmelzen, um daraus eine Monstranz oder eine Kaffeekanne anzufertigen. Er schmolz alte Familienpokale um und sollte beim Neu-Legieren auf die Werterhaltung des Werkstoffs achten.

Im Gegensatz zum heutigen, eher diskreten Umgang mit Kapital und Vermögen waren Goldschmiedearbeiten dazu da, zur Schau gestellt zu werden. Städtisches Ratssilber war seit dem 14. Jahrhundert Ausdruck des Gedeihens einer Kommune. Es bewies das „Gute Regiment" einer Stadtregierung. Zum Anlass großer Festessen kam es auf die Tafel oder wurde als Schaubüfett aufgebaut. Stattlich waren die städtischen Silbersammlungen von Hamburg, Ulm und Lübeck. Das Aachener Ratssilber umfasste einst 581 Stücke, das Nürnberger 1613 immerhin 539 Goldschmiedegefäße und das Lüneburger Ratssilber 253 Werke. Auch Korporationen wie Zünfte, Bruderschaften, Schützenvereinigungen besaßen ihren Silberschatz. Privater Goldschmiedebesitz galt als Beleg tüchtiger Lebensführung und geschäftlichen Erfolgs und wurde ebenfalls ohne Scheu zur Schau gestellt. Bei den elementaren Lebensereignissen Geburt, Heirat und Tod erfüllten Goldschmiedearbeiten repräsentative Aufgaben, von der silbernen patrizischen Taufgarnitur über hochkarätigen Schmuck als Mitgift, Verlobungs-, Hochzeits- und Neujahrsgeschenk bis hin zu den silbernen Sargschilden, mit denen Gilden und Zünfte den letzten Gang ihrer verstorbenen Mitglieder verschönten.

DIE PRODUKTPALETTE

Funktional umfassten die Erzeugnisse einer historischen Goldschmiedewerkstatt eine Vielzahl von Produkten, im Weltlichen primär der Tisch- und Tafelkultur und dem Bedürfnis nach Schmuck dienend. Bis Mitte des 18. Jahrhunderts war die Herstellung sakraler Goldschmiedewerke jedoch ebenso wichtig. Das allermeiste davon ist heute zerstört. Als man sie 1533 einschmolz, wogen z. B. allein die mittelalterlichen Silberobjekte der Kirchen Lübecks 4,8 t! Kein Einziges blieb erhalten.

KIRCHENSILBER Messkelch und Patene gehörten als unverzichtbare „Heilige Geräte" („vasa sacra") des vor- und nachreformatorisch katholischen wie protestantischen Ritus zur Grundausstattung jeder Eucharistiefeier. Sie bargen Brot und Wein, die zu Christi Leib und Blut verwandelt oder vergegenwärtigt sind. Diesem Sakrament angemessen, sollten die Behältnisse besonders würde- und wertvoll sein. Der Goldschmied fertigte sie deshalb aus kostbarem Material, in der Regel aus Silber, das dann vergoldet wurde. Ebenfalls um Silberkorpusware handelte es sich bei Ziborien, Monstranzen und Reliquiaren als Aufbewahrungs- und Schaugefäße. Lange Traditionen in der mittelalterlichen Kirchenschatzkunst besaßen Reliquiare zur Aufbewahrung heiliger körperlicher Relikte oder Gegenstände, vom gewaltigen pur-goldenen Kölner Dreikönigsschrein aus den Jahrzehnten um 1200 bis zu den immer porträthafteren Büstenreliquiaren, etwa Hans von Reutlingens heiligem Lambertus im Dom zu Lüttich (1508–1512).

Auch für gewöhnlicheres Kirchengerät war der Goldschmied zuständig, etwa für katholische Weihrauchfässer und -schiffchen und protestantische Abendmahlskannen, für Messkännchen oder Accessoires an kirchlichen Gewändern wie Chormantelschließen bis hin zu silbernen Beschlägen liturgischer Bücher. Ganze Silberaltäre, meist mit figürlichen Silberreliefs beschlagene und mit getriebenen Silberfiguren ausgestattete Großmöbel, waren seit dem 14. Jahrhundert von Spanien über Sizilien und die Toskana bis nach Schlesien und Westpommern verbreitet, mit einer besonderen Beliebtheit im Barock des süddeutschen Raums. Als privates Sakralgerät gönnten sich viele Familien eigene Taufgarnituren, bestehend aus einer meist in besonders modernem Stil gehaltenen Gießkanne mit Becken, womit man den Taufgästen zeigte, „was man hat". Auch jüdisches Kultgerät, sogenannte Judaica, wurden vermehrt seit dem 17. und intensiv im 18. Jahrhundert aus Silber gefertigt. Neben Augsburg, Nürnberg, Berlin und Hamburg bedeutendes Produktionszentrum dafür war Frankfurt am Main, wo prächtige Sabbatleuchter entstanden.

WELTLICHES Fingerring und Akeleipokal, also Gegossenes (Schmuck) und Korpusware (Gefäß), wie sie etwa auf der Werkbank Niclas Vogelsteiners (Abb. 4.1) zum Kauf bereitliegen, entwickelten sich im 15. Jahrhundert vielerorts zu den Meisterstück-Standards und zum geläufigsten Formtyp repräsentativen Tafelsilbers. Ihre Qualität bemaß sich an der Vielfalt der Buckelung und der Präzision ihrer Ausführung. Die Gratungen der Buckelpokale dienten zudem der Versteifung der Gefäßwand, sodass aus sehr dünnem Silberblech relativ große und wirkungsvolle Gefäße gefertigt werden konnten.

Das schlichteste Silbergerät im spätmittelalterlichen Bürgerhaushalt war der Becher. Obwohl sich recht wenige Exemplare erhalten haben, belehren uns alte Inventare über seine große Verbreitung. Kostbarer war der Pokal mit separatem Fuß, Schaft und Deckel. Becher und Pokal waren Standardgeschenke bei Hochzeiten, wurden in diplomatischen Kreisen geschenkt und immer wieder weiterverschenkt, allein in der Rüstkammer des Moskauer Kreml sammelten sich so – bis heute erhalten – Hunderte deutscher Deckelpokale an. Neben eleganten Tazzen (flache Schalen mit Fuß), kleinen Konfekt-, Salz- und Probierschalen beherrschten, von Italien ausgehend, aus Kanne und Becken bestehende Lavabo-Garnituren all' antica die Festtafel. Im vorrückenden 16. Jahrhundert und um 1600 entstanden dann eine Reihe unikaler Tafelaufsätze, deren individuelle Thematik und Form schon aus ihren eigenwilligen, meist modernen Namen spricht: der „Merkelsche Ta-

4.4 MIT DEM AUFKOMMEN DER HEISSGETRÄNKE Kaffee und Tee, die im späteren 17. Jahrhundert zunächst in Gasthäusern, seit 1700 auch im Privaten konsumiert wurden, ergaben sich auch für Goldschmiede neue Aufgaben. Für den 1756 verstorbenen Goldschmied Georg Brenner wählte der Porträtist eine solche Kaffeekanne als Attribut, ebenso Gegenstände à la mode wie die daneben gezeigten silbernen Schuhschnallen und den silbernen Ess- oder Patenlöffel. Amb. 279b.2°, f. 96r

felaufsatz" (1549) von Wenzel Jamnitzer, die „Weltallschale" (um 1589) Jonas Silbers oder der „Mohrenkopfpokal" (1602) Christoph Jamnitzers zählen zu den Höhepunkten europäischen Kunsthandwerks. Dies war auch die Zeit, in der exotische Naturprodukte wie Straußeneier, Korallen, Kokosnüsse oder Muschelgehäuse mittels origineller Silberfassungen zu oft bizarren Tafelgeräten höchster, auch figürlichplastischer Qualität aufgewertet wurden. Ab 1600 traten neben kleine Silberschiffe silberne Trinkspiele und Tischautomaten, die sich zu spielerischem Zeitvertreib auf der Tafel hin und her bewegten, Wein oder Wasser verspritzend. Der ordinäre Deckelhumpen für Bier (vgl. Abb. 12.7) erfuhr in seinen Goldschmiedevarianten mit figürlichen, oft szenischen Treibarbeiten oder Elfenbeinreliefs eine eigene Aufwertung. An Großformatigem kannte bereits das 16. Jahrhundert ganze Silberbrunnen. In Königsberg wurde eine Silberbibliothek mit silbernen Bucheinbänden angelegt. Später wurden gelegentlich auch Silbermöbel (Augsburg) und silberbeschlagene Prunkthrone zur Aufgabe für den Gold- und Silberschmied, für den in Barock und Rokoko silberne Tafel- und Wandleuchter alltägliches Geschäft waren. Ein neues Produktspektrum mit sich brachte das Aufkommen der modernen Heißgetränke Tee, Kaffee und Schokolade. Seit etwa 1690 wurden die ersten deutschen Tee- und Kaffeeservice in Gold und Silber gefertigt, zunächst für hohe adelige Kunden. Ab etwa 1730 zählte dann die silberne Kaffeekanne – wie früher der Silberbecher – zur Grundausstattung jedes gutbürgerlichen Tafelinventars (Abb. 4.4). Zur selben Zeit etablierte sich unter dem vieldeutigen Begriff „Galanterieware" eine Palette nicht immer neuer, aber zunehmend verbreiteter Accessoires, wie silberne Tabatieren, Schuhschnallen, Gürtelschließen und Uhrengehäuse.

Ein weiterer Wandel der Tafelsitten bescherte dem Goldschmied Auftragszuwachs: das Speisen mit immer mehr Besteckteilen. Seit dem Mittelalter waren einzelne Besteckfutterale, Messerhefte und Löffelaffen aus Silber gefertigt gewesen, erst seit dem ausgehenden 18. Jahrhundert wurde silbernes Tafelbesteck in umfangreichen Garnituren zum Standard.

BESCHAUWESEN, PREISE, RENOMMEE

Der Umgang des Goldschmieds mit den geldwerten Edelmetallen machte eine besonders intensive Gewerbeaufsicht nötig. Der Geldwert einer „Mark" Silber – also etwa 250 g Reinsilber – blieb relativ wertstabil, stieg zwischen 1500 und 1700 lediglich von etwa 10 auf 17 Gulden, womit bereits ein kleiner

Silberkelch dem Jahreseinkommen eines Steinmetzgesellen entsprach. Juwelenschmuck war noch teurer: 1568 stellte ein Goldschmied dem Wiener Hof 4000 Gulden für ein einziges Halsband in Rechnung, das 20-Fache des Jahresgehalts eines städtischen Spitzenbeamten. Sage und schreibe 400 Pferde hätte man dafür kaufen können.

Die Reglementierungen zum Umgang mit Gold und Silber variierten von Stadt zu Stadt, betrafen aber überall zwei Kontrollbereiche und -verfahren: die Normierung des Edelmetallgehalts, den ein Goldring oder eine Silberschale aufweisen musste (einschließlich der Lötmittel, die dabei verwendet wurden) und das Markenwesen – also die Verpflichtung, jede Goldschmiedearbeit auf ihren Metallgehalt zu prüfen und dann mit einem verlässlichen Prüfzeichen zu versehen. Denn weder reines Silber noch reines Gold konnten zu Schmuck oder Korpusware verarbeitet werden: Es ist zu weich und muss zur Härtung legiert werden. Maßeinheit für die Normlegierung war bei Silber die „Lötigkeit", Letztere in 16teln bemessen, mit dem Basiswert 16/16tel Lot = 100 %, entsprechend einer Gewichtsmark aus reinem Silber. Häufig vorgeschrieben war als Werkstoff mindestens 13- oder 14-lötiges Silber, mit einem Reinsilbergehalt von 13 oder 14/16teln, also etwa 81–87 %. Bei der Beschau prüften nach dem Mehraugenprinzip je nach Stadt unterschiedliche benannte Kontrolleure („Vorgeher", „Geschaumeister") die Stücke auf diesen Mindestreingehalt und veranlassten die Markung mit unverwechselbaren Punzen, die Meister und Herstellungsort festhielten. Heute verdanken es Kunstgeschichte, Kunsthandel und Sammler diesem Beschauwesen, historische Goldschmiedearbeiten ziemlich genau datieren, den Herstellungsort lokalisieren und den Meister benennen zu können.

Die Feingehaltsregulierung präzisierte sich in zwei Schüben: Im 14. Jahrhundert begannen die deutschen Städte, das in ihren Mauern kursierende Münz- und Barrensilber mit städtischen Beschauzeichen zu kennzeichnen. Seit dem 16. Jahrhundert wird dann die individuelle Kennzeichnungspflicht mit Meistermarken obligatorisch. Je nach Selbstverwaltungsgrad oblag die Prüfung der Stadt oder der zünftigen Selbstorganisation. In Köln jahrhundertelang bestimmend war beispielsweise die „Amtsbruderschaft" der Goldschmiede, die nicht nur die Produktqualität sicherte, sondern auch die Tätigkeitserlaubnis erstellte und die Hierarchie unter den Goldschmieden regelte. Solch korsetthaft engem Reglement des Goldschmiedeberufs gegenüber stand sein breites gesellschaftliches Renommee.

Auch wenn man den gelegentlichen Aufschneidereien des italienischen Hofgoldschmieds Benvenuto Cellini, der um 1550 mit Päpsten und Königen auf Augenhöhe verkehrte, nicht in allem Glauben schenken darf – seine hochpreisigen Erzeugnisse brachten den Goldschmied naturgemäß in steten Kontakt mit den vermögenden Gesellschaftseliten. Versippungen von Goldschmieden mit anderen städtischen Führungsschichten sind besonders oft nachzuweisen. Der Aufstieg in den Silberhandel und damit ins Bankenwesen lag ebenfalls nahe. Namhafte Künstler und Erfinder waren ursprünglich zu Goldschmieden ausgebildet gewesen, darunter Johannes Gutenberg, Albrecht Dürer, die Großen der italienischen Renaissance wie Filippo Brunelleschi und Donatello, aber auch der Vater Raffaels oder der Bruder von Veit Stoß.

SPEZIALISIERUNG UND VERWANDTE BERUFE

Neben dem Goldschmied arbeitete eine Reihe anderer Spezialhandwerker mit Edelmetall. In Nürnberg sind im 17. Jahrhundert Silberblumenmacher für die Herstellung silberner Blumensträuße als Deckelbekrönungen zuständig. Als Zulieferer wirkten Halbwarenproduzenten wie der Silberdrahtzieher (Abb. 4.5). Der für die Herstellung von Luxustextilien benötigte „Goldlahn" – hauchdünn mit Goldfolie überzogene Fäden – entstand beim Goldspinner. Vom Vergolden edler Möbel bis zum Goldschnitt des Buchbinders benötigtes Blattgold stellte der Goldschlager her (Abb. 4.6), nachgewiesen bereits 1373 in Nürnberg, 1397 in Köln, 1481 in Wien. Späteres Herstellungszentrum für Blattgold war Fürth, wo es kurz vor 1800 noch 42 Goldschlagerwerkstätten gab.

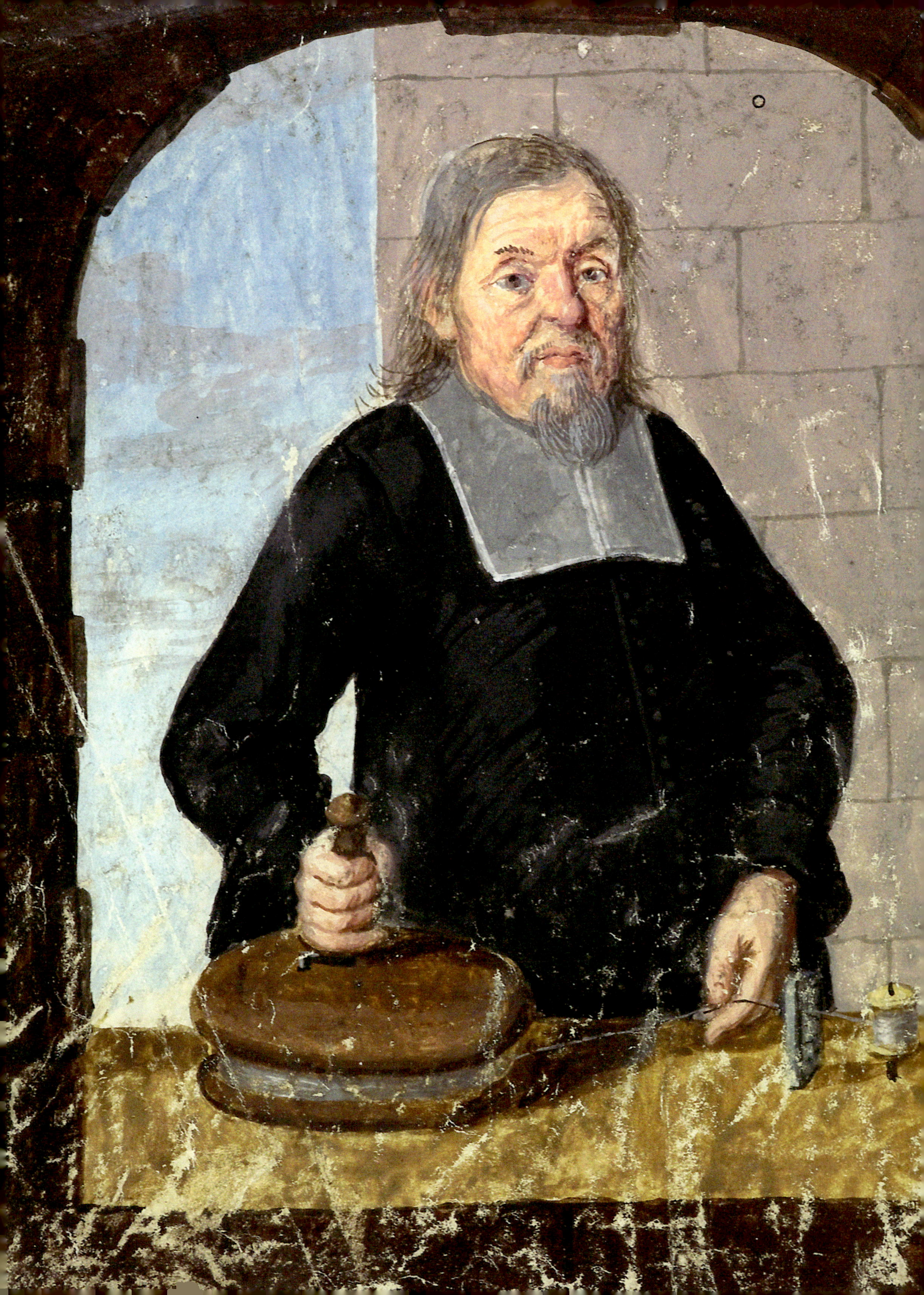

Der wichtigste Nachbarberuf des Goldschmieds, der sich erst in der frühen Neuzeit von ihm abzusetzen begann, ist der Juwelier oder „Jubilierer" (Abb. 4.7). Er formt und fasst Edelsteine, seien es die vier aristotelisch-kanonischen Rubin, Saphir, Smaragd und Diamant, die weniger harten Amethyste und Granate oder die besonders seit dem Barock modische Perle. Seine Berufsbezeichnung rührt vom hübschen altfranzösischen „Joël" her, mit dem lateinischen „iocus" verwandt, die Freude beim Betrachten des einzigartigen Farbenspiels zum Ausdruck bringend, die Edelsteine vermitteln. Drei Eigenschaften zeichnen sie vor allen anderen Mineralien aus: ihre Transparenz samt vermeintlichem Eigenglanz, der sie scheinbar aus sich heraus leuchten lässt, ihre besonders hohe Härte und ihre Seltenheit. Den vorbereitenden Steinschliff, ursprünglich Aufgabe des Goldschmieds, übernahmen seit Mitte des 16. Jahrhunderts mit dem Aufkommen des bis heute üblichen Facettenschliffs mehr und mehr professionelle Edelsteinschleifer und Edelsteinschneider. Hans Holbeins d. J. Nachfahren etwa übten diesen Beruf in Paris und Augsburg aus.

Beim Fassen hinterlegten die Juweliere der Spätrenaissance die Steine oft mit spiegelnder Metallfolie, die den Stein von unten beleuchtet und deren Herstellung und Einsatz ein besonders gut gehütetes Geheimnis war. Wie der Goldschmied beim Ein- und Umschmelzen hatte der Juwelier eine hohe Verant-

4.5 DIE EFFIZIENTE PRODUKTION von Draht war eine der großen technologischen Herausforderungen der spätmittelalterlichen und frühneuzeitlichen Metallindustrie. Dabei blieb das Verfahren, feinen Draht durch wiederholtes Ziehen durch ein Locheisen und dessen immer dünner werdende Öffnungen zu erhalten, jahrhundertelang unverändert. Kostbaren Gold- und Silberdraht stellten Spezialhandwerker in sorgfältiger Handarbeit her. Oft allerdings waren sie nicht als autonome Meister, sondern als angestellte Arbeiter mit Akkordentlohnung bzw. Stücklohn in einer Drahtfabrik tätig, so auch der 1682 verstorbene Peter Brißwiel, der „Stuckwerker bei dem Silberdrahtziehen" gewesen war. / Amb. 279.2°, f. 153av

4.6 ZU DEN EDELMETALLVERARBEITENDEN Gewerben zählen auch die Goldschlager. Wie der 1689 verstorbene Niclaus Krafft stellten sie Blattgold oder Silberblättchen zur Flächenvergoldung z. B. von Skulpturen oder Möbeln her. Dazu legte der Goldschlager zuerst etwa 150 papierdünn ausgewalzte Goldbleche, jeweils durch ein Pergamentblatt getrennt, übereinander und klopfte sie unter stundenlangem Drehen, Zuschneiden, erneutem Ausklopfen und erneutem Zuschneiden mit speziellen, weichen, aber schweren Hämmern zu hauchdünnen Blättchen aus, die nur mehr ein 100stel der ursprünglichen Stärke besitzen. Das extrem empfindliche Blattgold wird anschließend – auf normiertes quadratisches Maß beschnitten – in „Büchlein" verpackt verkauft. / Amb. 279.2°, f. 158r

SPEZIALISIERUNG UND VERWANDTE BERUFE | 53

wortung beim physischen Verändern seines Werkstoffs: Als Edelsteinschneider war er mit dem heiklen Zerteilen von Steinen betraut, wobei den Eigentümern naturgemäß viel am Werterhalt lag. Generell blieben die Berufsbezeichnungen und Tätigkeitsfelder unscharf. 1783 notiert der Dichter Jean Paul verwirrt in seinen Exzerpten: „Der Goldschmied bearbeitet meist Silber; der Goldjuwelier Gold."

ZENTREN, HÖHEPUNKTE, KONKURRENZEN

Sein Aufblühen im Hochmittelalter verdankte das Goldschmiedehandwerk – mehr als den Höfen – der Entwicklung städtischer bürgerlicher Eliten. Der ökonomische Rang einer Stadt ließ sich an der Zahl der dortigen Goldschmiede ablesen. 1292 verzeichnete Paris bereits 116 Goldschmiede, doppelt so viele wie Bildhauer und Maler zusammen. In Köln stieg die Zahl zwischen 1417 und 1480 von 77 auf 136. In Lüneburg arbeiteten um 1420 erst vier, um 1500 schon 15 Meister. Besonders eindrucksvolle Zuwachszahlen sind für das Zentrum Augsburg ermittelt worden. Dort stieg die Zahl von 50 (um 1530) über 200 (um 1600) auf schließlich 275 (zur Mitte des 18. Jahrhunderts). Damit standen Augsburgs Goldschmiede noch vor den Bäckern und Schneidern zahlenmäßig an dritter Stelle aller Handwerksmeister. Solche Produktionskapazitäten setzten konsequente Exportorientiertheit voraus. Bereits seit der zweiten Hälfte des 15. Jahrhunderts kauften die mitteleuropäischen Höfe in Augsburg und Nürnberg ein. Wie andere Metallhandwerker waren Goldschmiede unter den wandernden Gesellen „Spitzenreiter in der Mobilität" (Wilfried Reininghaus), vor allem wenn ein Hofkünstleramt winkte. Andere Zentren verdankten technische und gestalterische Erneuerung oft aus Glaubensgründen vertriebenen Zuwanderern.

Ihren letzten Höhepunkt erreichte die deutsche Goldschmiedekunst mit den immens kostspieligen fürstlichen Spätbarock- und Rokoko-Servicen. Ebenfalls seit 1700 setzte im bürgerlichen Goldschmiedehandwerk jedoch ein Wertschätzungs-, Produktions- und Distributionswandel ein, der dem individuellen Goldschmiedemeister zur ernsten Konkurrenz wurde: Manufaktur- und fabrikgefertigte Galanterie- und Bijouterie-Waren kamen auf den Markt. Den (klein-) bürgerlichen Bedarf an erschwinglichem Silber deckte Händler- und Hausiererware. Ihr Übriges tat eine frühe Globalisierung: Englisches „silver plated" – versilbertes Kupfer – drängte auf den Markt. Automatische galvanoplastische Produktionsverfahren ersetzten das Treiben und Gießen von Hand. So mancher Goldschmied fand Mitte des 19. Jahrhunderts in einer anderen edelmetallverarbeitenden Profession einen neuen Brotberuf: Er wurde Zahnarzt.

Thomas Eser

4.7 ÜBER EINEM BECKEN mit glühender Kohle arbeitet der Juwelier Franz Binder († 1612) an der Fassung eines Fingerrings. Sechs fertiggestellte Ringe stecken bereits in einem Etui. Auch die rückwärtige Schaulade weist den Meister als Spezialisten für Schmuck aus, Korpusware wie Pokale oder Becher fehlen. Im Landauer Zwölfbrüderhaus hat Binder allerdings keinen guten Eindruck hinterlassen. Wegen „ruchloser gottloser" Handlungen an Weihnachten 1610 entließ man ihn wenige Tage später aus dem Altenheim, wie die Beischrift tadelnd vermerkt. / Amb. 279.2°, f. 76r

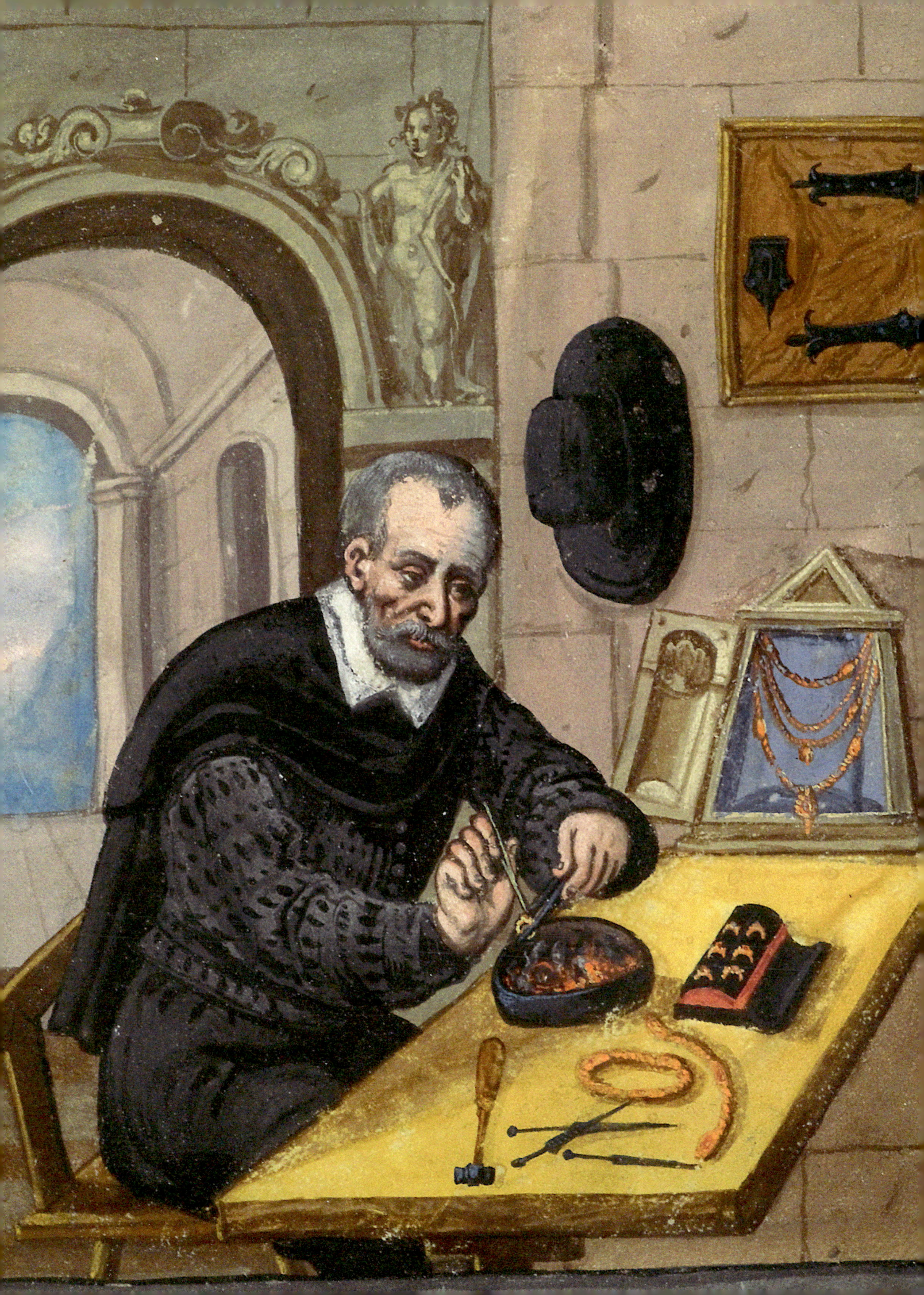

Anno ieʳ rxviij am Frytag nach phylyppi vnd Jacobi
starb Mayster wolfhard kandelgyesser der d· ij· bruʳd

Das Metallhandwerk

EISEN-, ZINN- UND KUPFER-VERARBEITENDE GEWERBE

Neben dem nahrungsmittelproduzierenden Gewerbe gehört das metallverarbeitende Handwerk zu den Säulen eines kommunalen Gemeinwesens. Dies gilt insbesondere für größere Städte, die als Produktionszentren eine herausragende Stellung für die wirtschaftliche Bedeutung einer ganzen Region einnehmen können. Eine entscheidende Voraussetzung für die stetige Herstellung von Metallwaren war die ausreichende Versorgung mit Rohstoffen und Metallen. Im Vorteil waren hier verkehrstechnisch günstig gelegene Städte wie Lübeck, Köln, Nürnberg oder Augsburg, denn ihnen war der notwendige Nachschub von Erzen und Metallen sicher. Eine wichtige Rolle spielten dabei die einflussreichen Montanunternehmer, Kaufleute und Handelshäuser, die Zugriff auch auf entfernt gelegene Bergwerke hatten. Bedeutend waren um 1500 die Fugger in Augsburg mit ihren Kupferbergwerken bei Schwaz. In Nürnberg besaßen Johann Koler und Matthäus Landauer, der Stifter des Landauerschen Zwölfbrüderhauses, Anteile an Bergwerken im Harz und in Thüringen.

HANDELSBEZIEHUNGEN

Im süddeutschen Raum gilt Nürnberg aufgrund der geographischen Lage an mehreren Handelsstraßen, der weitverzweigten Kaufmannsfamilien, der politischen Unabhängigkeit als Freie Reichsstadt und der arbeitsamen Bevölkerung als eines der bedeutendsten Handwerkszentren. Die umfassende historische Überlieferung von Schrift- und Bildquellen sowie die zahlreichen erhaltenen Handwerkserzeugnisse machen Nürnberg zu einem Musterbeispiel für die Darstellung der Handwerkskultur. In der Reichsstadt an der Pegnitz bildeten sich früh zwei Schwerpunkte heraus: Insbesondere Erzeugnisse aus Papier und Metall fanden nicht nur lokal ihre Konsumenten, sondern konnten über weite Entfernungen abgesetzt werden. Hilfreich war hier das ausgeklügelte Netzwerk von Transportwegen und Handelsbeziehungen.

Für die Metallverarbeitung gab es noch einen weiteren entscheidenden Vorteil. In der Nähe von Nürnberg, in Heroldsberg, Güntersbühl und Sündersbühl, befanden sich wertvolle Lehmvorkommen, mit denen die Schmelztiegel für den Guss von Metallen gefertigt werden konnten. Die Kontrolle über den Abbau des Lehms – und damit die Herstellung der Tiegel – lag in den Händen des Nürnberger Rats. Dieser Wettbewerbsvorsprung wurde rigoros verteidigt. Selbst Kaiser Maximilian I. billigte man 1504 trotz wiederholter Anfragen nur kleinere Mengen an Lehm und Sand für Tiegel für den Guss von großen Messingwerken in seiner Innsbrucker Gießhütte zu. Die Sorge war zu groß, dass Nürnberg Konkurrenz um bedeutende Aufträge zum Guss von strategisch wichtigen Kanonen und anderen Messingwerken bekommen könnte. Nur selten wurden Ausnahmen gemacht. So erhielt nach langem Bitten Herzog Heinrich von Sachsen im Jahr 1535 anstelle der geforderten 100 schließlich 25 Gießtiegel.

PRODUKTE IN EISEN, MESSING UND BRONZE

Im Metallhandwerk dominieren die eisen- und kupferverarbeitenden Werkstätten. Eisen wird in der Regel geschmiedet und eignet sich besonders für Waffen, Rüstungen und Werkzeuge. Eine zentrale Bedeutung haben die Schlosser und Schmiede, die als Zulieferer für weitere Handwerker tätig waren und somit eine breit gefächerte Produktion von Waren aller Art erst ermöglichten (Abb. 5.1, vgl. auch: Abb. 2.5).

Kupfer wird als Legierung meist gegossen. Gemeinhin spricht man von Bronze und Bronzegeräten, auch wenn es sich chemisch in der Regel um Messing handelt. Beim Gelbguss – Messing – wird dem Kupfer ein hoher Anteil an Zink zugefügt. Gibt es einen hohen Anteil an Zinn, hat man Bronze. In Nürnberg wurde meist Messing, das sich gleichermaßen zum Guss von Kanonen, Leuchtern, Gewichtsätzen, Brunnen, Grabdenkmälern und Skulpturen eignet, verarbeitet. Daneben wurden Kupfer und Zinn vor allem für Ess-, Trink- und Vorratsgefäße verwendet.

5.1 DER SCHMIED Niclas Schweitzer, der 1504 im Mendelschen Zwölfbrüderhaus hoch betagt starb, fertigte Waffen und Werkzeuge. Einige seiner Waren, Spaten, Beil, Bohrerkopf, Lanzenspitzen und Spieß, liegen fertig in der Auslage. Schweitzer steht in der Werkstatt und schmiedet am Amboss mithilfe von Hammer und Zange eine rot glühende Lanzenspitze. Das lodernde Kohlenfeuer wird von einem großen Blasebalg belüftet. / Amb. 317.2°, f. 120r

VIELE SPEZIALISTEN Im metallverarbeitenden Handwerk in Nürnberg ist eine ausgewiesene Spezialisierung festzustellen. Nahezu für jedes Produkt gab es einen eigenen Berufszweig, wie in Handwerksordnungen und Bildfolgen von Handwerkern dokumentiert ist: den Fingerhüter, den Nagler, den Heftelmacher (vgl. Abb. 11.2), den Gürtler (vgl. Abb. 9.4), den Lötschlosser (vgl. Abb. 2.6), den Schellenmacher oder den Feilenschmied (vgl. Abb. 2.3/2.4), um nur einige zu nennen. Dabei war es aus Konkurrenzgründen nicht gestattet, andere Produkte als diejenigen des eigenen Handwerks herzustellen. Hierauf achteten die Handwerker argwöhnisch, und Verstöße wurden gegebenenfalls beim Rat angezeigt. Wo in Städten wie Augsburg, Köln oder Ulm die Zünfte in einer Art Selbstverwaltung auf die Handwerksordnungen achteten, tat dies in Nürnberg der allgegenwärtige Rat der Stadt.

METALLDRAHT Auch für die Rohwaren gab es eigene Handwerksberufe. Von großer Bedeutung, auch zahlenmäßig, waren die Drahtzieher (Abb. 5.2, vgl. auch Abb. 4.5), die für viele Gewerke wie den Nadler, Heftelmacher, Nagler, Kettenhemdmacher, Gittermacher und Schellenmacher das Material lieferten oder den Papierern die Herstellung von Schöpfsieben erlaubten. 1323 wurde erstmals in Nürnberg ein Drahtzieher erwähnt, 1621 gab es 229 Handwerker dieser Sparte. Mit einfachstem, den Zug verstärkendem Gerät wie anfangs Schaukel, später Spule, zogen die Drahtzieher, die auch Scheiben- oder Schockenzieher genannt wurden, den Draht mithilfe einer Zange durch die verschieden großen oder unterschiedlich geformten Löcher eines Zieheisens immer dünner aus.

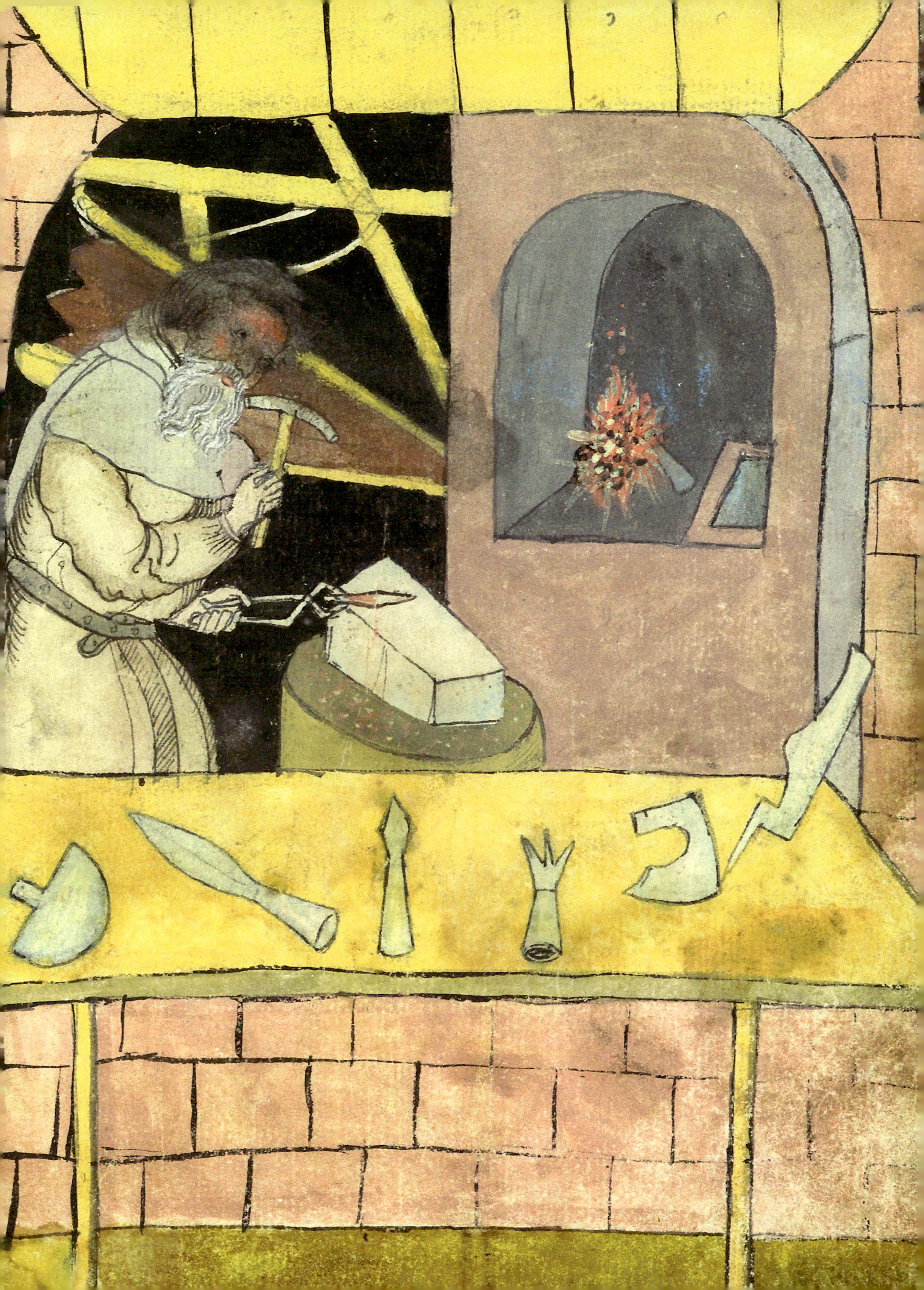

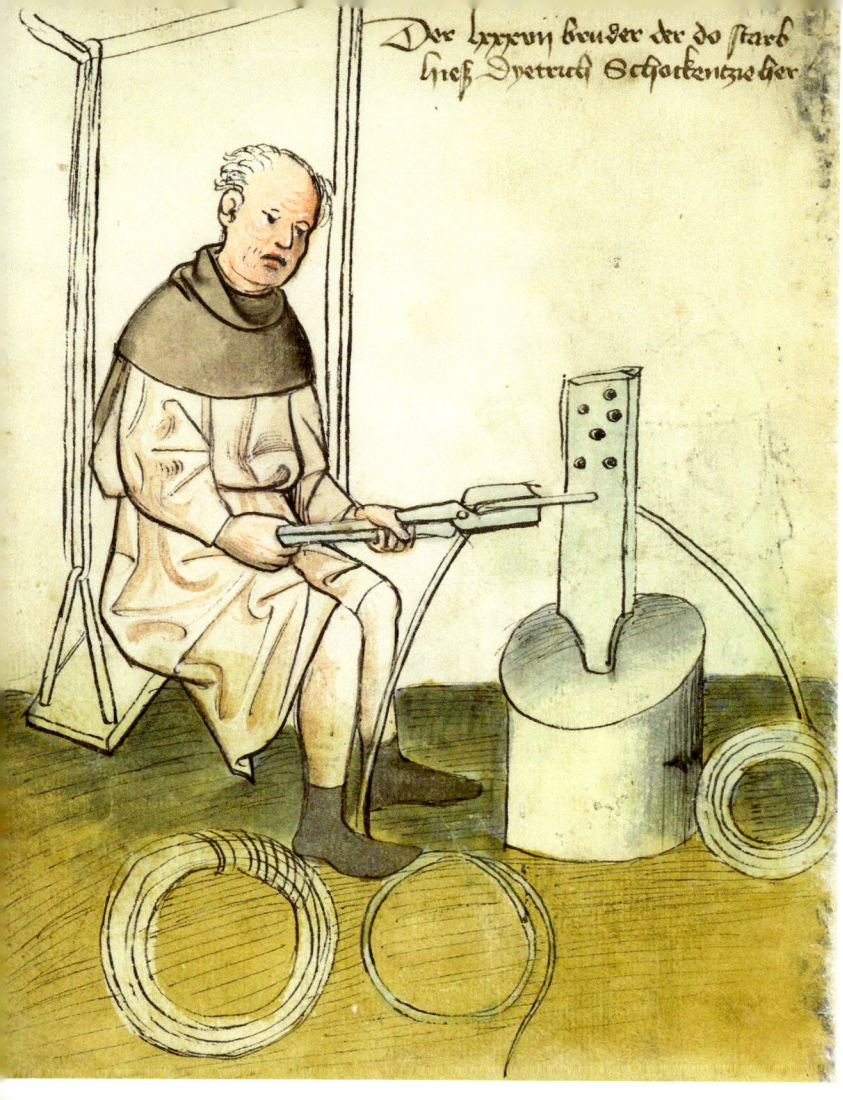

◄ **5.2 DER DRAHTZIEHER** sitzt auf der an zwei Haken befestigten Schaukel und zieht mit einer großen, schweren Zange den Draht durch ein Zieheisen. Eine bereits fertig gezogene Drahtrolle liegt zu seinen Füßen. Dyetrich Schockentzieher († vor 1423), dessen sprechender Nachname sich von der alternativen Berufsbezeichnung Schockenzieher – eine Schocke ist eine Schaukel – ableitet, stellt mit einfachen Werkzeugen schaukelnd den Draht her. / Amb. 317.2°, f. 40v

◄ **5.3 DER ZINNGIESSER** Meister Wolfhard Kandelgyesser († 1428) sitzt auf einem Hocker und füllt mit einem Gießlöffel flüssiges Zinn in eine offene Form, mit der die Hälfte einer hohen Kanne gegossen werden kann. In den Boden eingelassen ist ein Becken mit Wasser zum Abkühlen der Güsse. Bereits fertig gegossene Zinnwaren stehen im Hintergrund auf dem Ablagetisch: eine Kanne, ein Krug und mehrere aufeinandergestellte Schüsseln. Nicht dargestellt ist das Abdrehen eines aus Einzelteilen gefertigten und durch Löten zusammengesetzten Geschirrstücks, das durch zwei Personen an einer Drehbank erfolgte (vgl. Abb. 14.5). / Amb. 317.2°, f. 49r

5.4 JORG HOFMAN, der 1527 in das Landauersche Zwölfbrüderhaus aufgenommen wurde, sitzt in der kargen Werkstatt vor dem Werkblock und bearbeitet mit dem Hammer eine Harnischbrust. Zwei weitere, fertige Harnischbrüste hängen an einem Haken. Mit einfachen Mitteln wurden die einzelnen Harnischteile, die man sich nach dem Baukastensystem zusammenstellen konnte, gefertigt. Dabei wurde die Massenware nicht individuell angepasst, sondern wie bei der modernen Konfektionsware in wenigen Standardgrößen gefertigt. / Amb. 279.2°, f. 17r

5.5 DER HARNISCHPOLIERER Hanns Muller († 1568) sitzt in einer kleinen Kammer vor zwei großen Schleifrädern von wohl über 100 cm Durchmesser, die über eine Welle von einem Wasserrad angetrieben werden, und poliert einen Teil einer Rüstung, einen Rückenpanzer. Weitere Rüstungsteile, darunter ein Brustharnisch, liegen auf der Lade. Obwohl der Platz vor dem zweiten Schleifrad sicher von einem weiteren Harnischpolierer eingenommen wurde, ist dieser – entsprechend der Funktion der Darstellung als Memorialbild Hanns Mullers – im Hausbuch nicht abgebildet. / Amb. 279.2°, f. 47r

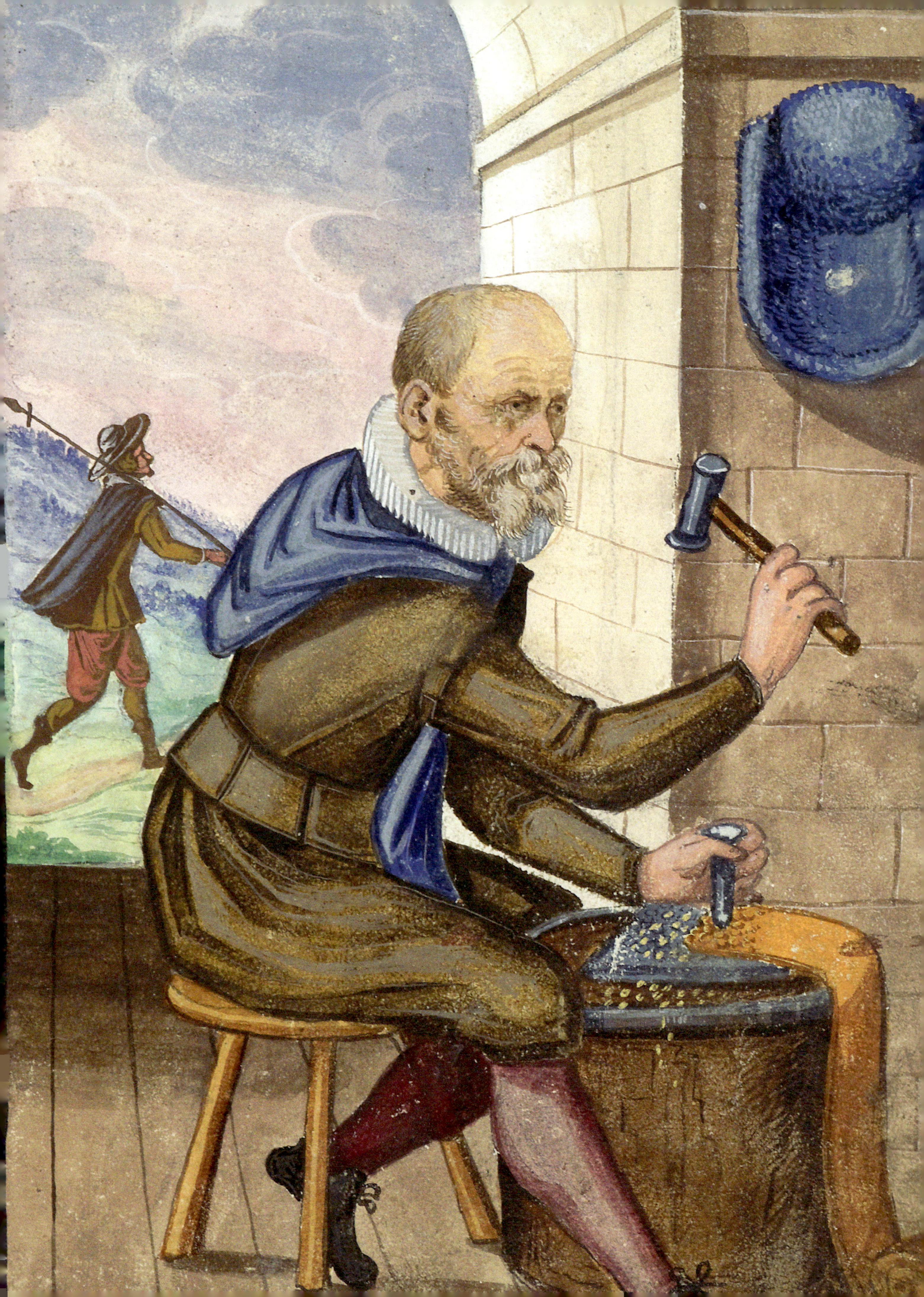

5.6 DER FLINDERLEINSCHLAGER Niclauß Freyhammer († 1639) sitzt an seinem Werkblock und stanzt mithilfe eines Hammers und einer Punze kleine Metallplättchen aus einem langen Messingblech, eine monotone und anstrengende Tätigkeit. Zudem war der um 1560 geborene und 1628 in die Stiftung aufgenommene Handwerker als Bote tätig. Häufig hatten Handwerker eine Nebentätigkeit, um auch in auftragsarmen Zeiten ein Auskommen zu haben. So war der Nadler Michael Steub († 1615) auch Türmer, der Tüncher Georg Walther († 1721) Schweinstecher (vgl. Abb. 13.10). / Amb. 317b.2°, f. 104r

GEBRAUCHSGESCHIRR AUS ZINN Becher und Kannen aus Zinn wurden gegossen, wovon sich auch die Berufsbezeichnung Kannengießer ableitete (Abb. 5.3). Gefertigt wurde die gesamte Palette häuslicher Tischwaren; eine Spezialisierung auf einzelne Produkte fand demnach nicht statt. Verbindendes Element war der technische Herstellungsprozess, das Gießen mithilfe einer offenen Form, das besonders geeignet war für Teller und Schüsseln. Hohlgefäße wurden zweiteilig gegossen, zusammenmontiert und dann abgedreht (vgl. Abb. 14.5).

EISEN FÜR DIE HARNISCHMACHER Unter den eisenverarbeitenden Handwerken waren die Harnischmacher von großer strategischer Bedeutung. Ihre Waren mussten immer in ausreichender Zahl vorrätig sein, um kurzfristig bei kleineren Auseinandersetzungen und im Kriegsfall zu Verteidigungszwecken eingesetzt werden zu können. Große Abnehmer waren die Städte selbst, die in ihren Zeughäusern nicht nur Kanonen und Angriffswaffen verwahrten, sondern auch Rüstungen. Größere historische Bestände aus den örtlichen Zeughäusern haben sich im Steiermärkischen Landesmuseum in Graz und der Veste Coburg erhalten. Dabei diente eine umfangreiche Lagerhaltung auch der Abschreckung, denn wer legte sich schon mit einer Stadt an, die über große Bestände an Waffen, Munition und Rüstungen verfügte. Die Harnische wurden von den Harnischmachern aus Eisenblech geschmiedet (Abb. 5.4).

Die auch Plattner genannten Handwerker fertigten die Harnische jedoch nicht vollständig in Eigenleistung. Ihnen arbeitete der Harnischpolierer zu, der die einzelnen Teile glättete. Dies hatte nicht nur ästhetische, sondern auch funktionale Gründe, denn ein Harnisch mit glatter Oberfläche bietet größeren Schutz. Das Schleifen und Polieren von Harnischen wurde schon früh mit effektiven technischen Maschinen ausgeführt. So wurden spätestens Mitte des 16. Jahrhunderts mit Wasserkraft angetriebene, große Schleifräder eingesetzt (Abb. 5.5). Auf einer Welle saßen gleich zwei Scheibenräder, sodass mehrere Personen gleichzeitig polieren konnten.

MESSINGBLECH ALS ROHPRODUKT Für viele Produkte lieferten der Messingbrenner und der Messingschlager das Rohmaterial. Das am Amboss mit dem Hammer ausgeschlagene Messingblech wurde zum Beispiel für Blechblasinstrumente wie Trompeten oder Posaunen verwendet. Es diente aber auch den Flinderleinschlagern (Abb. 5.6), die aus dem Blech kleine Metallplättchen stanzten, als Rohmaterial. Diese Flinder oder Flitter wurden wiederum bei der Herstellung von Kleidern, bei Klosterarbeiten oder auch für Brautkronen benötigt.

BECKENSCHLÄGER, ROTSCHMIEDE, MESSERER

Messingblech war auch das Rohmaterial für die beliebten und weithin exportierten Beckenschüsseln, die sowohl im profanen als auch im sakralen Umfeld zum Einsatz kamen. Hier wurde das Blech am Amboss mit dem Hammer bearbeitet (Abb. 5.7). Bei figürlichem Dekor, verbreitet sind Reliefs mit Adam und Eva, wurde das Messingblech in ein Gesenk geschlagen. Die Beckenschläger arbeiteten wie die meisten Metallhandwerker selbstständig. In der Regel waren sie wohl im Auftrag von Verlegern und unabhängigen Kaufleuten tätig. Aufschlussreich sind Aufzeichnungen zur Nürnberger Handelsgesellschaft Walther-Perger-Fink, die zum Jahreswechsel 1542/43 innerhalb von nur sechs Wochen von dem Beckenschläger Hans Reuther 384 Zentner Messingblech zu „Scherbecken", die von den Bartschneidern verwendet wur-

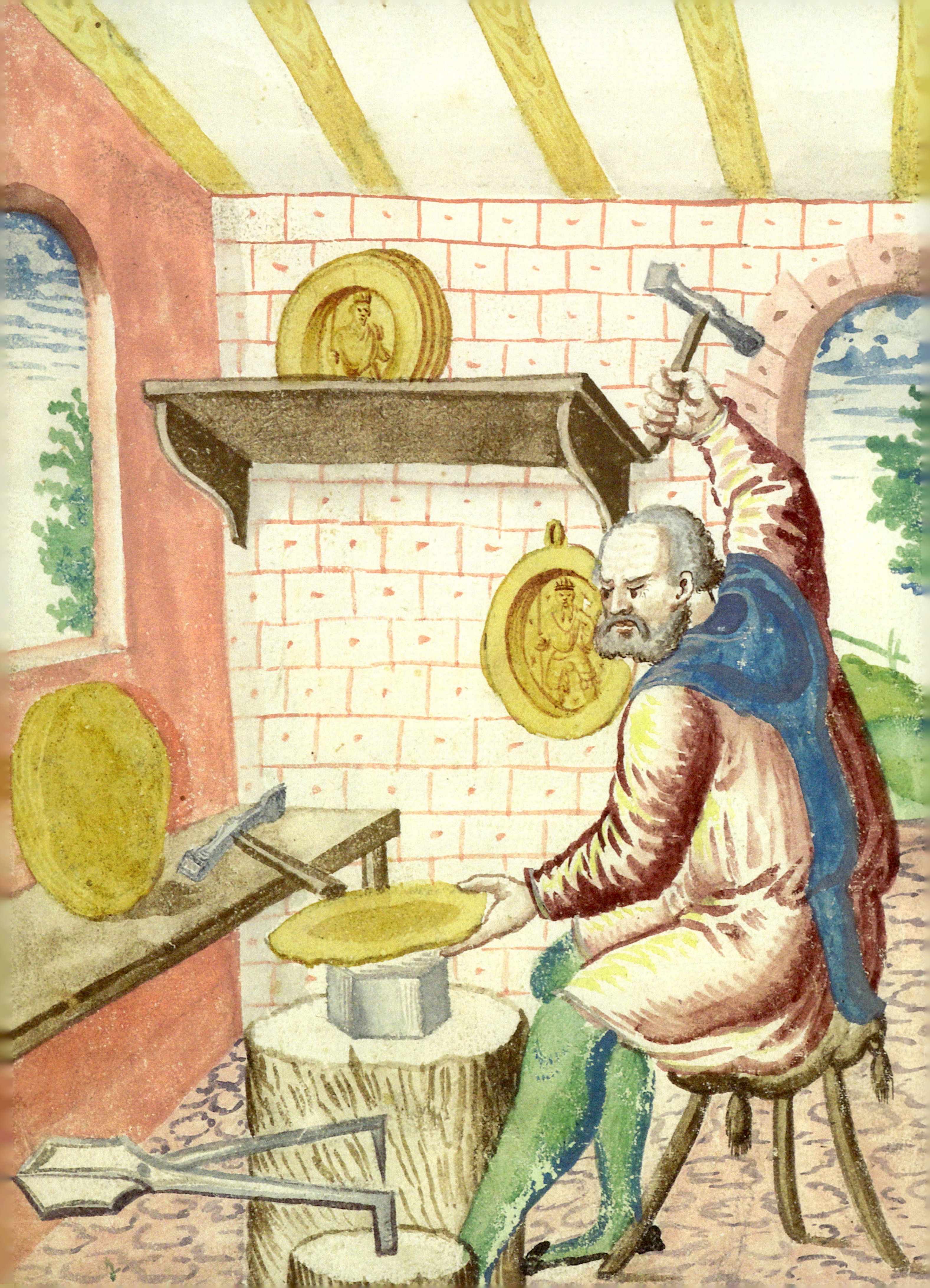

5.7 HANS GRAISINGER († 1573) bearbeitet an seinem Werkblock sitzend mit dem Hammer eine Beckenschüssel. Auf dem Tisch liegen ein weiterer Hammer und Messingrohlinge, während auf dem zweiten Werkblock eine große Blechschere befestigt ist und fertige Schüsseln mit reliefiertem Beckenspiegel an der Wand hängen bzw. auf dem Regal stehen. Die Szene zeigt einen kleinen Einmannbetrieb, wie er durchaus existiert haben wird. / Amb. 317b.2°, f. 30v

den, und „Handbecken" verarbeiten ließ. Als Lohn erhielt Reuther 922 Gulden. Man muss bei dieser Menge davon ausgehen, dass Reuther wiederum Subunternehmer beauftragte und bezahlte. Die Herstellung des Rohmaterials aus 182 Zentnern Kupfer und 4 Tonnen Galmei kostete die Handelsgesellschaft 1174 Gulden. Die fertigen Becken wurden anschließend für 23 Gulden nach Antwerpen transportiert, sodass ein Kapitaleinsatz von 2119 Gulden nötig war. In der flämischen Metropole wurde die fertige Ware schließlich in zwei Partien verkauft. Die Scherbecken nahm der Niederländer Gerhart von Buch, die Handbecken ein Hans von Kassel ab. Abgerechnet wurde nach Gewicht, nicht nach einzelnen Becken. Zusammen bezahlten die Käufer 5024 Gulden, sodass der Nürnberger Handelsgesellschaft ein Gewinn von 2905 Gulden blieb.

Auch Leuchter wurden nach Gewicht bewertet, wie sich aus dem Nachlassinventar der Katharina Amman aus dem Jahr 1529 ergibt. Die Witwe des 1514 verstorbenen Nürnberger Rotschmieds Jörg Amman führte die auf Hausgerät wie Leuchter und Schüsseln spezialisierte Werkstatt zunächst mit einem Gesellen, dann mit ihren Söhnen Hans und Jörg d. J. weiter. In ihrem Nachlassinventar ist neben der Auflistung der Werkzeuge auch der gesamte Warenbestand verzeichnet. Ein Zentner Stückmessing hatte einen Wert von sechs Gulden, die gleiche Menge an „altem zeug" fünf Gulden. Der pauschale Mehrpreis von fertigen Erzeugnissen orientiert sich am Arbeitsumfang. Mit sieben Gulden war ein Zentner Mörser nicht sehr viel teurer, während die gleiche Menge Altarleuchter bereits acht Gulden kostete. Auch Grabdenkmäler wie diejenigen der Nürnberger Vischer-Werkstatt wurden nach Gewicht abgerechnet, wobei konstant 20 Gulden pro Zentner in Rechnung gestellt wurden.

Die große Menge, wie sie die Nürnberger Handelsgesellschaft Walther-Perger-Fink nach Antwerpen verkaufte, war nicht ungewöhnlich, jedoch nur mit großem Kapitaleinsatz zu erzielen. Für den einfachen Handwerker waren derartige Geschäfte undenkbar. Er lebte von kurzfristigen Aufträgen und meist von der Hand in den Mund.

Eine große Ausnahme war der Nürnberger Messerschmied Hans Fenitzer (1565–1629), der mit dem Handel von Messern ein Vermögen anhäufte und eine theologische Bibliothek stiftete. Überhaupt gehörten die Messerer zu den wichtigen Handwerkern. Sie bezogen die Klingen von den Klingenschmieden und montierten die Schäfte. In Nürnberg wurden gewaltige Mengen an Messern aller Art produziert. Im Jahr 1592 waren es wöchentlich allein 40 000 Messer, die ihre Abnehmer natürlich nicht nur in der Reichsstadt fanden. Messer aus Nürnberg wurden in ganz Europa verhandelt. Bezeichnend sind die Proteste der Messerschmiede im polnischen Thorn im Jahr 1446, die beklagten, dass die preiswerten Messer aus Nürnberg ihr heimisches Handwerk zerstören würden. Trotz beträchtlicher Transportkosten besaß Nürnberg aufgrund der effektiven Herstellungsmethoden, der günstigen Versorgung mit Rohstoffen und der qualitätvollen Produkte einen enormen Wettbewerbsvorteil.

ARBEITSTEILUNG UND KOOPERATION

Bisweilen kam es zu Kooperationen von unterschiedlichen Handwerkergruppen, oft wohl weniger aus freundschaftlicher Verbundenheit als aufgrund strenger Handwerks- oder Zunftordnungen. Eine Zusammenarbeit ergab sich, wenn Objekte einer Warengruppe in einem anderen Metall ausgeführt werden sollten. Vor allem bei Objekten aus Edelmetall, die für den Käufer mit einem hohen Prestige verbunden waren, haben sich Beispiele erhalten. So sind vor allem Musikinstrumente aus Silber nachzuweisen, doch gibt es auch Gewichtssätze aus teilvergoldetem Silber.

Ein vierteiliger, wahrscheinlich für den dänischen König Christian IV. zwischen 1585 und 1598

▲ **5.8 DER KLEINE**, 9 cm hohe silberne Gewichtsatz ist kunstvoll gearbeitet. Von Konrad Most stammt die Gussform, von Urban Wolf der Guss und die Nacharbeit. Der zum Wiegen von Silbermünzen und Silber geeignete Gewichtsatz hat ein Gewicht von vier Mark Silber. Derartige Gewichtsätze sind immer nach dem gleichen Prinzip gefertigt: Sie bestehen aus einem verzierten Gehäuse mit Deckel und Griff sowie zahlreichen genau ineinander passenden, becherförmigen Einsatzgewichten. Das Abschlussgewicht, als Einziges massiv gegossen, entspricht in seinem Gewicht dem kleinsten becherförmigen Einsatz, während bei allen weiteren Einsätzen sich das Gewicht jeweils verdoppelt, sodass das Gewicht aller Einsätze demjenigen des Gehäuses entspricht.
Kopenhagen, Schloss Rosenborg, Inv.Nr. MdVid 1–79b

entstandener Gewichtsatz ist eine Gemeinschaftsarbeit des Nürnberger Goldschmieds Urban Wolf († 1598) und des Nürnberger Gewichtmachers Konrad Most (Abb. 5.8). Konrad Most hat die einzelnen Gewichtsätze mit „CONRAD MOS" sowie mit seinem Meisterzeichen, einem stehenden Greifen, bezeichnet und Urban Wolf mit seiner Meistermarke, einem ligierten „VW". Darüber hinaus tragen die Gewichtsätze das Prüfzeichen der Stadt Nürnberg, den Adler am Spalt, sowie die eingeschlagenen Gewichtsangaben. Der größte der vier Gewichtsätze wiegt vier Mark Silber. Die drei kleineren, annähernd gleich großen Gewichtsätze entsprechen in ihrem Gewicht 128 französischen Kronen, 128 rheinischen Gulden und 128 ungarischen Dukaten. Bezeichnet sind sie mit den Abkürzungszeichen der Goldgewichte, der Krone (Krone), dem Reichsapfel (Gulden) und dem stehenden König mit Szepter (Dukate). Die Gewichtsätze waren zum Wiegen von Gold- und Silbermünzen bestimmt. In Form und Ornamentik entsprechen sie den zahlreichen in Messing ausgeführten Einsatzgewichten. Nürnberger Gewichtmacher, die zu den Rotschmieden gehörten, belieferten fast monopolartig über mehrere Jahrhunderte hinweg Europa mit ihren Produkten und verfügten über die notwendige Kenntnis der jeweils vor Ort gebräuchlichen Maßsysteme.

Nach der Nürnberger Handwerksordnung war es Konrad Most nicht erlaubt, in Silber zu arbeiten, auch wenn dies vom Auftraggeber gewünscht worden wäre. Aus diesem Grund wird er den Goldschmied Urban Wolf hinzugezogen haben. Dieser hat die Gewichtsätze zusammen mit Most gegossen, wobei man allerdings nicht einfach eine Gussform für Einsatzgewichte aus Messing verwenden konnte, da Silber ein anderes spezifisches Gewicht besitzt als die Kupferlegierung. Folglich mussten für einen silbernen Gewichtsatz eigens neu berechnete Gussformen angefertigt werden. Der Aufwand war entsprechend hoch, und so verwundert es nicht, dass in Silber ausgeführte Gewichtsätze sehr selten sind.

AMTLICHES MARKENWESEN UND WERKSTATTSIGNATUREN

Für die wichtigsten Zentren, in denen Goldschmiedewerke hergestellt wurden, ist es möglich, anhand der Markenverzeichnisse die Meister zu bestimmen und die beschauten Objekte genau zu datieren. Dies liegt an dem wertvollen Material Silber. Der Kunde wollte eine Garantie, dass er als Gegenwert für sein Geld auch echtes Silber bekam – hierfür konnten nur der Hersteller und die städtische Beschau garantieren. Bei anderen Metallen gilt dies nur eingeschränkt. Ein vergleichbares, systematisches Markenwesen ist noch für Arbeiten aus Zinn bekannt, für solche aus Messing oder Bronze hingegen nicht. Werke aus diesem Metall wurden nicht grundsätzlich beschaut. Nur ausgewählte Objektgruppen, wie beispielsweise die Gewichtsätze aus Messing, mit denen eine wirtschaftlich relevante bzw. eine amtliche Aufgabe wie das Wiegen ausgeführt wurde, kamen zur Beschau. Bei ihnen wurde mit den Marken das amtlich geprüfte Gewicht

Hans (Johann) Fenitzer (1565–1629) war ein ganz außergewöhnlicher Messerschmied. Mitglied einer über mehrere Generationen in Nürnberg tätigen Familie von Messerschmieden und Kupferstechern, schuf er als Verleger mit dem Handel von Messern ein großes Vermögen. So bezog er von vielen Messerschmieden Messer, die er dann mit einträglichem Gewinn in großer Stückzahl weit über Nürnberg hinaus verhandelte. Fenitzer entwickelte sich so im Laufe der Zeit vom Hersteller zum Händler. Er wurde 1588 Meister und war bis 1595 als Stückwerker tätig. Anschließend konzentrierte er sich auf den Handel. Parallel dazu vollzog sich sein gesellschaftlicher Aufstieg. 1611 bis 1629 war er Genannter des Größeren Rats. Sein beträchtliches Vermögen ermöglichte es ihm, seiner Sammelleidenschaft nachzukommen. Bis 1615 stellte er eine Bibliothek mit 15 000 theologischen Bänden zusammen, die er in jenem Jahr zusammen mit über 10 000 Gulden dem Kapitel der Nürnberger St.-Lorenz-Kirche stiftete. Aus den Zinserträgen des Stiftungskapitals wurden weitere Bücher angeschafft und vier Stipendien vergeben. Die Bibliothek hat sich im Landeskirchlichen Archiv Nürnberg erhalten.

Testamentarisch stiftete er ein weiteres Kapital von 13 500 Gulden, aus dessen Erträgen sechs Stipendien für Theologiestudenten vergeben und in Not geratene Messerer unterstützt wurden.

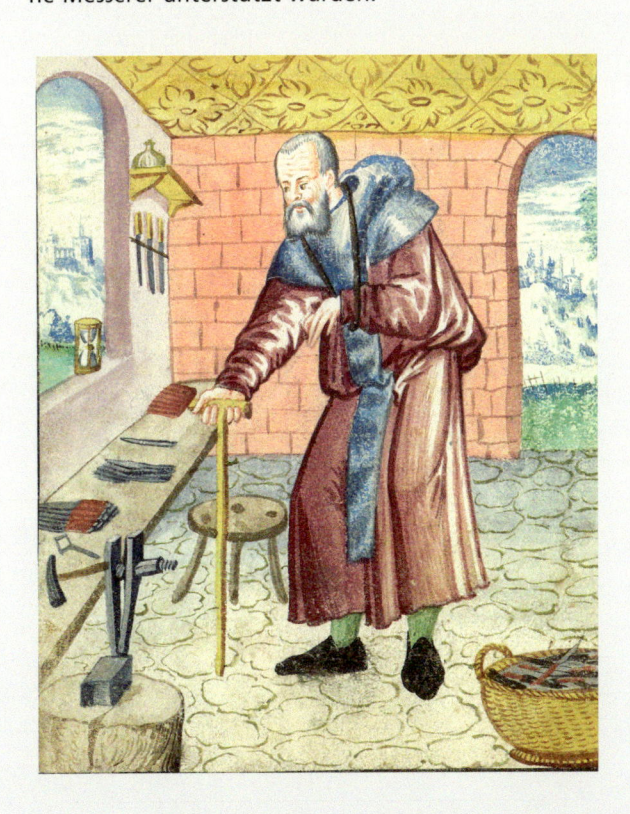

Vom Handwerker zum Großhändler und Stifter

Ungewöhnlich ist, dass im konservativen Nürnberg, dessen Rat gerade im Handwerk viele Innovationen misstrauisch beobachtete und meist auch unterband, ein Handwerker derart Karriere machen und ein riesiges Vermögen ansammeln konnte. Mit Fleiß und ausgeprägtem Geschäftssinn wurde Hans Fenitzer zu einem bedeutenden Stifter und Sammler Nürnbergs. Doch auch ein Vorfahre war Bruder im Mendelschen Zwölfbruderhaus. Stefan Fenitzer (um 1501–1575), ebenfalls ein Messerschmied, trat 1566 in die Stiftung ein. Sein Bild im Hausbuch (Abb. 5.9) zeigt ihn in der aufgeräumten Werkstatt. Fein säuberlich liegen Messerklingen, fertige Messer und Messerschäfte bereit, neben dem im Boden befestigten Schraubstock der zugehörige Schraubenschlüssel und ein Hammer. Auf dem Werkblock ruht der Amboss, in der Wandhalterung stecken drei Feilen. Der Korb ist mit Messern gefüllt. Auf dem Fenstersims steht eine Sanduhr. Deutlich getrennt sind Klingen und Messerschäfte. Dieses Arrangement macht den Arbeitsprozess deutlich: Die Klingen wurden von den Klingenschmieden gefertigt, die Messerer montierten die Schäfte und gaben den Messern den Schliff. Damit waren sie das letzte Glied im Herstellungsprozess und konnten den Verkauf kontrollieren, was Hans Fenitzer mit großem Erfolg unternahm.

5.9 STEFAN FENITZER († 1575) lebte neun Jahre im Mendelschen Zwölfbrüderhaus. Ganz ungewöhnlich ist sein Bildnis im Hausbuch, da es ihn nicht bei der Ausübung seines Handwerks zeigt, sondern auf einen Stock gestützt und mit Armverletzung. Offensichtlich nimmt der Maler damit auf die beim Bild stehenden Angaben des Schreibers zu altersbedingten Leiden des Handwerkers Bezug: Er sei „aber Letzlich gar ain armer mensch worden der pistu sein endtt grosse martter erlitten" habe. / Amb. 317b.2°, f. 32v

5.10 HANS TUCHER (1549–1632) gehört zu den bedeutendsten Sonnenuhrmachern seiner Zeit. Auf dem Blatt des Mendelschen Hausbuchs wird er als „Compastenmacher" (Kompassmacher) und „Züngleinfeihler" (Kompassnadelfeiler) bezeichnet, womit er zum metallverarbeitenden Gewerbe gehörte. Tucher sitzt an seinem Tisch und präsentiert mit der Linken eine fertige Klappsonnenuhr aus Elfenbein; in der Rechten hält er einen Zirkel. Ein zweiter Zirkel und ein Grabstichel liegen auf dem Tisch, ebenso einzelne Kompassnadeln sowie zwei weitere Klappsonnenuhren aus Elfenbein. Ungewöhnlich ist der Fensterausblick, der ein orientalisches Zelt und einen säbelschwingenden Mann mit Turban und exotischer Kleidung zeigt. Vielleicht handelt es sich um einen Türken, der auf die weite Verbreitung der Nürnberger Klappsonnenuhren anspielen könnte. Denn schon 1529 druckte der Nürnberger Geistliche, Mathematiker und Astronom Georg Hartmann die Skalen der Sonnenuhren als Holzschnitte zum Aufkleben auf Holz. Die Blätter, Instrumente aus Papier, hatten arabische Schriftzeichen, die für den orientalischen Markt gedacht waren. / Amb. 317b.2°, f 108v

garantiert, und zwar unmittelbar nach der Herstellung sowie bei den regelmäßig wiederkehrenden Eichprüfungen. So finden sich an zahlreichen Gewichtssätzen gleich mehrere dieser Eichmarken.

Viele Werke wurden sowohl vom Hersteller als auch von der städtischen Obrigkeit gemarkt. Bei Eisenwaren wurde die Qualität und Solidität der Produkte untersucht. Lebenswichtig war dies beispielsweise bei Rüstungen. Harnische wurden beschossen, anfänglich mit Armbrüsten, später auch mit Feuerwaffen, um ihre Widerstandskraft zu prüfen. An vielen Rüstungen sind solche Beschussdellen zu finden. Nach positivem Ausgang wurde den Harnischen in Nürnberg das amtliche „N" oder das Stadtwappen, der halbe Adler, eingeschlagen.

Auf künstlerisch gestalteten Gegenständen aus Messing wie Brunnen, Grabdenkmälern oder Statuen finden sich häufig Signaturen in Form von Namen oder Werkstattzeichen. Sie garantierten einerseits die Qualität der Produkte, andererseits verkündeten sie aber auch stolz ihre Herkunft. Nicht selten erscheinen die Namen mit einer religiösen Demutsformel wie am Tugendbrunnen neben der St.-Lorenz-Kirche in Nürnberg. Der Rotgießer Benedikt Wurzelbauer (1548–1620) goss den Brunnen 1589 allein Gott zum Ruhm und bezeichnete ihn entsprechend mit „SOLI DEO GLORIA / BENEDICT WURCLPAUR / MDLXXXIX". Signaturen erscheinen aber nicht zwingend auf derartigen Kunstwerken oder Messinggeräten. Auf den Grabdenkmälern der Nürnberger Vischer-Werkstatt, die über drei Generationen zwischen 1453 und 1544 tätig war und über 100 Monumente fertigte, finden sich nur bei wenigen Werken Signaturen und dies auch nicht in einheitlicher Form. So gibt es sowohl Monogramme als auch Hauszeichen, Symbole und vollständige Namenszüge. Das Signet stammt jeweils von dem Werkstattleiter, der nicht zwangsläufig auch der ausführende Künstler oder Gießer gewesen sein musste, aber immer als Vertragspartner gegenüber dem Auftraggeber verantwortlich war.

Eine ähnliche Situation, bei der unterschiedliche Personen und Personengruppen bei der Herstellung eines einzigen Objekts beteiligt waren, liegt bei wissenschaftlichen Instrumenten vor. Allerdings wurden nur wenige solcher Geräte signiert, dann meist mit vollem Namen. Lediglich die Klappsonnenuhren aus Elfenbein, die in größerer Stückzahl in Augsburg und Nürnberg hergestellt wurden, weisen häufig Signaturen in Form von Initialen oder Werkstattzeichen auf. Mitglieder der Nürnberger Familie Tucher verwendeten eine Schlange (Abb. 5.10), die Troschel einen Vogel, die Miller eine Lilie und die Reinmann eine Krone. Aufgrund der besonderen konzeptionellen und intellektuellen Kenntnisse, die bei Objekten wie beispielsweise Globen erforderlich waren, mussten die ausführenden Handwerker mit den „geistigen Schöpfern" zusammenarbeiten.

Die Personen, deren Namen auf den Instrumenten als Signaturen erscheinen, können zwei Gruppen angehören. Entweder waren sie der Fertiger oder Entwerfer – in diesem Fall hatten sie direkt mit der Herstellung zu tun –, oder sie waren der Besitzer oder Stifter des Instruments. Bei Instrumenten gilt es zu differenzieren, wer der Hersteller, also der ausführende Handwerker oder Künstler, und wer der Erfinder bzw. geistige Verursacher war. Denn beide signierten ihre Arbeiten in der gleichen Art und Weise. Formulierungen wie „fecit", „faciebat" oder „hat gemacht" wurden von beiden verwendet. Hinweise auf ihren unterschiedlichen Anteil am Erzeugnis ergeben sich aus den unterschiedlichen Kunstfertigkeiten und Qualifikationen, die für die Herstellung eines Instruments oder Geräts nötig waren.

Im Germanischen Nationalmuseum Nürnberg hat sich ein Globenpaar in einem höchst dekorativen Gestell aus gegossenem Messing erhalten. Sie sind signiert „IOHANNES PRAETORIVS IOACHIMICVS NORIMBERGAE FACIEBAT ANNO 1566" und wurden für den Nürnberger Arzt Dr. Melchior Ayrer (1520–1579) gefertigt. Johannes Praetorius (1537–1616), geboren als Johannes Richter in der kleinen böhmischen Stadt Joachimsthal, studierte Mathematik und Philosophie an der Universität Wittenberg und hielt sich nachfolgend in Nürnberg, Wien und Prag auf, bevor er Professor für Mathematik in Wittenberg und Altdorf bei Nürnberg wurde. Als die Nürnberger Globen entstanden, war Praetorius 29 Jahre alt. Er konnte weder eine handwerkliche Ausbildung vorweisen, noch verfügte er über die notwendigen Fähigkeiten, solch kunstvolle Globen eigenhändig herzustellen. Die Formulierung „faciebat" besagt wörtlich, dass Praetorius die Globen gemacht habe. Doch tatsächlich hatte er „nur" die Idee zu den Globen, machte das Konzept, suchte die Karten und den Sternenkatalog aus, organisierte und überwachte die Herstellung der Globen und stellte eventuell das nötige Kapital zur Verfügung. Der Anteil von Praetorius wird deutlich, wenn man das kleine, versteckte Monogramm „HSE" auf dem gravierten Schiff im Sternzeichen der Argo auf dem Nürnberger Himmelsglobus berücksichtigt. Es bezieht sich auf Hans (Johannes) Epischofer († 1585), einen Goldschmied aus Nürnberg, der verschiedene wissenschaftliche Instrumente dekorierte und mit seinem Monogramm versah. Epischofer war der ausführende Graveur, auch wenn die Signatur suggeriert, dass die Globen von Johannes Praetorius stammen. Die Gestelle der beiden Globenpaare wurden vermutlich von einem nicht näher bekannten Nürnberger Rotschmied gegossen. Die Bedeutung von „faciebat" oder „fecit" ist vielschichtig und verweist nicht immer auf den eigentlichen Hersteller eines Instrumentes oder Gerätes. Als mindestens gleichrangig, wenn nicht sogar als bedeutender, wurde der Anteil dessen angesehen, der die Idee zu einem Objekt besaß und die Herstellung koordinierte, denn sein Anteil bei der Signatur ist ungleich prominenter hervorgehoben. Praetorius und Epischofer arbeiteten mehrfach zusammen. So signierten und monogrammierten sie im Jahr 1568 ein Astrolab, das ebenfalls für Melchior Ayrer entstand und dessen Wappen trägt (Nürnberg, Germanisches Nationalmuseum).

Das Metallhandwerk bildet eine der Säulen der städtischen Kultur und reicht in alle Bereiche des täglichen Lebens hinein. Die Bandbreite ist groß: Von Alltagsgegenständen bis hin zu Luxuswaren und Kunstwerken erstreckt sich die Produktion, die in ihrem Zusammenspiel ein hohes Maß an Komplexität aufweist und gleichermaßen von ihrer Tradition und Innovation lebt.

Sven Hauschke

Hanns gschwer ein weber ist herein kumen den 4 Ju[ni]
im 4 ̇3 Jar und ist gstorben den 30 December
im 5 ̇4 Jar

Die Textilproduktion

SPINNEN, WEBEN, FÄRBEN, NÄHEN

Die Produktion von Textilien ist eines der ältesten Handwerke der Menschheitsgeschichte. Die Grundidee, aus einzelnen Fasern über zahlreiche Arbeitsschritte hinweg ein kompaktes Werkstück herzustellen, ist so einfach und gleichzeitig effektiv, dass sich der Herstellungsprozess von vorgeschichtlicher Zeit bis heute – abgesehen von einer zunehmenden Technisierung – nicht verändert hat. Die Vielzahl der Bedürfnisse, die durch Textilien befriedigt werden können, ist enorm: Sie bieten Schutz vor Witterung, erhöhen den Komfort und dienen oft auch der Repräsentation.

Im Spätmittelalter und in der frühen Neuzeit erlebte die Textilherstellung in ganz Europa eine Blütezeit. Technische Innovationen und protoindustrielle Arbeitsvorgänge erhöhten sowohl Qualität als auch Quantität der Produktion. Die Zahl der in der einen oder anderen Form an der Anfertigung von Textilien beteiligten Personen in den mittelalterlichen Städten ist nahezu unüberschaubar.

VON DER FASER ZUM GARN

Am Anfang jeder textilen Produktion steht die einzelne Faser. Diese konnte im ausgehenden Mittelalter sowohl tierischen als auch pflanzlichen Ursprungs sein. Die Vorrangstellung unter den tierischen Fasern hatte die Schafswolle inne; auch Haare von Ziegen und Rindern fanden in geringerem Umfang Verwendung, besonders wertvoll waren – wie noch heute – die aus dem Kokon von Seidenspinnern gewonnenen Fasern.

Die gebräuchlichste pflanzliche Faser war Leinen/Flachs. Daneben wurden auch Nesseln und Hanf verarbeitet. Eine stetig wachsende Bedeutung kam der Baumwolle zu. Während Wolltuch und Loden (durch Walken stark verdichtetes Wollgewebe) in erster Linie zu Oberkleidung weiterverarbeitet wurden, waren Leinwand und Mischgewebe vor allem als Gebrauchstextilien und für Unterkleidung gefragt.

Das Beispiel der Schafwolle macht deutlich, dass es auch innerhalb der einzelnen Faserarten starke qualitative Unterschiede gab, derer sich die Textilproduzenten im Spätmittelalter bereits sehr bewusst waren. Verschiedene Schafrassen liefern unterschiedliche Wollen, die vor allem im Verhältnis von festerer Ober- zu weicherer Unterwolle variieren. Nahezu alle Schafrassen der Gegenwart entstanden erst in der frühen Neuzeit (eine der wenigen Ausnahmen sind die Soays), auch wenn beispielsweise die Wolle von Zackelschafen und Schnucken durchaus mit der ihrer mittelalterlichen Artgenossen vergleichbar ist.

Schafzucht wurde in der Nürnberger Umgebung kaum betrieben, die enormen Mengen (3000 Zentner Schafwolle zu Beginn des 16. Jahrhunderts), die für die jährliche Tuchproduktion benötigt wurden, importierte man z. B. aus Rothenburg. Die Schur und wohl auch die erste grobe Reinigung der Wolle durch Waschen und Schlagen scheinen bereits vor dem Export stattgefunden zu haben; das Kämmen war der erste in Nürnberg stattfindende Arbeitsgang (Abb. 6.1).

Im 15. Jahrhundert war das Bereiten von Flachs innerhalb der Stadtmauer Nürnbergs untersagt. Dabei ist der Aufwand enorm, um aus den Stängeln des Leins Fasern für die Weiterverarbeitung zu gewinnen. Noch im 19. Jahrhundert wurde Flachs nicht gemäht, sondern gerupft. Der anschließende Trocknungsprozess dauerte zehn bis zwölf Tage. Beim Riffeln wurden die Samenkapseln entfernt, sodass nur die Stängel des Leins dem Rösten ausgesetzt wurden. Hierbei wurde durch einen bis zu sechswöchigen Fäulnisprozess der Pflanzenleim ausgelöst, der die Bastfasern verbindet. Das Rösten konnte entweder durch lockeres Auslegen auf den Feldern oder durch die schnellere Wasserröste erfolgen. Danach wurden die Flachsstängel durch heißen Rauch getrocknet oder gedörrt und dann auf der Breche, einer hölzernen Hebel- und Auflagekonstruktion, in kurzen Abständen geknickt und gebrochen. Nach dem Entfernen von unerwünschten Bestandteilen beim Schwingen erfolgte als letzter Arbeitsgang das Hecheln: Der gebündelte Flachs wurde durch eine Metallbürste gezogen und so gespalten. Erst jetzt war er bereit für den nächsten Verarbeitungsschritt.

ENDLOSES SPINNEN Die weiteren Arbeiten verliefen für Leinen, Wolle, Seide oder Baumwolle ähnlich: Aus vielen einzelnen Fasern musste ein einheitliches Garn hergestellt werden. Hierzu wurden die einzelnen Fasern versponnen, also miteinander verdreht, wodurch ein endloses, reißfesteres Garn entstand.

Die älteste Methode, einigermaßen zügig Garn zu produzieren, ist das Spinnen mit einer Fallspindel (Abb. 6.2). Ein durchlochtes Gewicht aus gebranntem Ton, Speckstein oder Holz, der sogenannte Wirtel, wird an einem Stab angebracht und dient als Schwunggewicht. Der Spinnvorgang geht vom oberen Ende des Stabes aus, wo Garn befestigt wird. Der Wirtel und mit ihm der Stab werden in eine gleichmäßige Drehung versetzt. Diese läuft in die regelmäßig aus einem Faserbündel gezogenen Fasern hinein. Die Drehung muss dabei immer in eine Richtung erfolgen und darf weder zu stark noch zu schwach sein. Nun werden im Wechsel die Spindel angedreht und Fasern ausgezogen. Wird der Faden zu lang, so wird der Prozess unterbrochen und das Garn auf den Stab der Spindel aufgewickelt. Anschließend beginnt der Spinnvorgang von vorn. Was in der nüchternen Beschreibung kompliziert klingt, ist schnell erlernbar und wurde im Mittelalter bereits von Kindern ausgeführt. Zur Erleichterung wurde das Rohmaterial oft an einem Rocken angebracht, einem langen Stab mit Fußkonstruktion, der in größeren Städten von einem eigenen Handwerk hergestellt wurde.

Im Rahmen der spätmittelalterlichen Textilindustrie bestand ein enormer Bedarf an gesponnenem Garn, das dazu noch von gleichmäßiger Qualität sein musste. Diese wurde von mehreren Faktoren be-

6.1 DER WOLLKÄMMER Kunrad Kemer († vor 1414) befreit durch Kämmen mit einreihigen Wollkämmen, deren metallene Zinken erwärmt wurden, die Wolle von noch vorhandenen Verunreinigungen. Der Vorgang richtet die Fasern zudem in gewissem Umfang in die gleiche Richtung aus (sogenannter Kammzug) und erleichtert so den nachfolgenden Spinnprozess. Amb. 317.2°, f. 28v

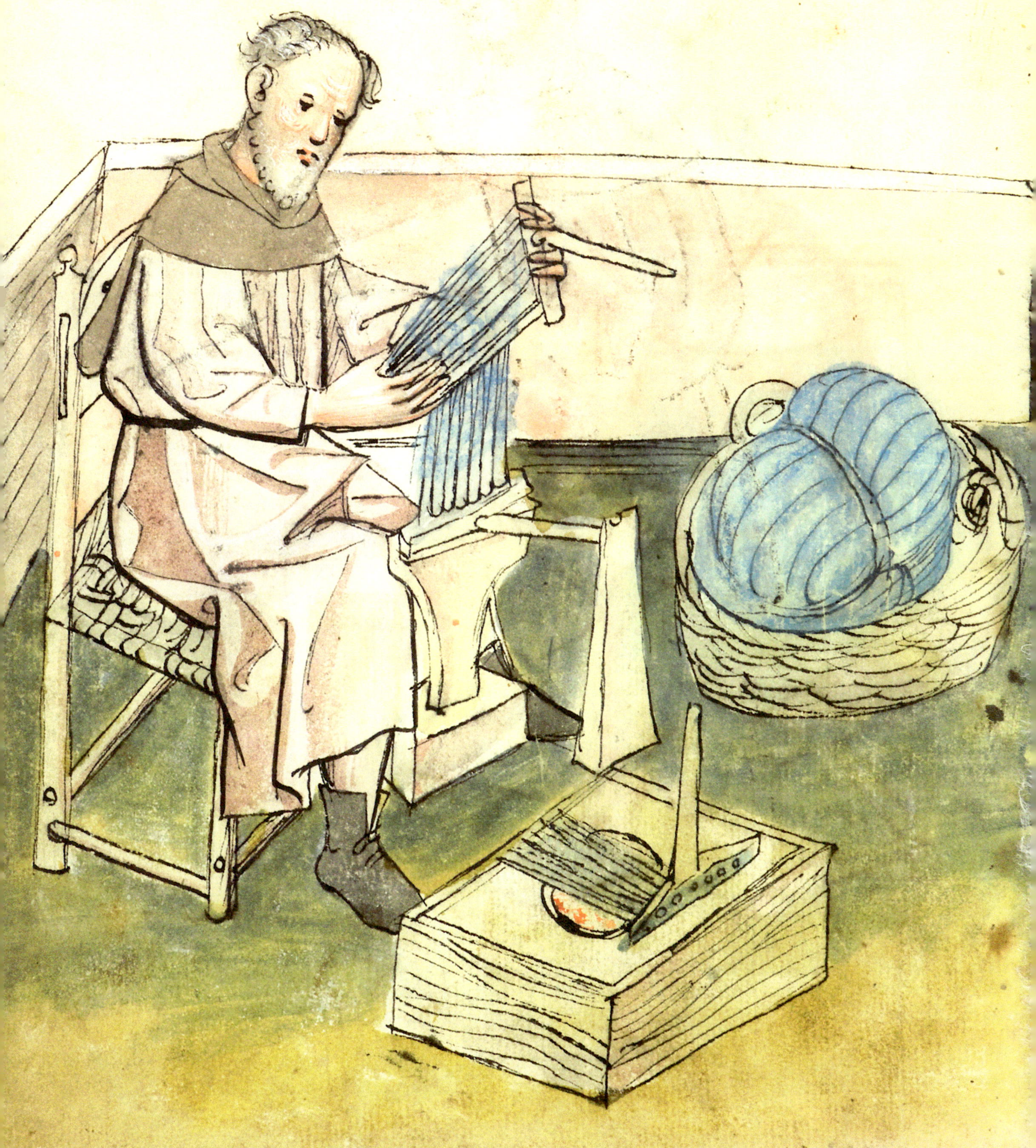

▲ **6.2 SPINNWIRTEL** stellen ein häufiges Fundgut in archäologischen Grabungen dar. Nach Aufgabe des Gewichtswebstuhls sind sie das einzig nicht vergängliche Werkzeug der umfangreichen Textilindustrie. Zu den zahlreichen in der Textilherstellung eingesetzten Naturalien zählen (im Foto von links nach rechts) die zum Tuchrauen eingesetzten Kardendisteln, der zum Gelbfärben verwendete Saflor (Färberdistel), krappgefärbte Wolle und Fallspindel (Spinnwirtel mit neuem Stab). / Foto: Melanie Langbein

stimmt: vom Geschick des Spinnenden, dem Gewicht des Wirtels, der angestrebten Fadenstärke und Länge sowie der Qualität der einzelnen Fasern des Rohmaterials.

Ab dem 13. Jahrhundert erscheinen die ersten Spinnräder in Quellen – vornehmlich in Verboten. Bei den frühen Handspinnrädern wurde die Spindel über einen Schnurantrieb durch ein zu drehendes Rad angetrieben. Dies hatte zur Folge, dass der Faserauszug nur noch mit einer Hand erfolgen konnte, während die andere das Rad drehte. Auch hier war es nötig, den Spinnvorgang zu unterbrechen, um das erzeugte Garn aufzuwickeln. Diesen Schritt erübrigte erst das Aufkommen des Flügelspinnrads im 15. Jahrhundert, da die Kraft hier ebenfalls per Schnur vom Rad auf die Spindel übertragen wurde, gleichzeitig aber auch einen Flügel antrieb, der in abweichender Geschwindigkeit um eine Spule rotierte. Das Garn wurde über die Flügel geführt und gelangte von dort auf die Spindelspule. Mit dem fußgetriebenen Flügelspinnrad, das in der ersten Hälfte des 16. Jahrhunderts Verbreitung fand, war es möglich, den Faserauszug und damit Dicke und Qualität des Garnes wieder mit beiden Händen zu steuern.

Obwohl durch die Spinnräder die Quantität der Garnproduktion steigen sollte, wurden sie in vielen Orten verboten. Dies kann dem Schutz der spinnenden Bevölkerung gedient haben, wahrscheinlicher ist jedoch, dass die Qualität des Radgarns nicht dem mit der Fallspindel gesponnenen entsprach. Auch hier gab es lokale Unterschiede: Der Nürnberger Dichter Hans Rosenplüt († um 1460) lobte bereits im 15. Jahrhundert die Radspinnerinnen.

Wo das Handwerk in Zünften organisiert war, sind in der Regel auch Frauen bei den Garnmachern zugelassen gewesen. Auffällig ist, dass in den Bildquellen fast ausschließlich Frauen beim Spinnen dargestellt werden. Ein Verbot aus dem Jahr 1491, welches den Nürnberger Barchentwebern die Verwendung von polnischem Garn untersagte, belegt, dass auch hier der In- und Export eine große Rolle gespielt haben muss.

HASPELN UND ZWIRNEN An das Spinnen konnten sich verschiedene Arbeitsgänge anschließen. Neben der meist unveränderten Weiterverwendung beim Weben konnte das Garn gehaspelt oder gezwirnt werden. Beim Haspeln wurde das Garn auf eine Kreuz- oder Drehhaspel umgewickelt und dabei gespannt. Wurden die Fasern nun angefeuchtet, so konnten sie in ihrer neuen Position trocknen, was eventuell überschüssigen Drall reduzierte. Darüber hinaus wurde das Haspeln auch zur Bestimmung der Garnlänge verwendet. Insbesondere ab der frühen Neuzeit gab es für viele Regionen Vorschriften zum Umfang der verwendeten Haspeln. Anschließend wurde das Garn zu Docken gewickelt, die nun auch als Einheit für die Wollmenge dienen konnten.

Für einige textile Techniken war eine noch höhere Reißfestigkeit des Garns notwendig. Diese wurde durch das Zwirnen erreicht. Hierbei werden zwei oder mehr Garnstränge entgegen ihrer Spinnrichtung miteinander verdreht.

DIE WEBER

Die im Mittelalter gängigste Verarbeitung von Garn war das Weben. Das Grundprinzip ist spätestens seit dem Jungpaläolithikum bekannt, der älteste bekannte Beleg ist ein fast 25 000 Jahre alter Abdruck auf einer kleinen Tonfigur aus Dolni Vestonice (Südmähren). Insbesondere das Weben am Gewichtswebstuhl hatte in Mitteleuropa eine lange, bis in das Endneolithikum zurückreichende Tradition. Er war bis ins hohe Mittelalter in Gebrauch und wurde erst dann nach und nach durch den horizontalen Trittwebstuhl verdrängt.

TECHNISCHE GRUNDLAGEN Um eine Textilbahn zu weben, benötigt man auf den Webstuhl aufgezogene Längsfäden, die sogenannte Kette. Durch diese Kettfäden werden im 90°-Winkel die Schussfäden gezogen. Das Gewebe entsteht durch die bei mehreren Schüssen unterschiedliche Position der Kettfäden, die Fachbildung (Abb. 6.3).

Je nach Komplexität können unterschiedliche Webarten (Bindungen) entstehen. Die einfachste Bindung ist die Leinwandbindung: Jeder zweite Kettfaden wird angehoben, der Schuss erfolgt, die andere Hälfte der Fäden wird nach oben gezogen, der zweite Schuss erfolgt. Besonders in der Leinweberei war dies die häufigste Bindung, aber auch andere Materialien wurden auf diese Weise verwebt.

Mit mehr als zwei Schäften können außer Fach- und Gegenfach weitere Bindungen produziert werden. Gängig in der Wollweberei war die Köperbindung, wie sie heute noch bei Jeansstoffen verwendet wird. Dabei werden die Fäden so eingebracht, dass sie jeweils versetzt zur Vorreihe liegen; bei der fertigen Stoffbahn entsteht so der Eindruck diagonal oder in Zacken (sogenannter Fischgrat) verlaufender Linien. In Kombination mit unterschiedlichen Materialien und Fadenstärken entsteht eine nahezu unüberschaubare Vielfalt an Stoffen.

Zahlreiche, auch internationale Vorgaben und Bestimmungen sicherten die ersten Standards der Textilindustrie. Außer der Qualität der Wolle und der Feinheit des Gewebes spielte die Färbung und Nachbereitung eine Rolle. Verbindlich war auch die Größe der Tuche, deren Länge meist über 20 m betrug. Die Breite historischer Gewebe wird oft unterschätzt: Im Spätmittelalter waren Webbreiten von über einem Meter keinesfalls die Ausnahme.

Die gut aufbereiteten Quellen zur wirtschaftlichen Lage des Nürnberger Textilgewerbes gestatten die Veranschaulichung anhand einiger Zahlen: Die Länge der Nürnberger Tuche um 1500 betrug meist 32 oder 36 Ellen (1 Nürnberger Elle = 0,665 cm), die häufigste Breite ist zwei Ellen. Bei einem Tuch mittlerer Qualität wurden 768 Kettfäden (5,6 Fäden/cm) verwendet. Für die Blütezeit der Tuchmacherei ist von etwa 8500 Stück Wolltuch jährlich auszugehen, was einer Gesamtlänge von 175 000 m bis 200 000 m ent-

6.3 DER WEBER Hans Golner († 1554) sitzt an einem im Spätmittelalter gebräuchlichen Trittwebstuhl. Bei diesem ist die Kette horizontal gelagert. Über ein System von Pedalen und Umlenkrollen, die Schäfte bewegen, werden bestimmte Kettfäden angehoben oder wieder abgesenkt, während der Schussfaden mithilfe eines Webschiffs zwischen den Kettfäden hin- und hergeschossen wird. / Amb. 279.2°, f. 41r

spricht. Legt man eine Fadendichte von 5,6 Fäden/cm sowohl bei Kette als auch beim Schuss zugrunde, so benötigte allein die Tuchmacherei über 260 000 km Garn pro Jahr. Nur mit dem für Wolltuche gesponnenen Garn könnte man 6,5-mal den Äquator umspannen. Dabei gab es auch deutlich feinere Tuche, die pro Quadratzentimeter jeweils über 30 Kett- und 30 Schussfäden aufwiesen.

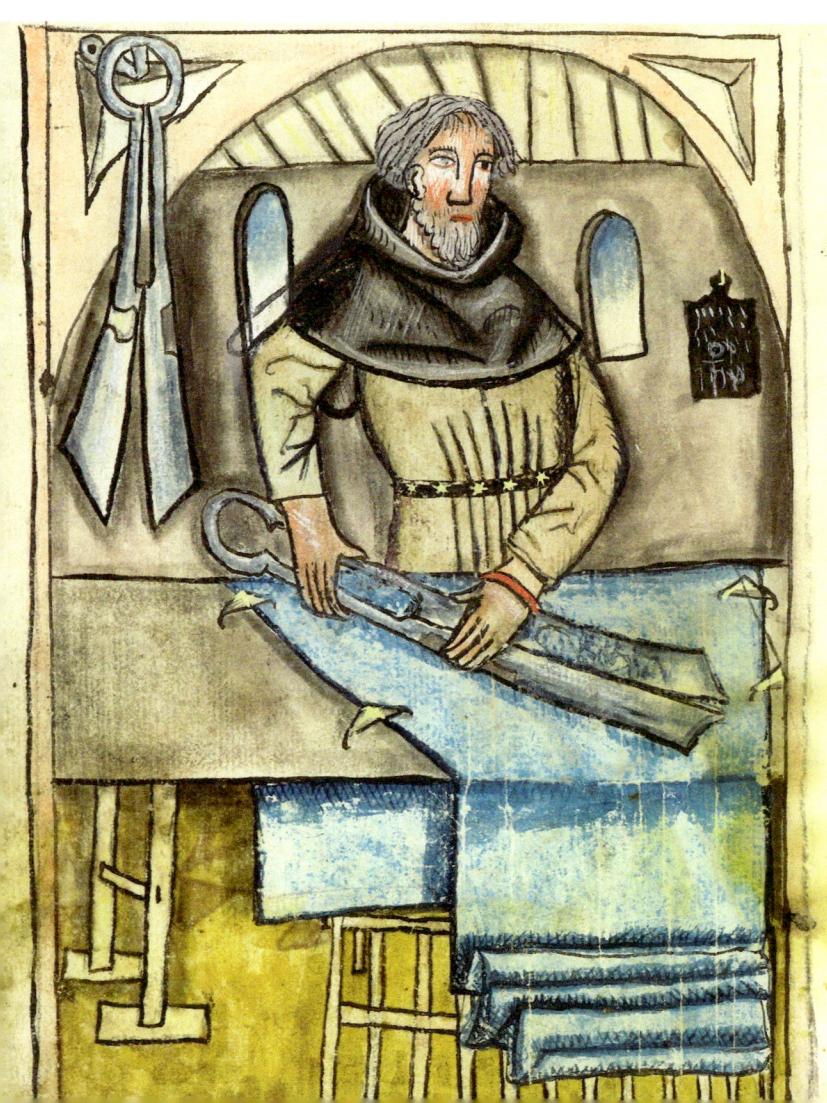

WEBER IST NICHT WEBER Im ausgehenden Mittelalter wurde im städtischen Umfeld in der Regel zwischen Wolle und Leinen verarbeitenden Webern unterschieden; Leinweber durften kein Wolltuch produzieren, ebenso war es Tuchmachern nicht erlaubt, Leinwand herzustellen. Darüber hinaus gab es verschiedene Produzenten von Mischgeweben. Während diese heute durch unterschiedliche Fasermischungen entstehen, wurde im Mittelalter prinzipiell strapazierfähiges Garn aus Leinen für die Kette verwendet. Beim Barchent, der sich im 14. und 15. Jahrhundert als Material für Gebrauchstextilien zunehmender Beliebtheit erfreute, wurde Baumwolle als Schussfaden verwendet. Die Barchentweberei ist insbesondere in Schwaben intensiv betrieben worden; hier erzeugte man vom 15. bis ins 17. Jahrhundert einen der Hauptexportartikel Deutschlands.

◀ **6.4 DER TUCHRAUER** Hans Forchhammer († 1521) raut mit einer Karde das gewalkte Tuch auf. Das Arbeitsgerät, bestehend aus einem hölzernen Gestell und darauf in mehreren Reihen befestigten Kardendisteln (vgl. Abb. 6.2) bezog er von einem eigenen Handwerk, den Kardenmachern. / Amb. 317.2°, f. 136r

◀ **6.5 DER TUCHSCHERER** Heinz Herzog († 1472) kürzt mit einer übergroßen und schweren Schere in harter körperlicher Arbeit die aufgerauten Fasern. Qualitativ hochwertige Stoffe erhielten hierdurch einen fast samtartigen Charakter. Die im Bild bearbeitete, blau gefärbte Tuchbahn ist mit Klammern auf dem Arbeitstisch befestigt, während der nach vorn überhängende Teil in Falten auf einem Holzgestell am Boden aufgefangen wird. / Amb. 317.2°, f. 90v

Eine weitere Webergruppe waren die Deckweber. Sie stellten Decken und Teppiche her, indem sie wollenen Schuss in Leinkette arbeiteten. Bei den wollverarbeitenden Webern wurde vor allem zwischen den Tuchmachern und den Lodenmachern unterschieden. Im Kölner Raum spielte die Seidenweberei eine große Rolle, wobei in der Zunft der Seidenweber auch Frauen zugelassen waren.

WALKEN, RAUEN, SCHEREN

An das Weben insbesondere des Wolltuchs schlossen sich das Waschen und das schon früh in speziellen Mühlen durchgeführte Walken an. Durch Temperatur- und mechanische Einwirkung wurde das Material verdichtet, dabei ist bei der Lodenherstellung noch stärker gewalkt worden als bei normalem Tuch. Dies führte zwar zu einem stärkeren Einlaufen des Tuchs, jedoch auch zu Wasser- und Winddichte. Danach spannte man die Tuche auf Rahmen und ließ sie trocknen. Im nächsten Arbeitsschritt wurden die Tuche mit Karden von den Tuchrauern aufgeraut, um das gewalkte und somit fester gewordene Gewebe an der Oberfläche wieder aufzulockern (Abb. 6.4).

Anschließend wurden die nun abstehenden Fasern von den Tuchscherern wieder auf eine einheitliche Länge zurückgeschnitten (Abb. 6.5). Für den Fall, dass bei diesen Vorgängen Schäden am Tuch entstanden waren, trat der Stopfer auf den Plan. Je nach Tuchart konnte das Tuch nun noch geplättet werden, was ihm ein glänzendes, im Spätmittelalter sehr gefragtes Aussehen verlieh.

LEUCHTEND WEISS UND SCHÖN BUNT

Besonders in der Leinweberei spielte das abschließende Bleichen eine wichtige Rolle. Ungebleichtes Leinen hat einen beigen Farbton, welcher im ausgehenden Mittelalter für qualitätvolle Produkte nicht erwünscht war. Die Bleicher, die die Leinwand auch walkten, waren ein eigenes Handwerk. Beispielsweise durften die Nürnberger Bleicher spätestens ab 1535 Kalk und Waidasche nicht mehr verwenden, sondern mussten Holzasche benutzen. Durch Licht, Sauerstoff und unter Zusatz von Milchsäure entstehendem Peroxid wurden die Tuche aufgehellt.

Die Textilfärberei im Spätmittelalter ist ein außerordentlich komplexes Thema. Im Rahmen der Wolltuchproduktion konnte zu verschiedenen Zeitpunkten gefärbt werden. So ist das Färben der Rohwolle (Abb. 6.6) genauso belegt wie die Garnfärberei und das Färben der fertigen Tuchbahn, wobei es auch hier im Laufe der Zeit unterschiedliche Bestimmungen geben konnte. Während noch die Nürnberger Färber zunächst ganze Tuchbahnen vor dem Rauen und Scheren einfärbten, erfolgte im 16. Jahrhundert nur noch das Färben von Wolle und Garn. Schon 1490 wurde einem in Nürnberg ansässigen Färber ein im Tuch gefärbter Wollstoff durch die Beschauer zerrissen.

Besonders vielschichtig ist die Funktion der Färber (und teilweise auch Färberinnen). So war in Nürnberg der Begriff „Färber" noch im 14. Jahrhundert quasi synonym für die Wollweber, das Färben und Weben wurde durch den gleichen Handwerksbetrieb ausgeführt. Die Loderer durften nicht selbst färben. Allerdings war es nicht allen Färbern erlaubt, alle Farben zu färben. Im 15. Jahrhundert agierten die Färber auch als Verleger. Sie kauften und färbten Wolle und Tuch.

Es gab eine ganze Reihe verschiedener Farbstoffe. Besonders groß war der Bedarf an Waid. Vor der zunehmenden Akzeptanz und Verbreitung von importiertem Indigo war der aus den Blättern der Waidpflanze gewonnene Farbstoff nicht nur für die Blau- und die durch Überfärben entstehende Grünfärbung relevant, er spielte auch eine wichtige Rolle beim Schwarzfärben von Leinen durch die Schwarzfärber. Hierfür war zusätzlich das aus dem Gallapfel gewonnene Eisengallus notwendig. Allein der Im- und Export von Waid aus den großen Anbaugebieten wie Thüringen, Köln und dem Herzogtum Jülich sowie das Mahlen und Gären in den Waidmühlen sicherte zahlreiche Existenzen.

Auch Blauholz und Kornblumenblüten wurden für Blaufärbungen verwendet.

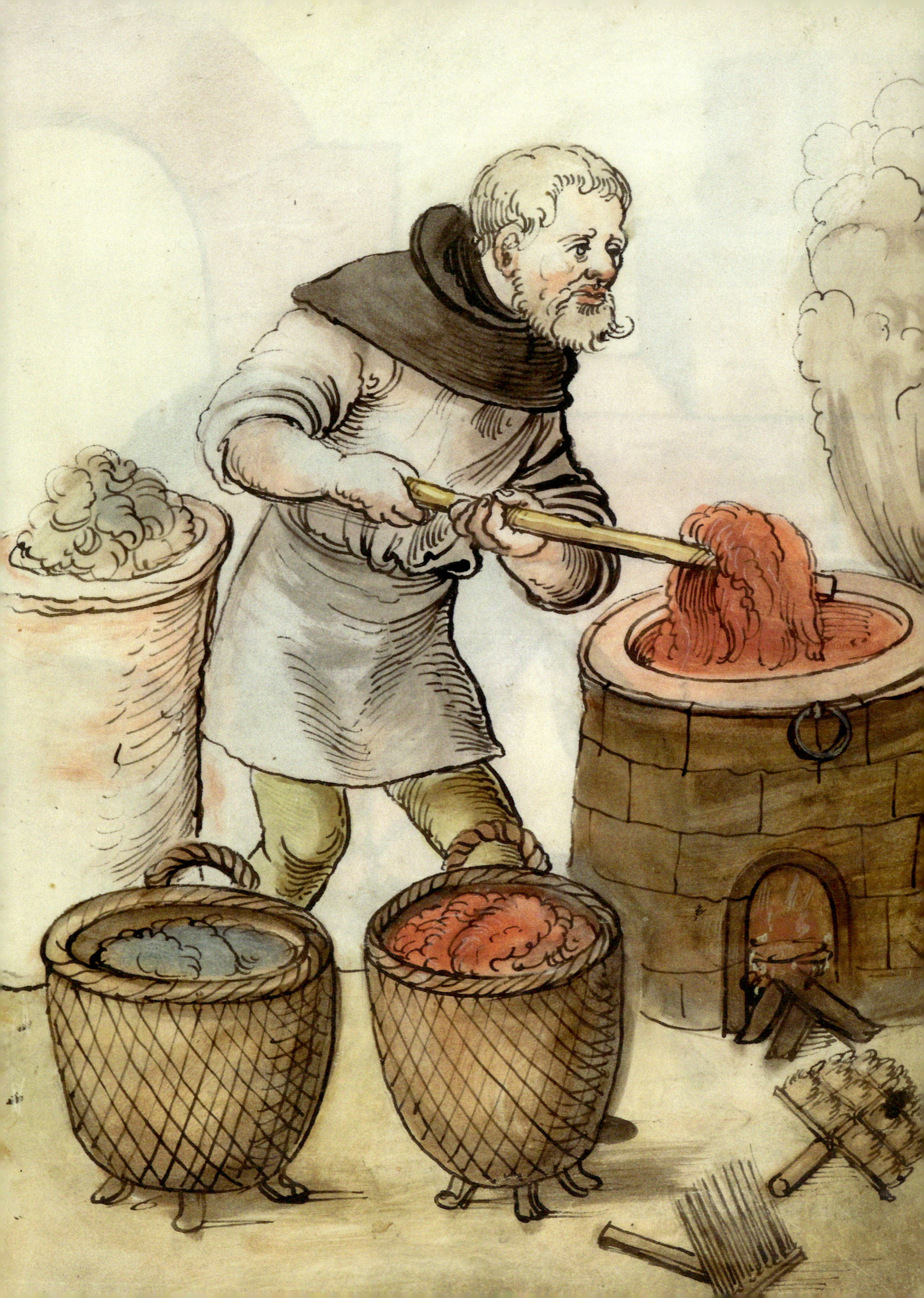

6.6 DER FÄRBER Hanns Knyßling († 1521) färbt Rohwolle ein. In den Körben lagert bereits blaue und rote Wolle, während der Färber das erhitzte Färbegut mit einem Stab wendet. Da die Wollfasern durch Hitze und Bewegung leicht miteinander verfilzen können, liegen zur Nachbearbeitung Wollkamm und Karde bereit, um sie wieder aufzulockern. / Amb. 279.2°, f. 13r

Ein weiterer Hauptfarbstoff war die Krappwurzel, durch die ein leuchtendes, leicht oranges Rot erzeugt werden konnte. Das aus Indien und Persien importierte Brasil- oder Martinsholz färbte ebenfalls rot, kam aber erst im ausgehenden 15. Jahrhundert stärker in Gebrauch. Für das 16. Jahrhundert ist bereits der Berufsstand des Brasilholzstoßers belegt.

Sofern Grünfärbungen nicht aus Überfärbungen von Waid mit gelbem Farbstoff entstanden, wurde dafür Färberscharte verwendet.

Zur Färberei waren außer den Farbstoffen auch noch weitere Zusatzstoffe wichtig. Insbesondere Alaun (Kaliumaluminiumsulfat) und Weinstein (Kalzium- oder Kaliumsalz) spielten als Beizstoffe eine wichtige Rolle für die Haltbarkeit der Färbungen. Auch Waidasche als alkalische Substanz wurde benötigt.

Für das späte 15. Jahrhundert sind mehrere Rezeptbücher mit Färberezepten bekannt, z. B. das sogenannte Nürnberger Kunstbuch, das sich einst im Besitz der Nonnen des Dominikanerinnenklosters St. Katharina in Nürnberg befunden hat. Verwendung fanden demnach unter anderem auch Eisenhydroxid aus rostigen Eisenspänen (braun), grüne Nussschalen (dunkelbraun), Zinnober (rot), Saflor, Sanddorn (gelb), Holunderbeeren (blaugrün), Grünspan (grün), Mastix und Gummi Arabicum. Für Leinfärbungen werden jeweils gesonderte Rezepte angeboten.

WEITERE TEXTILE TECHNIKEN

Einige ältere textile Techniken der Garn- oder Zwirnverarbeitung verschwanden im Spätmittelalter allmählich, beispielsweise das Brettchenweben (brettchengewebte Borten wurden häufig als Anfangsstück in der Weberei am senkrechten Gewichtswebstuhl verwendet). Durch verschiedene Techniken konnte ein Gewebe weiter aufgewertet werden; so war außer der Stickerei auch der Textildruck mit Holzmodeln bereits in gewissem Rahmen gebräuchlich.

Darüber hinaus konnte Garn auch anderweitig eingesetzt werden. Im Spätmittelalter war das Stricken bereits seit einigen Jahrhunderten in Mitteleuropa verbreitet, vor allem für kleinere Kleidungsstücke wie Mützen; Strümpfe wurden allerdings aus Stoff hergestellt. Eine weitere schlingenbildende Technik war das Nadelbinden. Während es für die Stickerei teilweise große Werkstätten gab, war das Stricken eher auf den häuslichen Bereich beschränkt.

Eigene Berufszweige bildeten die Produzenten von Hüten und Schleiern. Kopfbedeckungen aller Art erfreuten sich im Mittelalter großer Beliebtheit. Die Frauen trugen verschiedene, auch regional unterschiedliche Formen von Schleiern und Gebänden, wie beispielsweise zwischen 1350 und 1425 den sogenannten Kruseler, einen aus mehreren dünnen Stofflagen bestehenden Schleier, dessen Kanten gekräuselt waren. Bei einigen Varianten wurde die Kräuselung durch eine spezielle Webtechnik erzeugt, die einen hohen Spezialisierungsgrad der Schleiermacher erforderte. Der Kruseler war so stark verbreitet, dass sogar kleine tönerne Spielfiguren für die Kinder hergestellt wurden, die diese Schleiermode zeigen. Diese Kruselerpuppen finden sich häufig im spätmittelalterlichen Fundgut.

Auch die Hutmacher bildeten ein eigenes Handwerk. Ende des 15. Jahrhunderts kamen beispielsweise gefilzte Hüte mit runder Krone in Mode, deren Außenseite mit Filzzotteln besetzt war. Selbst der Hutschnurmacher war zu dieser Zeit ein eigenständiger Beruf.

BESCHAU UND HANDEL

Bevor der fertige Stoff verkauft werden konnte, wurde er abschließend beschaut, also auf seine Qualität überprüft. Dies fand in der Regel in städtischen Tuchhäusern durch die Beschauer statt, die jeweils von der Obrigkeit aus der Zahl Meister der einzelnen

▶ **6.7 DER TUCHHÄNDLER** und Gewandschneider Kunz Dorenberger († 1443) steht hinter einem Tisch, der über mehrere Ablageflächen für die Präsentation und Lagerung verschiedener Stoffe verfügt. Die Tuche konnten vom Händler mittels einer mehrfach unterteilten Elle abgelängt werden. Auf Stangen dahinter befinden sich bereits zugeschnittene Beinlinge.
Amb. 317.2°, f. 66r

Weberhandwerke bestimmt wurden. Wo es Zünfte gab, führten diese die Beschau durch. War ein Produkt deutlich schlechter als festgelegt oder verstieß sein Erzeuger gegen Auflagen, so wurde es zerstört. Dies galt nicht nur für offensichtliche Mängel wie Webfehler, sondern auch für den Fall, dass die Fadenzahl eines Tuchs nicht mit den Bestimmungen für eine bestimmte Qualität übereinstimmte oder eine minderwertige Färbung aufgedeckt wurde. Auch vor vielen Zwischenschritten gab es eine Beschau, beispielsweise vor dem Walken und Färben.

War das Tuch beschaut und mit den Zeichen der Beschauer versehen, so gelangte es schließlich in den Handel. Besonders Wolltuch wurde quer durch Europa im- und exportiert. Internationale Umschlagplätze waren Antwerpen, Brügge, Gent, Ypern und Frankfurt am Main. So manche Region wurde namengebend für eine besondere Tuchqualität; so waren beispielsweise Lundisches Tuch oder Leinwand Leipziger Art gängige Bezeichnungen.

Tuchhändler kauften Tuche auf und verhandelten sie weiter (Abb. 6.7). In den einzelnen Städten wurden Stoffe auf den Märkten angeboten. Die Nürnberger Tuchhändler erwarben beispielsweise 1476 über 11 000 englische Tuche in Antwerpen, die anschließend nach Süd- und Osteuropa verkauft wurden. Eine wichtige Rolle spielte im ausgehenden Mittelalter auch der Import hochwertiger Gewebe aus dem Nahen Osten. Am Endziel angelangt, wurden sie in Tuchhäusern gelagert oder auf den Märkten verkauft.

Die Einsatzmöglichkeiten von Textilien waren umfangreich. Außer der naheliegenden Verwendung als Kleidung fanden sich zahlreiche textile Produkte auch in den Haushalten der unteren und mittleren Schichten. Tischtücher, Decken und Teppiche entdeckt man auf vielen Darstellungen häuslicher Szenen, ebenso Polster, Bettbezüge, Kissen und Laken. Inventarlisten nennen darüber hinaus auch Hand- und Taschentücher. Reib- und Siebtücher spielten eine wichtige Rolle bei der Zubereitung vieler Speisen, wie in modernen Küchen wurden Wischtücher zur Reinigung von Geschirr und Oberflächen verwendet. Viele Handelswaren wurden zum Schutz vor Witterung und Schmutz in weniger hochwertige Gewebe eingeschlagen, als Leichentücher begleiteten Textilien den Menschen bis ins Grab. War Gewebtes nicht mehr benutzbar und auch keiner neuen Verwendung zuführbar, so gelangte es als Lumpen oder Hadern in die Papierproduktion.

Melanie Langbein

Kleider machen Leute

Kleidung wurde im Spätmittelalter nicht mehr ausschließlich im häuslichen Umfeld hergestellt. Der Schneider, der verschiedene Kleidungsstücke für seine Kundschaft anfertigte, war bereits ein fester Bestandteil der städtischen Handwerkerlandschaft (Abb. 6.8). Dabei konnte er zwar nicht auf Schnittmuster im heutigen Sinn zurückgreifen, grundlegende Schnittkonstruktionen mit verschiedenen Varianten waren jedoch im ausgehenden Mittelalter üblich. Die immer häufiger und detaillierter werdenden Darstellungen alltäglicher Szenen in der bildenden Kunst ermöglichen oft erstaunlich genaue Beobachtungen.

Die Unterscheidung zwischen Ober- und meist ungefärbten Futterstoffen erfolgte dabei bereits in der Weberei, wo für Futtertuch eigene Maße vorgeschrieben waren. Während Oberkleidung außer in gehobenen gesellschaftlichen Schichten ausschließlich aus Wolltuch gefertigt war, wurde für körpernahe Unterkleidung Leinen verwendet.

Erhaltene Kleidungsstücke belegen den Einsatz unterschiedlicher Handstiche zu verschiedenen Zwecken. Neben einfachen Stichen für lange Nähte gab es mehrere Techniken für Säume und die Versäuberung von Schnittkanten. Dabei wurde für unterschiedliche Stoffe auch beim Nähgarn auf passendes Material geachtet.

Schon das Mittelalter kannte verschiedene modische Strömungen, die oft auch Ländergrenzen überschritten. Deutliche Unterschiede sind dagegen oft zwischen französisch beeinflussten Gebieten und dem süddeutschen Raum vorhanden. Modische Veränderungen traten in immer kürzeren Abständen ein, die sich insbesondere in der Damenmode gut beobachten lassen.

Die zunehmend vor allem am Oberkörper figurbetonter werdende Kleidung wurde oft auch missbilligend wahrgenommen. So versuchten zahlreiche Kleiderordnungen, nicht nur übermäßige Zurschaustellung von Luxus beispielsweise durch Pelzverbrämungen einzudämmen, sondern auch die Zeigefreudigkeit der Träger in Schranken zu weisen. Letzteres betraf sowohl zu weit ausgeschnittene Dekolletés der Damen als auch die Präsentation des männlichen Geschlechts durch zu kurze Oberteile, die den Blick auf ausgepolsterte Schamkapseln freigaben.

Schuhwerk, Kopfbedeckungen und Accessoires unterlagen ebenfalls der Mode, und für so manche Kleidung gab es besondere Vorschriften: beispielsweise musste die Kleidung der Nürnberger Beamten aus englischem Tuch gefertigt werden.

6.8 DER SCHNEIDER Heinrich Gößwein († 1489) näht an einem roten Gewand. Hinter ihm sind über eine Stange fertige Kleidungsstücke gelegt bzw. mittels eines Bügels aufgehängt. Auf dem Tisch liegen Elle und Schere griffbereit. / Amb. 317.2°, f. 107r

5.

Hanns Presler seines Handwercks ein Hafner vnd Burger
alhie, ist den 9. Octobris a° 94. Jn das Zwölffbrüederhaus kom̄en
seines alters 60 Jahr vnnd ist hernach den 28. Junij A°
1605. mit Todt abgangen, hatt gelebt Jnn disem Brüderhauß
10 Jahr, 3 Monats, vnd 10 Tag.

477.

Der Töpfer

HERSTELLUNG UND ARTEN VON KERAMIK

Nach der Schöpfungsgeschichte in der Bibel formte Gott Adam aus Erde. Der spätmittelalterlichen Überlieferung und dem Selbstverständnis der Handwerker gemäß wäre Gott demnach der erste Töpfer. Ähnlich wie dieser bildet der Töpfer aus Erde (Ton) und Wasser mithilfe des Feuers seine für das Leben und Wirtschaften des Menschen seit Jahrtausenden unentbehrlichen Waren. Im Mittelalter handelte es sich ganz überwiegend um einfache Gebrauchsgefäße. Anders als in archaischen Ethnien oder in vielen Hochkulturen der alten Welt, Amerikas oder Ostasiens war Keramik in Europa von etwa 700 bis 1700 nur ausnahmsweise ein Prestigegut von besonderem Wert. Aus diesem Grund erfreute sich die Töpferei im mittelalterlichen Abendland keines allzu hohen sozialen Ansehens, und nur selten waren ihre Betreiber frühzeitig in eigenen Gilden organisiert. Dennoch waren keramische Produkte Allgemeingut, auf das man für vielfältige Funktionen nicht verzichten konnte. Für die Archäologie ist Keramik oftmals das einzige und wichtigste Fundgut.

DIE KERAMIKPRODUKTION

Zur Herstellung von Keramik benötigt man plastische (fette) Erden (Ton), die in ihrem natürlichen Zustand, zumeist aber gereinigt und zur Verbesserung der Brenneigenschaften gemischt mit einer anorganischen Beigabe (Magerung), unter Zugabe von Wasser aufbereitet und verarbeitet wurden. Geeignete Tone für die Produktion von landläufiger (leicht poröser) Irdenware stehen vielerorts oberflächennah an. Im frühen und hohen Mittelalter trafen in Mitteleuropa zwei Traditionsstränge zusammen: die archaische, bei Germanen und Slawen übliche Freihandformung der Keramik und die auf antike Wurzeln zurückgehende Drehscheibentechnik, die vornehmlich in den ehemaligen römischen Provinzen und deren Nachbargebieten ausgeübt wurde. Während Letztere nach allgemeiner Auffassung Handwerk voraussetzt, wurde Erstere mutmaßlich zumindest teilweise im Hauswerk als Nebenerwerb ausgeübt. Dabei darf man nicht von modernen Verhältnissen ausgehen, sondern hat mit Übergangserscheinungen zu rechnen, insbesondere bis zum 12. Jahrhundert, im Rahmen der mittelalterlichen Grundherrschaft und vor der Ausbildung des Städtewesens bzw. der Marktwirtschaft. Noch in der frühen Neuzeit war die Töpferei vor allem in den Kleinstädten und auf dem Land häufig mit einer kleinen Landwirtschaft kombiniert, um das Überleben auch in wirtschaftlich schwierigen Zeiten abzusichern.

STANDORTBEDINGUNGEN

Zwei Faktoren waren für die Einrichtung von Töpfereiwerkstätten von (unterschiedlich gewichteter) Bedeutung: die Verfügbarkeit der notwendigen Rohstoffe und die zum rentablen Betrieb erforderlichen Absatzmöglichkeiten. Einfache, nicht allzu hoch gebrannte Irdenwaren in frühgeschichtlicher Tradition, Zieglerwaren und landläufige Irdenwaren konnte man zur Not aus Lehm bzw. Löss, in der Regel aber aus Tonen beliebiger, auch mäßiger oder minderer Qualität herstellen, die fast überall relativ leicht verfügbar waren. Von daher gesehen ist für die üblichen Tonwaren zu allen Zeiten ein regelmäßig oder leicht unregelmäßig über die Siedlungslandschaft verteiltes Netz von Keramikproduzenten anzunehmen bzw. nachweisbar. In einigem Umfang benötigte man Wasser zur Aufbereitung des Tons in Sumpfgruben oder um Ton und Hände zur Gefäßformung geschmeidig zu machen. Deshalb liegen Töpfereien fast regelhaft in der Nähe von Gewässern. Nicht selten wählte man Plätze, an denen durch Bäche Tonlagerstätten oberflächennah aufgeschlossen waren, was den Abbau erheblich erleichterte.

Insofern sich mehrere Werkstätten an derartigen Lokalitäten gezielt ansiedelten, kann man von standortorientierten Gewerbesiedlungen sprechen, eine Erscheinung, die insbesondere seit dem Hochmittelalter dort zu beobachten ist, wo besonders gute Tone vorhanden sind. In diesem Fall handelt es sich um Töpfereizentren von regionaler und überregionaler Bedeutung, die sich im Rheinland mancherorts bereits in spätmerowingisch-karolingischer Zeit, zumeist aber erst seit etwa 1150/1250 herausbildeten. Derartige kleinräumige Konzentrationen spezialisierter und in weiträumige Handelsnetze integrierter Handwerker setzten kundige Prospektoren und grundherrliche Raum- und Wirtschaftsorganisation oder zumindest herrschaftliche Billigung voraus. Die weitaus meisten Töpfereien hatten jedoch einen kleinräumigen Absatzmarkt zu versorgen. Sie waren primär konsumentenorientiert und verteilten sich in lockerer Streuung oder mit kleinen Handwerkerkolonien weitflächig über das Land. Einfache Gebrauchskeramik benötigte man überall, im Armenspital ebenso wie in der königlichen Hofhaltung, aufgrund von Verschleiß und Bruch oft in größerem Umfang. Im Spätmittelalter ist, den allgemeinen Tendenzen der Zeit entsprechend, für die nicht auf hochwertige Tone angewiesenen Irdenwaretöpfereien nicht selten eine Verlagerung vom Land in die Städte feststellbar, also eine zunehmende Marktorientierung. Die auf besonders qualitätvolle Tone angewiesenen Steinzeugtöpfer blieben allerdings weitgehend standortgebunden im ländlichen Bereich nahe an den Lagerstätten ansässig.

TONABBAU, BETRIEBSMITTEL, WERKZEUG, BRENNANLAGEN

Die Töpfer benötigten neben Ton, Wasser und Brennholz ein nicht zu kleines Grundstück für ihre Arbeiten, traditionell aber nur relativ wenig Betriebskapital und Spezialwerkzeuge (Abb. 7.2). In der Regel bauten sie ihren Ton selbst ab, möglichst oberflächennah in nicht allzu großen und tiefen Gruben, von denen heute teilweise noch Grubenfelder ähnlich den größeren und tieferen Stollenmundlöchern des Bergbaus künden. Danach pflegte man den Ton für einige Zeit in Haufen im Freien abzulegen, damit durch die Witterung grobe Verunreinigungen ausgewaschen wurden. Sodann lagerte man die Rohmasse in speziell angelegten Maukgruben unter Zugabe von Wasser über mehrere Wochen oder Monate. So konnte die

Der Kachelofen

Ofenkacheln gehörten in manchen Regionen seit dem 13./14. Jahrhundert zu den wichtigsten Erzeugnissen der Töpfer. Bis weit in die Neuzeit hinein waren Gefäßkacheln üblich, vor allem in einfachem Milieu und zur Verwendung in rein funktionalem Kontext, etwa in der Küche oder Gesindestube. Aufgrund der großen Oberfläche hatten Topfkacheln eine große Wärmespeicherfähigkeit. Dennoch ging man am Ende des Mittelalters zu flachen Formen (Schüsselkacheln) über, und seit der Spätgotik bzw. insbesondere in der Renaissance wurden Blattkacheln beliebt. Die aus einem hinteren, für den Betrachter unsichtbaren Rahmen und einer Schmuckplatte an der Schauseite bestehenden Blattkacheln wurden reich im Stil der Zeit mit Reliefs verziert. Die Töpfer verwendeten Formen aus Holz oder Ton zur standardisierten Serienproduktion.

Entsprechend dem sozialen Status und dem Zeitgeist herrschten im Mittelalter gotische Architekturelemente, Wappen, höfische Motive und Heiligendarstellungen (Abb. 7.1) vor. Abgesehen von Böhmen und einigen Gebieten in Ostbayern, wo unglasierte, reduzierend gebrannte Kacheln beliebt waren, hat man Blattkacheln frühzeitig mit (zumeist grüner) Bleiglasur versehen. Nur ganz vereinzelt sind Öfen aus dem späten Mittelalter und dem 16. Jahrhundert erhalten. Vor allem Bodenfunde aus Burgen und Städten, nicht zuletzt aus Werkstattbruch von Töpfereien, vermitteln uns einen Eindruck von der reichhaltigen, regional verschieden ausgeprägten Kultur des Kachelofens, die zunächst vor allem im Süden und Westen Deutschlands verbreitet war. Eng mit dem Kachelofen verbunden ist die Stube, oft der einzige beheizbare Raum im Haus. Die größte Ausbreitung und Wertschätzung erfuhr der Kachelofen als geselliger Mittelpunkt der Hausgemeinschaft und repräsentatives Ausstattungsstück der Stube im 16. Jahrhundert. Bereits um 1500 waren spätgotische, farbig glasierte Öfen in Mode. In der Renaissance wurde das Spektrum der Kachelelemente und vor allem der Motive modifiziert und erheblich erweitert. Neu waren etwa alttestamentarische Themen, lutherische moralisierende Bildkompositionen und aus dem Formen- und Bildthesaurus der Antike übernommene Dekore und Allegorien.

Kachelöfen waren ein weit nach Skandinavien, ins Baltikum bis an die Tore Russlands, auf dem Balkan bis Rumänien ausstrahlendes spezifisch deutsches Kulturmerkmal. Vereinzelt hat man Kachelöfen damals auch in Regionen Europas übernommen, in denen man aufgrund des milderen Klimas traditionell Kamine bevorzugte, so in den Niederlanden, in Großbritannien, in Frankreich und Norditalien.

7.1 DIE SPÄTGOTISCHE OFENKACHEL mit gelber und grüner Bleiglasur wurde im ehemaligen Augustinerkloster zu Wittenberg (heute Lutherhaus) gefunden. Die Halbfigur der heiligen Barbara vor einem mit Ranken überzogenen Hintergrund ist mithilfe eines Models um 1500 hergestellt worden.
Foto: Jury Liptak, Halle

7.2 DER TÖPFER im „Ständebuch" des Jost Amman von 1568 bearbeitet wie üblich barfüßig die schwere Blockscheibe. Er sitzt in der Werkstatt gegenüber dem Fenster, hinter ihm lagert eine größere Menge Ton. Vor ihm aufgebaut ist eine Palette typischer Erzeugnisse: Näpfe, Schüsseln und Töpfe in verschiedenen Größen, ein Bräter, ein Krug mit Reliefauflagen und Blattkacheln. An der Wand hängen ein Handtuch und ein Wasserbehälter. Im Hintergrund sind das Graben von Ton, das Schlagen von Holz und das Befeuern des Töpferofens zu sehen.
Jost Amman und Hans Sachs: Eygentliche Beschreibung Aller Stände auff Erden, Frankfurt am Main 1568 (Stadtbibliothek Nürnberg, Amb. 1598.8°, Bl. N2)

7.3 DER HAFNER Hans Presser († 1605) hat seine Schuhe unter der Bank abgestellt und bewegt mit bloßen Füßen die hölzerne Blockscheibe. Mit den Händen formt er einen Krug, weitere fertige Produkte dieser Art, zum Teil mit Deckel, stehen im Hintergrund auf Bank und Wandbord. Auf dem Boden liegen als weitere typische Erzeugnisse zwei für Öfen benötigte, grün glasierte Blattkacheln. Davor befindet sich auf einer Unterlage mit daran gelehntem, zweigriffigem Abstechmesser ein Haufen Ton. / Amb. 317b.2°, f. 71r

Masse manuell bzw. durch Treten oder Stampfen homogenisiert und gegebenenfalls geschlämmt und mit Sieben gereinigt werden. Soweit der Ton zu fett war, hat man ihn vor der Verarbeitung mit mineralischer Magerung versetzt, in älterer Zeit meist mit zerstoßenem Gesteinsmaterial, später überwiegend mit Sand und mit Wasser in die richtige Konsistenz gebracht und für die Verarbeitung mit den bloßen Händen geschmeidig gemacht.

Zunächst reichten für die Fertigung der Erzeugnisse weitgehend die Hände oder die Füße zum Antrieb der schnell drehenden Töpferscheibe sowie einfachste Werkzeuge wie Hölzchen, Knochen oder ein Messer aus (Abb. 7.3). Im frühen und hohen Mittelalter war – nach den Herstellungsspuren zu urteilen – in vielen Regionen die niedrige, langsam drehende Handtöpferscheibe üblich. Mit der allgemeinen Einführung der fußbetriebenen, schnell rotierenden Drehscheibe im 12./13. Jahrhundert wurde die Herstellung von Gefäßen rationalisiert und perfektioniert. Nunmehr kann von einer handwerklichen Serienfertigung oder gar Massenproduktion gesprochen werden, wie die oft großen Mengen von Werkstattbruch in archäologischen Fundkontexten dokumentieren.

Gleichzeitig sind erstmals in größerem Umfang Brennöfen nachweisbar, die ebenfalls einen Innovationsschub auf breiter Basis anzeigen. Die uneinheitlich gebrannte, freihandgeformte und auch die auf der Handtöpferscheibe gefertigte Ware hatte man in der Regel nicht in Öfen, sondern bei relativ niedrigen Temperaturen von etwa 600–800° Celsius in einfachen Gruben oder in meilerartigen Brennanlagen gegart. Die neuen, in der Regel zunächst weitgehend aus Lehm bzw. Ton, später auch aus Steinen und Ziegeln gebauten Brennöfen konnten wesentlich höhere Temperaturen erzeugen und ermöglichten zudem eine bessere Regelung und Kontrolle der Ofenatmosphäre (Abb. 7.4). Nun konnten die Gefäße bei 800–1200° Celsius gebrannt werden. Weitgehend üblich waren liegende Öfen, mit horizontal hintereinander angeordneter Arbeitsgrube, Feuerung und Brennraum, die ein größeres Volumen und hohe Temperaturen ermöglichten. Daneben gab es auch stehende Öfen mit vertikal angeordneter Feuerung und

▲ **7.4 EXPERIMENTELLER KERAMIKBRENNOFEN** in Coppengrave, Kreis Hildesheim. Aus: Der Solling im Mittelalter, hrsg. von Hans-Georg Stephan, Dormagen 2010.

darüber liegendem Brennraum. Mutmaßlich waren die Brennöfen oft vor der Witterung geschützt, doch sind Brennhütten, wie sie in der Neuzeit üblich waren, vor 1500 selten archäologisch belegt.

HANDWERKSORGANISATION UND SOZIALER STATUS

Die Töpfer waren bis ins 12. Jahrhundert weitgehend in Herrenhofverbänden integriert. An den meisten Orten werden nur einzelne Leibeigene eine gewisse (Teilzeit-?)Spezialisierung auf die Keramikproduktion aufgewiesen haben, wobei in althergebrachter Tradition, ähnlich wie beim Weben, eine stärkere Beteiligung von Frauen anzunehmen ist. Vermutlich änderte sich dies mit der Etablierung eines Töpferhandwerks im engeren Sinn, teils schon im Frühmittelalter, in weiten Teilen Mitteleuropas aber erst im 12./13. Jahrhundert, denn nun übernahmen vorrangig Männer das Gewerbe. Generell wurde das Handwerk bis in die Neuzeit in kleinen Betrieben ausgeübt, in denen neben dem Meister allenfalls ein Geselle und zeitweise ein Lehrling tätig waren. Hilfsarbeiten wie das Anbringen von Henkeln und die Verzierung wurden von Frauen oder Kindern ausgeführt. Oft vertrieben die Töpfer ihre Ware selbst, aber auch Topfhändler sind frühzeitig bezeugt, im Kleinhandel waren dies oft arme Frauen und Witwen. Wo möglich, nutzte man für den Transport der zerbrechlichen Ware gern die Wasserwege, gut belegt ist dies für das Rheinische Steinzeug über den Fernhandel Kölner und niederländischer Kaufleute sowie für die Werra- und Weserware der Renaissance.

HANDWERKERNAMEN Die historischen Bezeichnungen sind regional unterschiedlich, häufiger als der ehemals nur in Ost- und Mitteldeutschland geläufige Begriff Töpfer (Töpper, Topfmacher) tritt in Norddeutschland der Gröper (Gräpler) auf, in Westdeutschland der Ulner (von lat. „olla") und in Süddeutschland der Häfner. Alle Termini sind von den Namen der Gefäße abgeleitet, was wiederum auf die große Bedeutung der Keramikherstellung für die damaligen Menschen hinweist. In einigen Städten sind Töpfer, Töpferstraßen, Topfmärkte und Töpferberge früh bezeugt (in Regensburg schon 1181), jedoch bildeten die Keramikproduzenten vor dem 15./16. Jahrhundert selten eigene Zünfte; folglich hatten die Töpfer keinen Einfluss auf das Stadtregiment. Wo sie früh zünftig waren, sind die Keramikproduzenten oft anderen Handwerken in Sammelgilden angeschlossen, etwa den Maurern bzw. Bauhandwerkern, so in Köln der Steinmetzgaffel. Dies erklärt sich daraus, dass die Anfertigung von Kacheln und die Ofensetzerei für die Töpfer seit dem 13./14. Jahrhundert in vielen Regionen eine wirtschaftlich erhebliche Rolle spielte.

Weiterhin lässt sich nachweisen, dass schon im Mittelalter in manchen Töpfereien gelegentlich Kalk gebrannt wurde. In einigen Regionen wie Hessen war auch die Herstellung von Baukeramik in Töpfereien üblich, die ansonsten in der Regel in Ziegeleien erfolgte (vgl. dazu auch Kap. 13).

SOZIALER STATUS Aufgrund des erheblichen Raumbedarfs, der erwünschten Nähe zum Wasser und wegen der von den Brennöfen ausgehenden Feuergefahr lagen Töpfereien häufig am Stadtrand oder in Vorstädten. Zum Sozialstatus von Töpfern existieren kaum Schriftzeugnisse aus dem Mittelalter. Sie gehörten in der Regel wahrscheinlich zu den weniger angesehenen, ärmeren Handwerkern. Allerdings gab es in der frühen Neuzeit nachweislich auch wohlhabende Töpfer, und dies dürfte zu Zeiten guten Absatzes und gewinnbringender Preise auch für manchen ländlichen Töpfer in den auf hochwertige Keramik spezialisierten Orten im Mittelalter gegolten haben, vor allem, wenn man selbst Fernhandel betrieb, wie etwa im niedersächsischen Duingen.

IRDENWARE

Das übliche Gebrauchsgeschirr des späten Mittelalters war die ohne Glasur mehr oder weniger poröse Irdenware. In weiten Teilen Mitteleuropas war vom 12./13. Jahrhundert bis ins 15./16. Jahrhundert graue Irdenware in ganz unterschiedlicher Ausführung von grob bis sehr fein, von mäßig bis klingend hart gebrannt üblich (Abb. 7.5). Der Reduktionsbrand hat den Vorteil, die Gefäße ohne Glasur besser abzudichten, als dies im Oxidationsbrand (heller, brauner, roter Scherben) der Fall ist. In einigen Regionen insbesondere Süd-, Mittel- und Ostdeutschlands blieb die oxidierend gebrannte Ware weiterhin üblich, die sich dann im 15./16. Jahrhundert zusammen mit der nun allgemein üblichen Verwendung von Bleiglasuren für Gebrauchsware erneut durchsetzte (Abb. 7.6). Bleiglasuren waren für bestimmte gehobene Funktionen (Baukeramik, Fliesen, Miniaturformen, Bräter, Tafelgeschirre) bereits im frühen bzw. hohen Mittelalter bekannt, blieben zunächst jedoch in weiten Teilen Europas selten.

Keramik war in jedem Haushalt vorhanden, zum Teil in erheblichen Stückzahlen, zumal sich die Qualität verbessert und die Funktionen in Wechselwirkung mit dem steigenden Lebensstandard in Europa etwa seit dem 13. Jahrhundert deutlich vermehrt hat-

7.5 MITTELALTERLICHE graue und orangerote Irdenware aus Fredelsloh im Weserbergland: Kugeltöpfe der Zeit um 1230.
Aus: Der Solling im Mittelalter, hrsg. von Hans-Georg Stephan, Dormagen 2010.

7.6 WILHELM († 1475), ehemals Koch im Pfarrhof zu St. Lorenz, steht vor einer Feuerstelle mit zeit- und ortstypischem keramischem Geschirr, einer oxidierend gebrannten Irdenware. Über dem offenen Herdfeuer hängt an einer Kette ein Metallkessel, am Boden stehen eine Holzbulle und ein Topf aus grauer Irdenware. / Amb. 317.2°, f. 95r

ten. Generell dominierten hohe Formen und einfache Gebrauchstypen des Koch- und Vorratsgeschirrs: in Nord- und Westdeutschland der Kugeltopf und der Dreibeintopf, im Süden, in Mittel- und Ostdeutschland hingegen Töpfe mit Standböden in vielfältigen Variationen der Größe und Ausprägung. Flache Formen sind selten, am ehesten kommen noch große Schüsseln und kleine Näpfe vor, man bevorzugte offenbar für Essgeschirr Holz und Metall. Wesentlich variantenreicher und häufiger verziert ist das keramische Tafelgeschirr. Dazu gehörten Becher, Kannen und Krüge, die vor allem im 13. Jahrhundert im Rheinland und im Norden sehr abwechslungsreich gestaltet und reich dekoriert sein können, während die gleichzeitige Formenwelt im oberdeutschen Kulturraum eintöniger wirkt, um dann vor allem im späteren 14. und 15. Jahrhundert eine größere Vielfalt zu entwickeln. Im Westen und Norden ist weitgehend eine gegenläufige Tendenz zur Standardisierung und Uniformität im späteren Mittelalter zu beobachten. Eine Besonderheit der Spätgotik stellen aus heller, feiner Irdenware hergestellte, teilweise sehr kunstvoll ausgeführte Model für Süßspeisen und zumeist kleinfor-

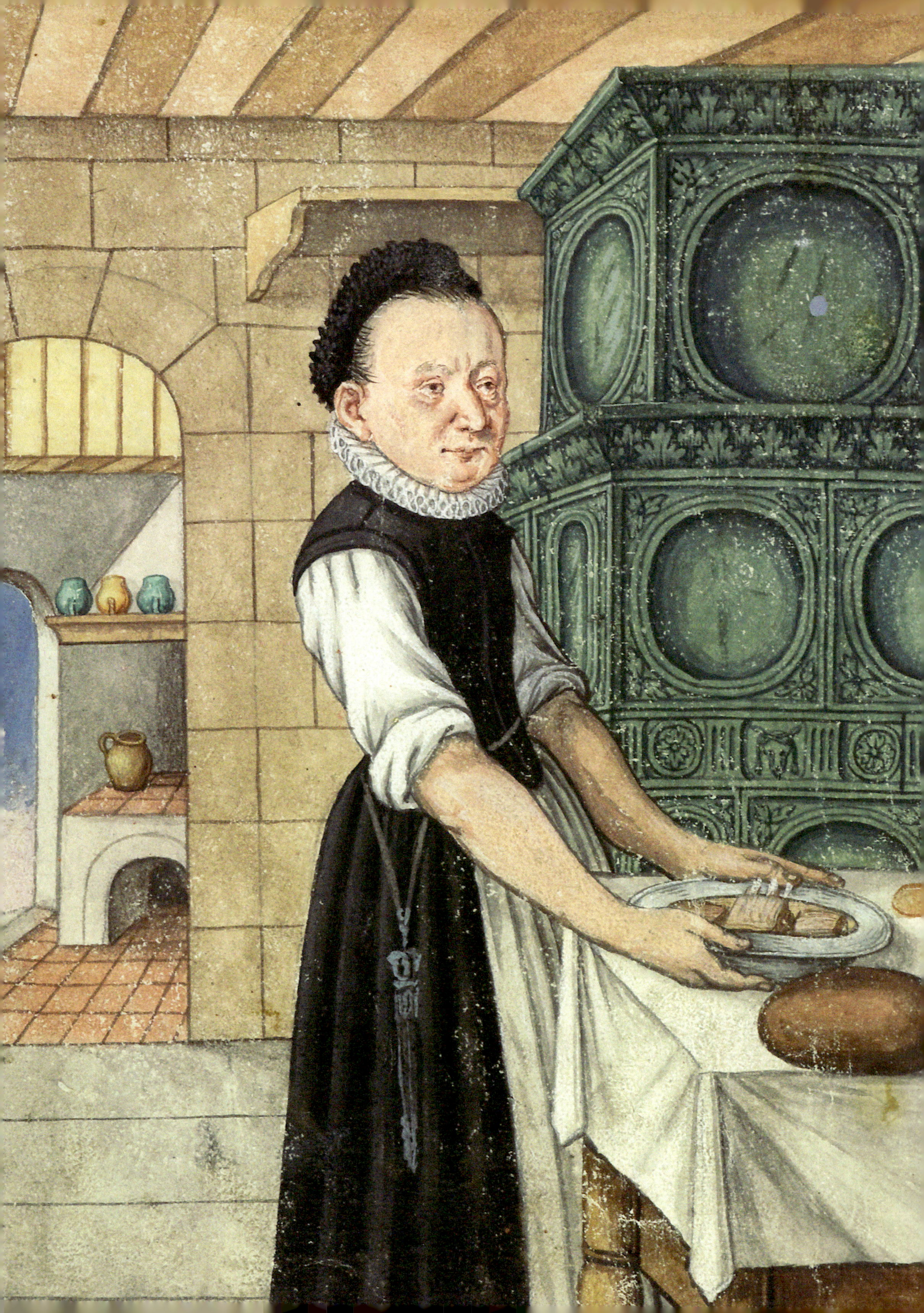

matige Figuren im Stil der Spätgotik dar, die aber ebenso wie großformatige sakrale Plastik und Bauschmuck der Spätgotik nicht unbedingt von Töpfern gefertigt wurden, sondern zum Teil nachweislich von Künstlern, Formschneidern und Mönchen.

OFENKACHELN

Im Verlauf des 13. und 14. Jahrhunderts setzte an größeren Orten und in den Töpferzentren eine gewisse Spezialisierung ein, die allerdings die ansonsten übliche breite Fächerung des Sortiments an Formen und Waren nur punktuell überlagerte. So könnte der nach 1300 gelegentlich genannte Kacheler ein auf Ofenkacheln spezialisierter Töpfer gewesen sein (Abb. 7.7). Allerdings mag dieser durchaus auch Gebrauchsgeschirr hergestellt haben, denn bisher ist archäologisch für Spätmittelalter und frühe Neuzeit stets die kombinierte Herstellung von Gebrauchsgeschirr und Kacheln nachweisbar. Selbst in den Steinzeugtöpfereien der Zeit bis etwa 1500 fertigte man fast immer auch etwas oder sogar in größerem Umfang Irdenware. Während bis ins frühe 14. Jahrhundert die Kacheln schmucklose Gefäße waren, wie die ursprüngliche Wortbedeutung besagt, kamen zuerst im Südwesten, dann auch andernorts im oberdeutschen Kulturraum, insbesondere im Rhein-Main-Gebiet, und in andersartiger Ausführung in Böhmen und Mähren, reich im Stil gotischer Architektur und Plastik ausgeführte Ofenkacheln auf, die im Milieu der oberen Schichten auch in Niederdeutschland gelegentlich rezipiert wurden. Die Herstellung von Ofenkacheln und das Setzen von Öfen gehörten zu den Meisterstücken vieler Töpferzünfte und waren eine oft lebenswichtige Einkunftsquelle, da die gängigen Erzeugnisse von Gefäßkeramik für den alltäglichen Gebrauch sehr wohlfeil sein mussten und wenig Profit erbrachten.

STEINZEUG

Hoch gebrannte Keramik hatte insbesondere in den wichtigen Töpferzentren des Rheinlands eine lange, bis in die Karolingerzeit zurückgehende und im 12. Jahrhundert neu auflebende Tradition. Daraus entwickelten Töpfer vor allem in Siegburg unweit von Bonn in der Zeit um 1200/1250 Frühformen des (Proto- und Fast-)Steinzeugs, das offenbar einem gesteigerten Bedürfnis nach preiswertem und praktischem Tafelgeschirr entsprach. Kölner Kaufleute sorgten gemäß spätmittelalterlicher Schriftzeugnisse für eine überregionale und internationale Verbreitung über nahezu den gesamten Handelsraum der Hanse in Mittel- und Nordeuropa. Mit diesem ab der Mitte des 13. Jahrhunderts zwar noch sichtbar gemagerten, aber voll gesinterten Steinzeug, und vor allem dann mit der Weiterentwicklung in der ersten Hälfte des 14. Jahrhunderts, konnten die rheinischen Kaufleute und Töpfer in Siegburg, im Vorgebirge bei Bonn, in Langerwehe und ab dem 15. Jahrhundert in Raeren einen Marktschlager kreieren, der in Bodenfunden anstelle der vielen verlorenen und vergangenen Massengüter bis heute Umfang und Intensität des Kölnischen Handels in Europa dokumentiert (Abb. 7.8).

Die traditionelle Konkurrenz in Südlimburg und im Maasgebiet unterlag im 13. Jahrhundert, Filiationen entstanden bereits um 1250 am Mittelrhein, in Süd- und Nordhessen sowie in Südniedersachsen. Letztere produzierten im Spätmittelalter ein formal hochwertiges Faststeinzeug, das ebenfalls in Teilen des hansischen Handelsraums abgesetzt wurde, aller-

7.7 DIE KÖCHIN Marchel Kagenhofer († 1637) steht wohl in der Stube des Mendelschen Zwölfbrüderhauses vor einem architektonisch reich gegliederten ortstypischen Kachelofen. Dieser ist mit grün glasierten Blattkacheln verkleidet, die mithilfe von Modeln in Serie produziert werden konnten. In diesem Fall weisen die Kacheln nur vegetabile Ornamente auf.
Amb. 317b.2°, f. 113v

dings nicht längs des Rheins und in Großbritannien. Im Lauf des 14. Jahrhunderts drängten die rheinischen Produzenten diejenigen des Weserberglands (Abb. 7.9) jedoch stark in den Hintergrund.

Spätestens um 1350 setzte die Herstellung von Steinzeug auch in Mitteldeutschland ein. Archäologisch belegt ist etwa Bad Schmiedeberg an der Mittelelbe unweit von Wittenberg, wo ähnlich wie in anderen Töpferorten längs einer Zone von hochwertigen tertiären Tonvorkommen im Süden Brandenburgs bis Cottbus offensichtlich heimische Töpfereitraditionen mit neuen Impulsen aus dem Weserbergland ver-

◀ **7.8 MITTELALTERLICHES STEINZEUG** aus dem Rheinland, gefunden in Höxter an der Weser. Foto: Ralf Schlotthauber, Stadtarchäologie Höxter

◀ **7.9 MITTELALTERLICHES STEINZEUG** aus dem Weserbergland, gefunden in Höxter an der Weser. Foto: Ralf Schlotthauber, Stadtarchäologie Höxter

DER TÖPFER

schmolzen. Langfristig noch wichtiger war jedoch Westsachsen mit Waldenburg, wo sich eine Steinzeugfertigung entwickelte, die zunächst lokale Formen bevorzugte und auch nur kleinräumigen Absatz fand. Der helle, mit bräunlicher Anflugglasur versehene Scherben erinnert stark an Siegburger Erzeugnisse. Um 1400 setzte ein Aufschwung ein mit der Rezeption von Formen des rheinischen Steinzeugs. Im 15. und 16. Jahrhundert fand diese Provenienz im mittel- und ostdeutschen Raum, aber auch darüber hinaus in Mitteleuropa, in Böhmen und Österreich sowie im Ostseeraum und bis nach Norwegen eine weite und teils relativ intensive Verbreitung. In der Lausitz entstanden im 15. Jahrhundert (leider weitgehend noch nicht konkret archäologisch greifbare) Herstellungsorte von Steinzeug zwischen Cottbus und Zittau, wo eigentümliche lokale Vorstufen sogar bis ins 13./14. Jahrhundert zurückreichen. Weitab im Südosten entwickelte sich Loštice in Südmähren im 15. und 16. Jahrhundert zu einem weiteren, räumlich isolierten Herstellungsort formal und technologisch ganz eigentümlicher Steinzeuge mit überregionalem Absatz vor allem in den Gebieten der Habsburger Kronländer im Südosten bis Ungarn.

SCHMUCK UND DEKOR Während die Steinzeuge des Mittelalters in der Regel schmucklos waren oder allenfalls Rollstempel- und Leistendekor aufwiesen, entwickelte sich im 15. Jahrhundert eine gewisse Beliebtheit absonderlicher Formen, die mit Gesichtskrügen der Zeit um 1400 zuerst in Waldenburg in größerem Umfang fassbar ist, später dann in Aachen und Raeren. Auf Siegburger Steinzeug kamen etwa zur gleichen Zeit kleine Auflagedekore in Mode (Wappen, Rosetten). Den künstlerischen Höhepunkt stellt zweifellos das reich mit Einzelstempeldekor und aufwendig ausgearbeiteten figürlichen Auflagen versehene, zum Teil farbig gefasste Steinzeug dar, das vermutlich in der Lausitz hergestellt wurde. Es lehnt sich formal teilweise an spätgotische Goldschmiedearbeiten an und hat zum Teil Edelmetallfassungen. Das Steinzeug ist ohne Zweifel der besondere Beitrag Deutschlands zum keramischen Weltkulturerbe, das Entsprechungen nur in Ostasien findet.

INNOVATIONEN

Nach einem längeren Vorlauf während des 15. Jahrhunderts setzte sich im 16. Jahrhundert allenthalben in Mitteleuropa die Glasurtechnik durch, nur in einigen Regionen längs der Donau blieb daneben die „Schwarzhafnerware" noch bis um 1900 in Gebrauch. Die traditionellen Bedingungen des Handwerks änderten sich nur wenig, obgleich gewisse Innovationen etwa in der Ofentechnologie und im 17./18. Jahrhundert auch die Durchsetzung der leichteren und schnell drehenden Spindelscheibe stattfanden. Generell ist außerhalb der bis zur Industrialisierung gängigen kleinen, aber vielseitigen Töpferwerkstatt eine gewisse Tendenz zur Spezialisierung besonderer Sparten, etwa der Steinzeugproduktion oder der Herstellung von technischer Keramik (so in Obernzell bei Passau und Großalmerode bei Kassel), feststellbar. Später, aber wohl erst seit dem späten 17. Jahrhundert, gab es auch nördlich der Alpen neben der noch handwerksmäßig betriebenen Fayencefertigung und der Pfeifenmacherei zunehmend Tendenzen zur Vergrößerung der Betriebe und zur Arbeitsteilung (Manufakturwesen) sowie zum Verlagswesen, das aber wirtschaftlich für die keramischen Gewerbe eine zunehmende Pauperisierung einleitete.

In der frühen Neuzeit kamen mit der Popularisierung gehobener Tischsitten flache Gefäßformen wie Teller und Schüsseln aus Irdenware in Mode. Mit der Einführung der reliefverzierten Irdenware und vor allem der mit Malhorn und Pinsel dekorierten Irdenware in der Mitte des 16. Jahrhunderts stand ein wohlfeiles buntes Geschirr für breite Bevölkerungsschichten zur Verfügung, das sich bald großer Beliebtheit erfreute und als ein Charakteristikum der Volkskultur Mitteleuropas bis ins frühe 20. Jahrhundert gelten kann. Auch der dekorativ plastisch und zum Teil auch farbig reich verzierte Kachelofen wurde im 16. Jahrhundert volkstümlich und erlebte einen frühen Höhepunkt seiner Entwicklung, er galt vielen Zeitgenossen bis um 1900 als Mittelpunkt der Stube und des häuslichen Lebens.

Hans-Georg Stephan

Fritz Preißlinger putner ward aufgenommen am montag nach laetare
, ward purger des herbsemers 1513. Starb dornstag freytag nach
sand Michels tag 1518

Ein hölzernes Zeitalter

FORSTWIRTSCHAFT, HOLZGEWINNUNG UND -VERARBEITUNG

Holz war im Mittelalter ein existenziell wichtiger Universalrohstoff, weswegen die ganze Epoche auch als hölzernes Zeitalter bezeichnet wird. Bis weit in die frühe Neuzeit hinein blieb Holz der vielseitigste, am weitesten verbreitete und neben Stein wohl der am häufigsten verarbeitete und deshalb nicht selten knappe Rohstoff. Weil fossile Kohle noch nicht in nennenswertem Umfang genutzt wurde, waren Holz und Holzkohle die zeitgenössischen Hauptenergiequellen. Daher zählte der Erwerb von möglichst ausgedehnten, siedlungsnahen Waldflächen zu den strategischen Zielen der im Hoch- und Spätmittelalter durch ein starkes Bevölkerungswachstum gekennzeichneten Städte. Während Wälder heutzutage auch als Naherholungsgebiete genutzt werden, nimmt die Holzverarbeitung nach wie vor einen zentralen Platz in der gewerblichen Sphäre ein.

DER WIRTSCHAFTSFORST

Erste Waldordnungen zur Behebung einer Übernutzung des Waldes und zur Klärung alltäglicher Interessenskollisionen sind um 1300 überliefert. Mit der Kodifizierung der Waldnutzung setzte nicht nur ein effizienteres, sondern auch zunehmend obrigkeitlich organisiertes Ressourcenmanagement ein, welches die Regenerationsfähigkeit der Forste dauerhaft erhalten sollte. Andererseits beschnitten die Ordnungen traditionelle Gewohnheitsrechte, vor allem die genossenschaftliche Nutzung der Wälder als Weide- und Futterfläche sowie als Jagdgebiet und Sammelort für Beeren, Honig oder Pilze.

BESTANDSVERWALTUNG VON AMTS WEGEN Der selektive Einschlag hiebreifen Starkholzes war für die Waldeigner besonders profitabel. Das im Jahr 1440 entstandene „Waldbuch" des Nürnberger Waldamtmanns Paul Stromer († 1442) charakterisiert aus diesem Grund die im Osten hufeisenförmig um Nürnberg gelegenen reichsstädtischen Waldungen in stammweisem Altersklassenaufbau und damit auch nach Hiebreife getrennt. Strengen Regelungen zum Holzverbrauch unterlagen in den Städten stets die Bauhandwerker, denn allein für die Herstellung eines einfachen Dachgestühls fielen 12 bis 36 Eichenstämme an, für den Dachstuhl einer Kirche zwischen 300 bis 400 (vgl. Kap. 13). Ein Nürnberger Ratserlass von 1482 veranschaulicht die Belastung des kommunalen Waldbestands durch den Bau der Augustinerkirche St. Veit. Demnach war es den Bauherren zwar gestattet, eine gewisse Menge an neu eingeschlagenen Stämmen in der Sägemühle zu Bauschnittholz verarbeiten zu lassen. Die konkrete Auswahl der Stämme oblag allerdings einem städtischen Beamten, der insbesondere auf einen ausgewogenen Einschlag achtete. Der Holzbezug von Bäckern, Brauern, Schmieden und Töpfern war ebenfalls strikt kontingentiert, da deren gewerbliche Tätigkeit nach großen Mengen an Brennholz verlangte.

VOM LAND AUFS WASSER Einen Sonderfall stellten die schiffsbauenden Gewerke dar. Deren Tätigkeit fielen zwar nicht erst ab dem späten Mittelalter ganze Wälder zum Opfer. Küstennahe Forste waren im Gegenteil von jeher besonders intensiv genutzt worden. Im Spätmittelalter nahm der Bedarf an Schiffsraum jedoch durch den zunehmend internationalisierten Warenhandel und gesteigerte Kriegsrüstung zur See derart stark zu, dass nur noch überregionale Lieferanten Holz in den nachgefragten Mengen zu liefern imstande waren. Zu Land konnten große Mengen an Stämmen jedoch nicht gut transportiert werden. Deshalb wurde das schwimmfähige Massengut Holz aus waldreichen Gegenden über aufgestaute Bäche und Flüsse zu den Verarbeitungsorten geflößt. Seit dem 15. Jahrhundert sind Schwarzwälder Flößergenossenschaften, etwa die „schiffherren zu Wolfach", überliefert.

HOLZBEDARF UND VERWENDUNGSZWECKE

Das Fällen der Bäume besorgten professionelle und fest angestellte oder saisonal angeheuerte Holzfäller, deren Beauftragung durch den jeweiligen Eigentümer des Forsts erfolgte (Abb. 8.1). Besonders wertvoll war das zusammenhängende Rundholz mit möglichst astfreiem und gleichmäßigem Wuchs; die Rinde von

8.1 DER HOLZFÄLLER Georg Zieler († 1717) steht in der zeittypischen Stiftungskleidung, einem geknöpften Oberrock, mitten im grünen Wald. Die Bäume um ihn herum sind akkurat in Reihen gepflanzt. Demnach befindet er sich in einem forstlich betreuten Wirtschaftswald, seiner einstigen Wirkungsstätte. Mit der rechten Hand hält Georg Zieler eine Fällaxt, deren Klinge hinter seinem Körper hervorschaut. Derartige Äxte besitzen eine ausgeprägte Keilform, um tief in die Stämme einzudringen und große Stücke aus ihnen herauszutrennen. Links hinter ihm ist ein zweiter Holzfäller in Arbeitskleidung zu erkennen, der gerade zum Schlag ansetzt. / Amb. 317b.2°, f. 220r

Tannen und Eichen fand als Gerbstoff bei der Lederherstellung Verwendung. Die anderen Teile eines Stamms, das Stockholz aus der Wurzel, Astholz, Reisigholz sowie die als Zopf bezeichnete Krone galten als geringwertiger. Für gewerbliche Zwecke ungeeignetes Sturmholz, Totholz sowie das minderwertige Staudenholz wurden gesammelt und als Brennmaterial genutzt. Die Holzentnahme im Wald war nicht jahreszeitlich gebunden, sondern erfolgte planvoll sowohl nach unmittelbarem Bedarf wie auch auf Vorrat. Sägen waren als Arbeitsmittel zum Baumfällen zwar grundsätzlich bekannt, doch setzten sich diese erst im weiteren Verlauf der Frühneuzeit durch. Das wichtigste Arbeitsgerät des Holzfällers blieb jedoch – neben Keilen, Seilen und anderem Hilfsgerät – bis ins 19. Jahrhundert die schwere Fällaxt. Nach dem Schlagen mussten die Baumstämme zunächst entrindet und gegebenenfalls durch Ablagerung getrocknet werden. Anschließend wurden die Stämme in transportable Chargen zerteilt.

Holz kommt als natürlicher und nachwachsender Rohstoff nahezu überall vor. Es besitzt eine hohe Festigkeit bei gleichzeitiger Elastizität und lässt sich relativ einfach und auf vielerlei Weise bearbeiten. Für die gewerbliche Weiterverarbeitung von Holz waren dessen anatomischer Aufbau und damit seine spezifischen Materialeigenschaften entscheidend. Dabei ist grundsätzlich zwischen minderwertigerem Splint- und höherwertigem Kernholz zu unterscheiden. Nadelholz besitzt gegenüber Laubholz einen biologischen Wachstumsvorsprung, war in größerem Umfang verfügbar und damit zu einem billigeren Marktpreis zu haben. Es ist mit deutlich geringerem Aufwand zu verarbeiten sowie leichter und biegsamer. Demgegenüber erforderten bestimmte Verwendungszwecke ausschließlich das steifere, haltbarere und relativ wasserdichte Laubholz.

Die zunehmende gewerbliche Differenzierung des Spätmittelalters ist ohne eine Spezialisierung auf die Verarbeitung der unterschiedlichen Holzarten nicht zu erklären, wenngleich sich das Verwendungsspektrum von Holz kaum annähernd fassen lässt: Brillenmacher fertigten daraus Fassungen für Nietbrillen und Stielgläser, Drechsler drehten die Hefte und Stiele für Werkzeuge wie Gravierstichel, Messer oder Hämmer sowie hölzernes Tischgerät, Fassmacher fügten Holzdauben zwischen Holzböden zu Fässern, Müller konstruierten hölzerne Mühlräder, Töpfer arbeiteten auf hölzernen Blockscheiben und Zimmerleute setzten hölzerne Dachstühle, um nur einige wenige Anwendungsbeispiele zu nennen.

Über seine Verwendung als Arbeitsmittel und Produkt hinaus wurde Holz in großem Stil thermisch verwertet, vor allem zur Gewinnung von Pottasche für die Glasherstellung.

DIE DRECHSLER

Drechsler beherrschen die Handhabung einer bereits im Altertum bekannten Vorrichtung zum Bearbeiten drehsymmetrischer Werkstücke, die Drehbank. Diese setzt sich im Kern aus einer Werkbank mit Längsnut sowie zwei parallelen Pfosten mit gegenüberliegenden Metallspitzen zum Einspannen eines Werkstücks zusammen. Nach dem Einspannen des in Achsrichtung drehbaren Werkstücks wurde die Drehbank angetrieben. Um auf einen Gehilfen zum Antreiben der Drehbank verzichten zu können und trotzdem beide Hände zur Arbeit frei zu haben, wurde die Antriebsschnur der Drehachse an einem Ende mit einem

▼ **8.2 MATHES OTTH** († 1587) sitzt in seiner Werkstatt an der Wippendrehbank und bearbeitet ein balusterförmiges Werkstück. Dabei könnte es sich um ein Möbelbein oder einen Kerzenleuchter handeln. Zum Einschneiden der gewünschten Form bewegt er ein spezielles Schneidewerkzeug, ein sogenanntes Formeisen, über das Werkstück. Weil das Werkzeug eine halbscheibenförmig ausgesparte Schneide besitzt, gelingt es ihm, eine kugelige Form in das Holz zu schneiden. Mit seinem rechten Fuß bewegt er kontinuierlich das Trittbrett des Antriebs auf und ab. Der Stab, an dem das andere Ende der Antriebsschnur befestigt ist, wirkt der Trittbewegung entgegen. Durch dieses Wechselspiel rotiert das Werkstück.
Amb. 317b.2°, f. 47r

Trittbrett verbunden. Das andere Ende der Schnur befestigte man an einer Federvorrichtung, einer frei wippenden Holzlatte. Aufgrund dieses Antriebsprinzips wird dieser Typ Drehbank als Wippendrehbank bezeichnet (Abb. 8.2).

WAS DRECHSLER HERSTELLEN Wippendrehbänke waren wohl schon im 13. Jahrhundert gebräuchlich. Als Kaiser Maximilian I. (1459–1519) im Jahr 1518 eine prunkvoll dekorierte Wippendrehbank geschenkt bekam, erhielt er also kein innovatives, jedoch ein außerordentlich schönes Spielzeug. Seine Drehbank, von der nicht bekannt ist, ob er sie tatsächlich benutzt hat, ist erhalten geblieben und gilt als älteste erhaltene Werkzeugmaschine Europas.

Das Gewerbe der Drechsler lässt sich anhand des St. Galler Klosterplans aus dem frühen 9. Jahrhundert sowie archivalischer Quellen aus Köln um 1180 fassen, doch wird in beiden Fällen nicht zwischen Holz- und Beinbearbeitung unterschieden. Die Drechsler, die zu den wenigen technischen und mit einfachen Maschinen arbeitenden Gewerken zählen, wurden erst im Spätmittelalter nach ihren Produkten in Dreher, Schachtschneider, Schüsseler, Spinnradmacher, Stuhldreher und Paternosterer unterschieden. Im Unterschied zu ihren Arbeitsmitteln sind relativ viele Erzeugnisse der mittelalterlichen Holzdrechsler erhalten. Diesen historischen Schatz in Form von großen Mengen an gedrechselten Gefäßen bergen Archäologen hauptsächlich an unvermuteten Stellen, in Abfallgruben, Brunnenverfüllungen und Kloaken.

HOLZ AUF DEN TISCH! In Mittelalter und früher Neuzeit waren in der Regel nicht nur die Sitzmöbel und der Esstisch aus Holz, sondern überwiegend auch das beim Essen und Trinken verwendete Tischgerät. Aus funktionalen sowie Kostengründen war es lange nicht nur im Alltag der unteren Bevölkerungsschichten in weitaus größerem Umfang gebräuchlich als gläserne, keramische oder metallene Gerätschaften. Neben Brettern, Schalen und Tellern, Bechern, Kannen und Krügen sowie Pokalen finden Archäologen immer wieder auch hölzerne Löffel. Flache oder tiefe

8.3 DER BRUDER ERHARDT († 1545) ist in seiner Wagnerwerkstatt dabei, ein Rad herzustellen. Die Nabe und einen Teil der Speichen hat er bereits fertiggestellt und zusammengesetzt. Nun bearbeitet er einen weiteren Radkranzrohling mit dem Beschlagbeil, um diesem die notwendige Krümmung zu verleihen. Bei dieser Arbeit trennt er große Späne aus dem Werkstück, die überall um den Werkblock herum auf dem Boden liegen. Links neben ihm lehnt an der Wand ein Stangenbohrer, mit dem er den Achsdurchgang in die Nabe gebohrt hat. Erhardt besitzt auch ein Ziehmesser, das neben dem Bohrer an der Wand aufgehängt ist. Da er über keinen Hobel verfügt, hat er wohl mit dem Ziehmesser die Oberflächen der Einzelteile geglättet. / Amb. 279.2°, f. 34r

Holzlöffel bildeten noch im 19. Jahrhundert zusammen mit eisernen Messern das Basisbesteck. Während allerdings Löffel gegebenenfalls noch selbst geschnitzt werden konnten, war die Herstellung von hölzernen Gefäßen weitaus schwieriger und bedurfte der besonderen Werkstoffkenntnisse, Werkzeuge und handwerklichen Fertigkeiten der Fassmacher und Drechsler. Deren charakteristische Erzeugnisse lassen sich allerdings leicht voneinander unterscheiden. Vom Fassmacher stammen eher einfache und hochwandige Gefäße wie kleine Bottiche und Fässchen, Kannen oder Krüge sowie Eimer. Die Tischgeräte aus der Hand des Drechslers umfassen oft dünnwandigere, flache und hohe Gefäße mit geringerem Durchmesser, die eine vergleichsweise aufwendige Gestaltung in Form von abgesetzten Böden oder Knäufen aufweisen können. Hölzerne Schank- und Trinkgefäße sowie Essgeschirr zählten ebenfalls noch bis ins 19. Jahrhundert üblicherweise zum Hausstand.

DIE WAGNER

Im Jahr 1322 tauchen in Frankfurter Amtsbüchern erstmals die Begriffe „wener", „waner", „wehener" und „weyner" als Berufsbezeichnungen für Wagenmacher auf (Abb. 8.3). Die Bezeichnung „weyner" besitzt mittelbar auch eine verkehrsgeschichtliche

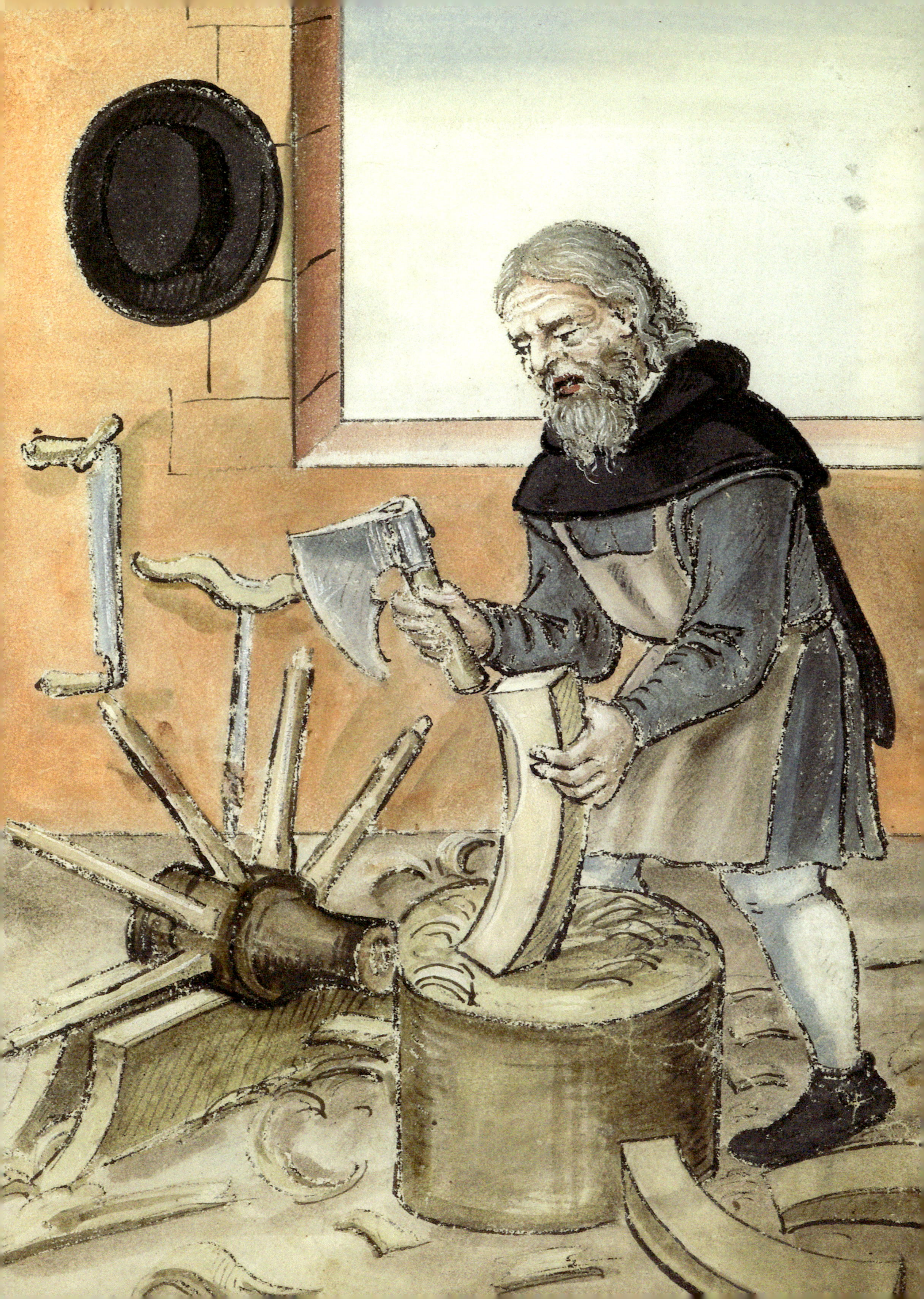

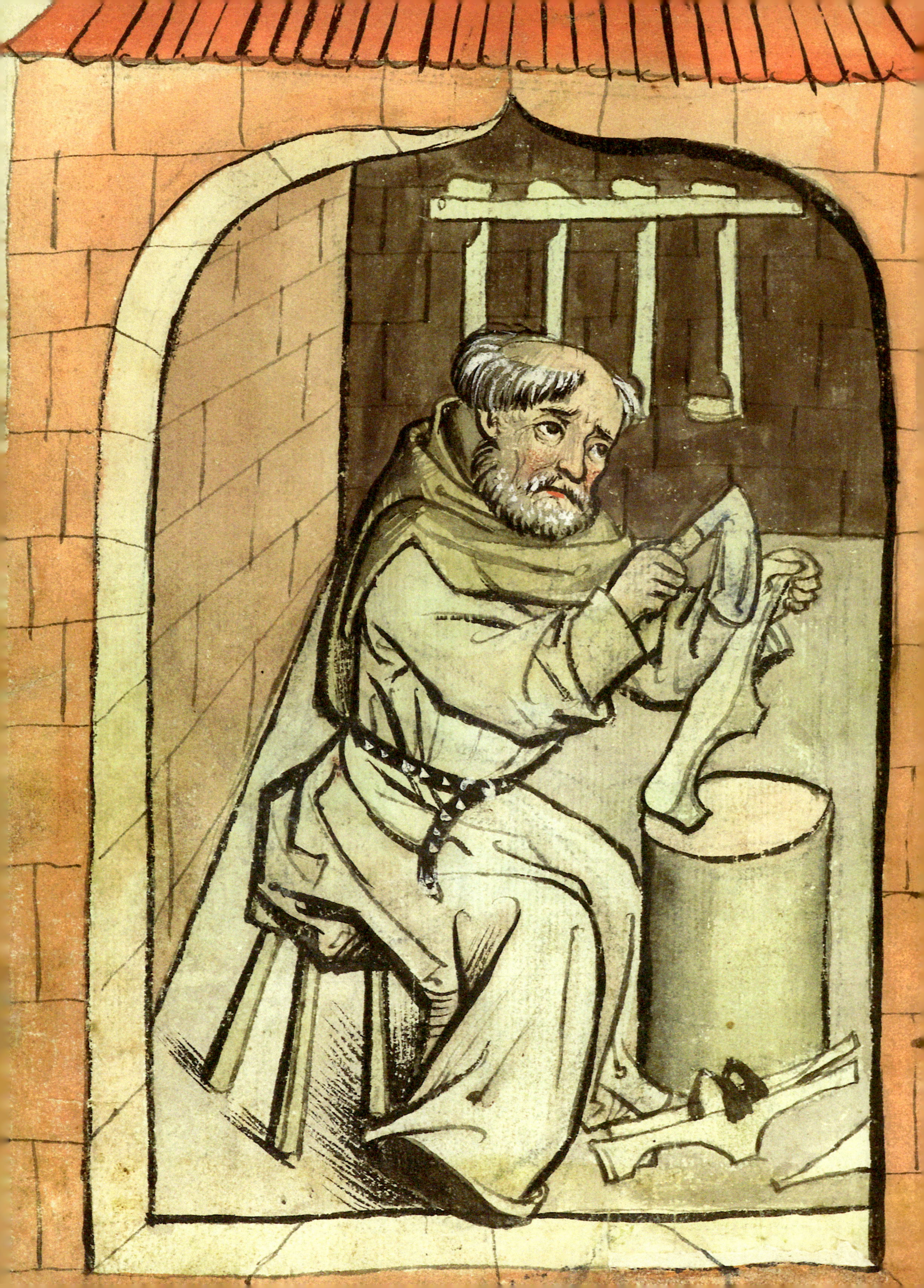

Konnotation, da von Frachtwagen befahrene Handelswege oft als Weinstraßen bezeichnet wurden. Ortsweise werden neben den Wagnern auch spezialisierte „Rademaker" oder „Felgenhaur" genannt, also Wagenradmacher. Aus Braunschweig ist 1290 ein „Helmold Rademeker" namentlich überliefert, der wohl als Wagenradmacher gelten darf, denn mittelalterliche Nachnamen bezogen sich oft unmittelbar auf die ausgeübte handwerkliche Tätigkeit. Wagner arbeiten in engem Kontakt mit Grobschmieden sowie Sattlern und Schreinern. Diese Zusammenarbeit war notwendig, weil zum Kutschen- und Wagenbau auch Erzeugnisse dieser Gewerke gebraucht wurden. Die Schmiede lieferten eiserne Nägel, Naben- und Radkranzbeschläge sowie einfache Gelenkteile, Winkeleisen und vieles mehr. Schreiner fertigten Teile von Karossen, und Sattler bezogen die Sitze.

KOMPETENZ IN HOLZ Das Wagnerhandwerk erforderte eine ganz besonders ausgeprägte Materialkenntnis, weshalb die Arbeit des Wagners stets mit der sorgfältigen Auswahl geeigneter Hölzer für die Rohlinge der einzelnen Bauteile begann. Das besonders zähe Eichen- und Ulmenholz wurde bevorzugt für Radnaben verwendet, in welche die stabilisierenden Speichen gesteckt wurden. Für Speichen eigneten sich Eiche und Ulme, aber auch Esche. Weil Buchenholz beim Einschlagen von Nägeln weniger splittert als Eichenholz, erhielt es bei den benagelten Radkränzen den Vorzug. Für das Untergestell verarbeiteten die Wagner häufig Buche, etwa für Achsen. Der Aufbau oder Kasten konnte sich aus unterschiedlichen Hölzern zusammensetzen, wenngleich ein Rahmen aus Laubholz stets am stabilsten war. Stand bei der Konstruktion der von Hand gezogenen Karren vor allem deren einfache Handhabung im Vordergrund, waren die schweren Frachtwagen auf Beladungen zwischen 30 und 50 Ztr. hin auszulegen, während leichter gebaute Kutschen zur Personenbeförderung wiederum bequemer sein sollten und höhere Reisegeschwindigkeiten ermöglichen mussten.

DIE TRIPPENMACHER

Die Straßen in mittelalterlichen Städten waren weder durchgehend befestigt oder gepflastert noch reine Verkehrswege. Ferner wurden sie nicht nur als Verkaufs- und Kommunikationsräume angesehen. Straßen erfüllten vielmehr auch die Funktion der Kanalisation. Regenschauer und Schneefall konnten sie in rutschige und schlammige Pisten verwandeln, blieb der Regen hingegen aus, sammelte sich Unrat auf den Straßen. Dieser Problematik trug die mittelalterliche Fußbekleidung Rechnung, indem unter den weniger robusten Lederschuhen hohe hölzerne Unterschuhe zum Schutz getragen wurden, die sogenannten Trippen (Abb. 8.4).

GETRIPPEL IN DEN GASSEN Trippen setzen sich in ihrer einfachsten Ausführung aus einer flachen Sohle, zwei hohen Absätzen unter dem Fußballen und der Ferse sowie einem aus zwei dreieckigen Lederstreifen bestehenden Oberleder mit Steckverschluss zusammen. Aufwendiger gearbeitete Paare weisen sogar ergonomische Komponenten auf, etwa ein in Lüneburg archäologisch geborgenes Exemplar des 15. Jahrhunderts. Die Sohlenoberseite des schnabelschuhförmigen Stücks besitzt eine Rasterung als Rutschhemmnis für die Lederschuhe. Der gleiche Unterschuh weist neben seiner Form ein weiteres dekoratives Element auf, einen Zierverschluss. Beide Aspekte legen nahe, dass die an sich derben Trippen in feinerer Ausführung als modisches Accessoire bei

8.4 ALS HOLZSCHUHMACHER benötigt Kunz Franck († 1489) nicht viel Werkzeug. Neben einer Anzahl von an der Wand aufgehängten Ziehmessern zum Glätten der Oberflächen seiner Werkstücke besitzt er als einziges weiteres Arbeitsgerät eine Hohldechsel. Mit der Dechsel arbeitet er an der Sohlenoberseite einer schnabelschuhförmigen Trippenspitze. Zur einfacheren Handhabung hat er den Trippenrohling mit der Fersenseite auf einen Werkblock gestellt. Neben dem Werkblock liegt ein Paar fertige Trippen, auf die das dreieckige Oberleder bereits genagelt wurde.
Amb. 317.2°, f. 106v

repräsentativen Anlässen getragen werden konnten. Für diese Annahme sprechen auch die zahlreichen zeitgenössischen Bildbelege, die elegante Trippenträgerinnen und -träger in festlichen oder intimen Kontexten zeigen. Die Hersteller des mittelalterlichen „fußzeugs" waren demnach nicht nur die Leder verarbeitenden Schuster, sondern auch die hölzerne Unterschuhe fertigenden Holzschuhmacher. In den schriftlichen Quellen werden diese als „holczschoer" oder seltener direkt als Trippenmacher angesprochen. Welchen mengenmäßigen Stellenwert die Trippenfertigung bei den städtischen Holzschuhmachern tatsächlich besessen hat, ist nicht bekannt.

DIE SCHREINER

Erst im Verlauf des 13./14. Jahrhunderts spalteten sich die zeitgenössisch oft als „kistner" oder „ladner" bezeichneten Schreiner vom Gewerk der Zimmerleute ab (vgl. Kap. 13). Dies hängt wahrscheinlich mit grundlegend gewandelten Bedürfnissen in der Wohnkultur sowie einer stark gestiegenen Nachfrage nach feineren Holzwaren zusammen (Abb. 8.5). Infolge der politischen und wirtschaftlichen Umwälzungen im Spätmittelalter wuchs als neue gesellschaftliche Elite ein wohlhabendes Bürgertum heran, das auf Repräsentation bedacht war. So kam es zu einer Aufwertung des privaten Bereichs, insbesondere der Wohnung. In dieser Zeit ist zugleich eine Abkehr von der fest installierten Inneneinrichtung in Brettbauweise zu beobachten, vor allem von den in die Wandvertäfelungen integrierten Schränken, Bänken und Schlafstätten. Stattdessen kommen frei im Innenraum bewegliche Möbel in Rahmenbauweise auf.

WAS DER SCHREINER HERSTELLT Die ältesten in den Handwerksordnungen geforderten Meisterstücke tragen diesem Wandel Rechnung, so in der Danziger Schreinerordnung von 1386. Dort ist festgelegt, dass die auf Meisterwürden hinarbeitenden Gesellen eine Lade aus hellem Holz, einen Ausschiebetisch sowie ein Spielbrett anzufertigen hatten. Das mehrteilige Danziger Meisterstück enthält aber auch eine wichtige Information über eine fertigungstechnische Innovation. Begünstigt wurde die Änderung der Wohnraummöblierung nämlich dadurch, dass sich das praktische Wissen vom Quellen, Schrumpfen und Werfen geschlagenen Holzes mittlerweile ausgebreitet hatte und damit das Fassen des Holzes mit entsprechenden Eisenreifen überflüssig wurde. Hieraus resultierten zunächst neue Holzschneidetechniken, die dann zu den gewerktypischen schreinermäßigen Verbindungstechniken führten, nämlich Feder und Nut, Zinken und Zapfen, Graten und Dübeln sowie Flächenverbindungen aus dünnen Brettern und stärkerem Rahmen aus verzapften Leisten. Parallel entwickelten sich die Ziertechniken Schnitzen, Furnier, Intarsie, Wachsen und Beizen, Beschläge wie Schlösser, Bänder, Griffe oder Scharniere, um die geläufigsten zu nennen. Zum Verkleben genutzter Leim wurde zum wichtigsten Verbindungmittel. Eiserne Nägel durften von Schreinern nicht verwendet werden, während eiserne Schrauben zu unpraktisch und zu teuer in der Herstellung waren.

Eine frühe Blüte erfuhr die Schreinerkunst des 14. und 15. Jahrhunderts in Gestalt kleiner Truhen und Kisten, die als Behältnisse für Urkunden, Schmuck, Braut- oder Höflichkeitsgeschenke dienten, etwa den sogenannten Minnekästchen. Vor allem in

▶ **8.5 DER BRUDER PETER** († 1444) ist inmitten seiner Geräte und Erzeugnisse zu sehen. Als Schreiner fertigt er insbesondere Aufbewahrungsmöbel wie Schränke und Truhen. Peter führt einen kleinen Hobel über den oberen Boden des fast fertiggestellten Schranks. Dieser weist zudem eine eindrucksvolle Bekrönung auf, die Peters gestalterische Fähigkeiten zum Ausdruck bringt. Vor seiner Werkbank mit Stemmeisen und Holzknüpfel steht eine kleine Truhe. Deren Wandungsbretter sind, wie vorn rechts deutlich erkennbar, in einer schreinertypischen Technik miteinander verbunden, die man Zinkung nennt. Bei der hier zu sehenden Zinkung greifen schwalbenschwanzförmige Zapfen in entsprechende Schlitze. Die Zinkung gilt als eine der haltbarsten Holzverbindungstechniken überhaupt und wird bis heute angewendet. / Amb. 317.2°, f. 66v

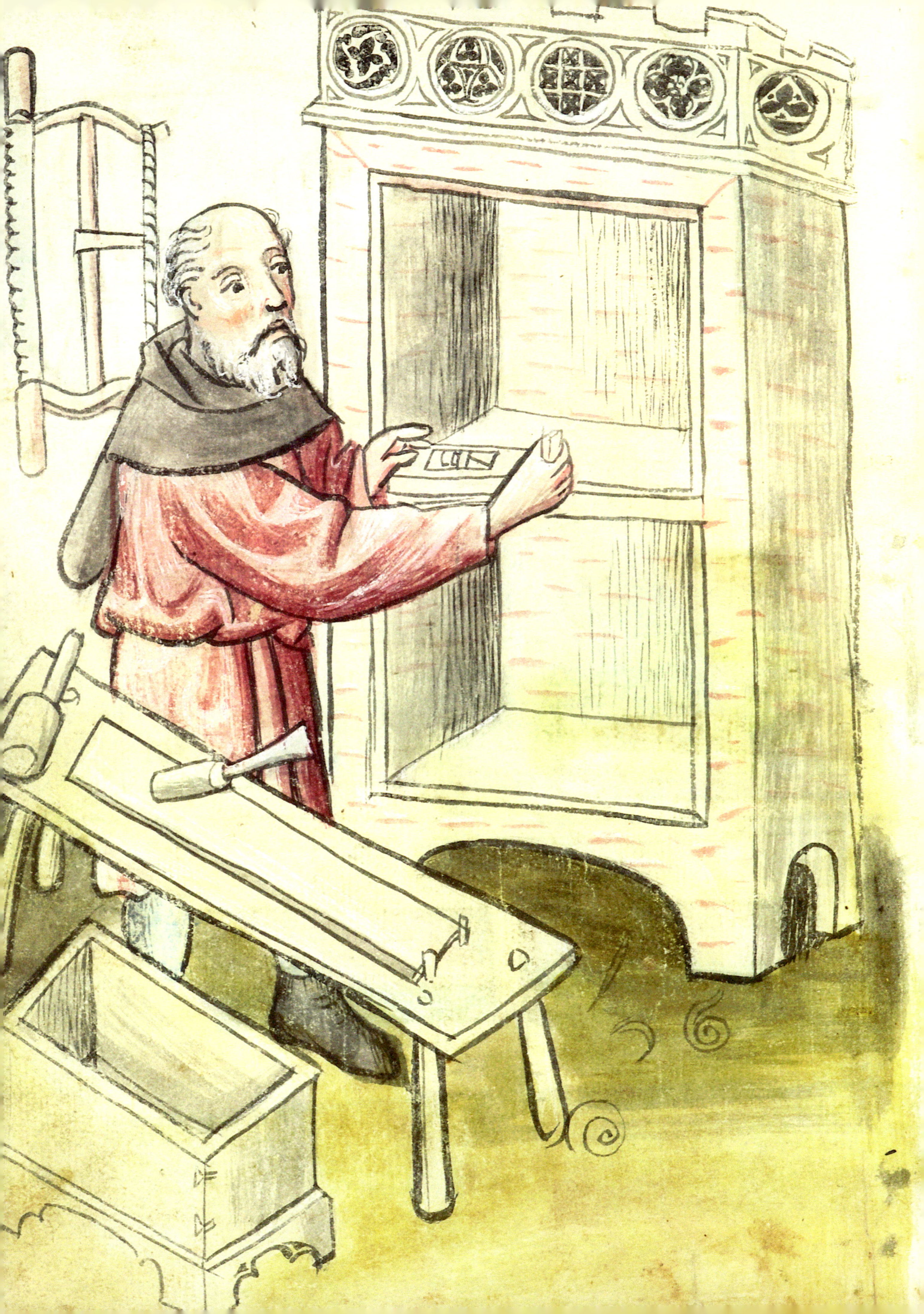

Süddeutschland kam es in der Folge zu einer nachhaltigen Blüte des Schreinerhandwerks, die immer kompliziertere und technisch anspruchsvollere Lösungen hervorbrachte und im 16. Jahrhundert in raffinierten Kabinett- und Kunstschränkchen einen Höhepunkt fand.

DER FASSMACHER

Fassmacher, landschaftlich auch als Küfer, Böttcher, Lägeler, Schäffler, Binder oder Fassbinder bezeichnet, waren von zentraler Bedeutung für das Funktionieren der auf Handel fußenden Wirtschaft. Fässer dienten zur temporären Lagerung von Getränken, vor allem Wein, oder Nahrungsmitteln wie Hering, aber auch als Universaltransportbehältnis für Waren aller Art (vgl. Kap. 11). Eine 1460 im Hafen von Danzig gesunkene Kogge, das „Danziger Kupferschiff", transportierte beispielsweise neben Asche, Wachs und Pech auch die namengebenden Kupferbarren in Fässern. Das Begleitbild zum Kapitel „Van Schiprechte" aus dem illustrierten Hamburger Stadtrecht von 1492 belegt, dass der hansische Seehandel ganz auf hölzernen Fundamenten ruhte: Hölzerne Boote und Schiffe werden mit Holzfässern beladen, welche ein hölzerner Kran von einem hölzernen Frachtwagen hievt.

EIN FASS ZU MACHEN IST NICHT SCHWER?! Die Kunstfertigkeit des Fassmachers zielte ganz allgemein darauf ab, stabile und standardisierte Holzbehältnisse in unterschiedlichen Größen und gegebenenfalls hohen Stückzahlen zu fertigen (Abb. 8.6). Im Unterschied zum Drechsler drehte er seine Gefäße nicht aus einem einzelnen Holzstück, sondern setzte sie aus schmalen und gleich langen Fassbrettern zusammen, den sogenannten Dauben. Die bis zu mehreren Jahren getrockneten Fassbrettrohlinge arbeitete er unter Zuhilfenahme von Schablonen mit Äxten und Beilen sowie Hobeln zu jeweils passgenauen Daubensätzen. Anschließend setzte er die Dauben auf Stoß zusammen, spannte Arbeitsreifen um die gewässerte Außenseite des Fassrohlings und bog ihn unter auf die Innenseiten einwirkender Hitze. In die gleich langen Dauben fräste er als Gargeln bezeichnete Nute, in die später die gezirkelten Fassböden eingesetzt wurden. Zur Abdichtung der Spalten zwischen den Dauben sowie zwischen den Böden und den Dauben benutzte man Schilf. Das Fassinnere wurde mit dem sogenannten Putzhobel gereinigt, um dann auf die Fassaußenseite mehrere Eisen- oder Holzreifen auf-

▶ **8.6 FRITZ PRAISSLINGERS** († 1518) Gesichtsausdruck kündet von seiner Zufriedenheit über das gelungene Werk. Er muss nur noch den letzten hölzernen Reifen aufklopfen, dann ist das Fass fertig. Das breite Messer an seinem Gürtel verweist auf den vorangegangenen Arbeitsgang. Es handelt sich dabei um eine Spaltklinge, mit der er die einzelnen Dauben hergestellt hat. Neben ihm stehen und liegen sowohl bereits fertige Bottiche und Fässer als auch weitere Fassreifen.
Amb. 279.2°, f. 10r

Gemodelte Bilder

8.7 HANNS BUEL (†1520) ist ein Lebküchner, dessen süße Erzeugnisse auch optisch ein Genuss gewesen sein müssen, weil ihm zu deren Verzierung eine Vielzahl an hölzernen Modeln in unterschiedlichen Formen und Formaten zur Verfügung standen. Eine Auswahl liegt auf dem Tisch vor dem Ofen in seiner Backstube aus. / Amb. 279.2°, f. 11v

Plastische Bildwerke wie keramische Gefäße mit Reliefauflagen oder Ofenkacheln und mit erhabenem Dekor versehene Backwaren waren im späten Mittelalter und der frühen Neuzeit weitverbreitet. Bei gleichbleibenden Motiven oder im Rahmen der seriellen Herstellung beruhten diese Bildwerke meist auf dem Einsatz von Modeln.

Model wurden bereits im Spätmittelalter von spezialisierten Handwerkern angefertigt. Die ältesten archivalischen Belege solcher Handwerker datieren für Augsburg in das Jahr 1418, während in Nördlingen und Nürnberg „Formschneider" 1423 erstmals in den Quellen Erwähnung finden (vgl. Kap. 11, S. 142). Zur Herstellung detailreicher Holzmodel (Abb. 8.7) mit entsprechend feinen Graten und komplexen Motiven eigneten sich besonders die harten, kurzmaserigen Sorten Birnbaum und Buchsbaum. Verarbeitet wurden vor allem gut abgelagerte Scheiben oder Bretter aus Hirnholz, also quer zur Faserrichtung geschnittene Rohlinge. In die derben Rückseiten der Werkstücke wurde ein Loch gebohrt, sodass der auf seiner Vorderseite fein geglättete Rohling auf einem Zapfen drehbar fixiert werden konnte und damit einfacher zu beschnitzen war. Anschließend wurde die Vorlage des umzusetzenden Motivs auf dem Rohling mit freier Hand skizziert oder mittels eines Pauspapiers oder -kartons auf das zu bearbeitende Holzstück übertragen. Mit Schnitzwerkzeugen unterschiedlicher Stärken und Schneidenbreiten, den sogenannten Stechbeiteln, Flach-, Grad-, Hohl- und Schrägeisen, wurden die Konturen des Gesamtmotivs sowie die der Einzelmotive spanend herausgearbeitet.

Die ästhetischen Qualitäten von Modelmotiven resultieren allerdings nicht nur aus der Kunstfertigkeit des Modelstechers oder Formschneiders. Genauso wichtig war die Konsistenz der überwiegend kalt und knetbar verarbeiteten Massen. Je feiner und detailreicher die Schnitzereien und Kerbungen angelegt wurden, desto feinkörniger musste die plastisch bildbare Masse zur Ausfüllung der Zwischenräume sein.

Lebkuchen zählten nicht zu den Grundnahrungsmitteln, sondern wurden als gehaltvolle Süßspeise in Fastenzeiten, zu besonderen Anlässen oder als Nachtisch verzehrt. Die Gestaltung der Schauseite von Lebkuchen korrespondierte demnach mit dem besonderen Charakter des Lebensmittels. Denkbar ist es, dass sich die Art der Dekoration an die bereits im Spätmittelalter zu beobachtende Hostien-, Oblaten- oder Waffelverzierung anlehnt.

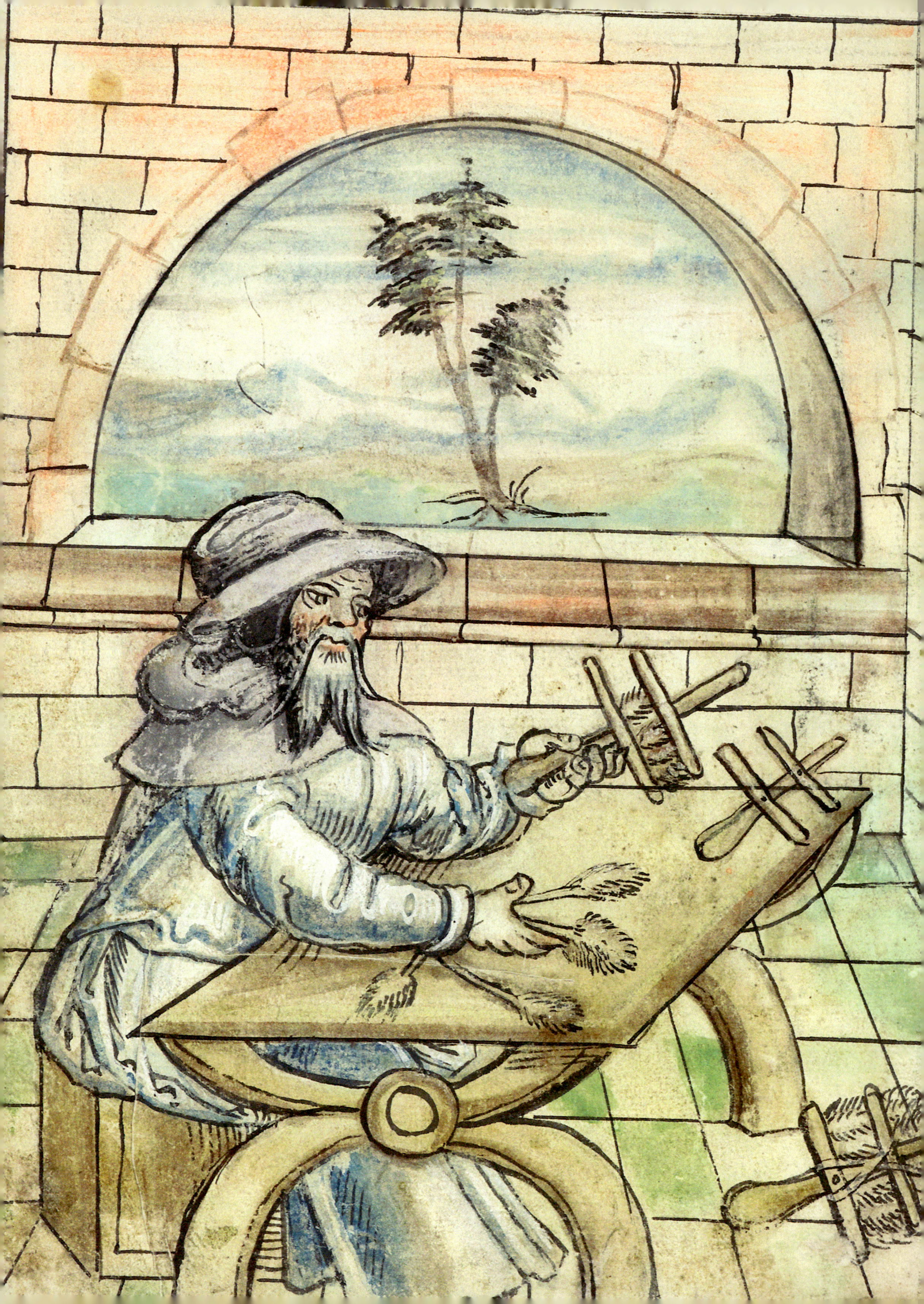

zuziehen. Durch das Spundloch füllte der Fassmacher Pech in das Fassinnere als Schutzanstrich und brannte dieses anschließend teilweise wieder aus.

OHNE HOLZTEILE KOMMT KEIN WERKZEUG AUS

Während die differenzierte Holzbearbeitung eine Voraussetzung für die Durchführung des Handelsbetriebs war, konnten ohne hölzerne Werkzeuge oder solche mit hölzernen Bestandteilen fast keine der wichtigen Fertigwaren hergestellt werden. Dieser Zusammenhang ist bei Werkzeugmaschinen wie Drehbänken besonders augenfällig. Die weitaus wichtigsten hölzernen Werkzeugteile sind demgegenüber zwar allgegenwärtig, aber dennoch weniger augenscheinlich, nämlich die Stiele.

DER STIEL Ohne die ergonomischen und sicherheitsrelevanten Stiele war nahezu kein Werkzeug zu gebrauchen, mit dem Flüssigkeiten oder Feststoffe verarbeitet wurden. Ein anschauliches Beispiel hierfür bietet sich in der für den überregionalen Handel höchst bedeutsamen Filztuchherstellung, die ohne ein heute kaum noch bekanntes Werkzeug, die sogenannte Distel- oder Tuchmacherkarde, nicht auskam (Abb. 8.8). Es handelt sich dabei um ein Arbeitsgerät, mit dem die gewalkten Stoffbahnen von Tuchbereitern gerauht und abgekämmt wurden, um überstehende oder lose Fasern von den Stoffbahnen zu entfernen (vgl. Abb. 6.4). Die Konstruktion des auch als Tuchmacherkarde überlieferten Kämmwerkzeugs war denkbar einfach. Auf einen hölzernen Stiel mit Handhabe auf einer Seite wurden gegenüber derselben zwei parallele Querhölzer genagelt. Diese beiden Hölzer bildeten den Rahmen zum Einspannen der Kämmmittel, einer größeren Zahl an ca. 5–8 cm langen und von stacheligen Hüllblättern umgebenen Blütenständen der Karde, eines Geißblattgewächses (vgl. Abb. 6.2). Der Bedarf an Karden war in den Tuchmacherzentren so groß, dass sich dort professionelle Kardenmacher behaupten konnten. Der Einsatz von Distelkarden mit hölzernem Gestell belegt zudem, dass auch oder gerade in Exportwaren produzierenden Gewerken preiswerte technische Werkzeuglösungen mit geringem Investitionsbedarf bevorzugt wurden.

RENOMMEE UND SPEZIALISIERUNG

Die Baseler Gewerbeliste des 15. Jahrhunderts bildet auf 15 Stufen eine zeitgenössische Gewerbehierarchie ab. Den ersten Rang nahmen die vornehmsten Handwerker ein. Drechsler, Fassbinder, Wagner, Wannenmacher, Zimmerleute, Baumhauer, Flößer, Holzhändler, Holzschuhmacher, Kistenmacher, Kübler, Küfer, Rahmenmacher, Säger, Schindler, Siebmacher und Tischmacher rangierten demgegenüber allesamt auf Platz 12. Eine deutlich höhere Wertschätzung erfuhren die Glas, Horn und Bein, Leder sowie insbesondere Metall verarbeitenden Gewerke. Abgesehen davon, dass diese Rangfolge nicht unkritisch verallgemeinert werden kann, sagt sie etwas über den fortgeschrittenen Spezialisierungsgrad in der spätmittelalterlichen Holzverarbeitung in Basel aus. Das Phänomen stark auffächernder Holzbearbeitungsgewerke blieb nämlich auf gewerbliche Zentren wie die Stadt am Rhein beschränkt und verweist auf die Wechselwirkung von gewerblicher Differenzierung und wirtschaftlicher Bedeutung eines Gewerbestandorts. Kleinere Siedlungen zeichneten sich hingegen durch eine grobmaschigere Gewerbestruktur aus, welche die Sicherung des lokalen Subsistenzbedarfs gewährleistete.

Thomas Schindler

8.8 DER KARDENMACHER Jacob Schpensetzer († 1545) sitzt an seinem Werktisch und bestückt ein typisches Kardengestell aus Holz mit Karden. Er ordnet die stacheligen Karden nebeneinander zu einem flachen Büschel an. Dieses Büschel verzurrt er anschließend mit einer oder zwei Schnüren. Zur einfacheren Handhabung beim Tuchabkämmen besitzen seine Distelkarden auf einer Seite einen kolbenförmigen Griff. / Amb. 317.2°, f. 166v

Anno 1670 den 25 Novemb: hatt ein WohlEdel Gestrenger Für-
sichtiger Hoch und Wohlweiser Rath re. Uff seel. hintritt HERRN
Johann Syrn und Hallers re. Herrn Pflegers Bartsel Graff. Weißgerbern und gasthaußbäuchtmann Zu d Zwölfbrüderhauß angenommen
Seines Alters ohn 63 Jahr. ist ein fromer friedfertiger Maygewes:
ist A: 1682 den 10 Jener in Christo sanft und seel entschlaffen seines
Alters 74 Jahr. Gott gnad Ihm.

608.

Die Gerber

LEDERPRODUKTION UND -VERARBEITUNG

Leder zählt heute noch zu den exquisiten, meist teuren Werkstoffen für Kleidung und diverse Gebrauchsgegenstände. Auch im Mittelalter wusste man Leder als ebenso robustes wie repräsentatives Material zu schätzen. Leder ist vielseitig verwendbar, je nach Verarbeitung geschmeidig oder widerstandsfähig, dehnbar oder fest, lange haltbar und reißfest. Es ist wasserabweisend und wenig fäulnisgefährdet – Qualitäten, die Leder auch in der Gegenwart zu einem beliebten „Outdoor"-Material machen, das bei entsprechender Behandlung nahezu unzerstörbar ist. Viele Gegenstände werden nach wie vor aus Leder gefertigt: Schuhe, Gürtel, Taschen aus gegerbter Tierhaut sind im Alltag – trotz Kunstleder – nicht wegzudenken. Sie gehen alle auf bereits in der Vorgeschichte und in römischer Zeit vorhandene Utensilien zurück und bezeugen die jahrtausendealte Tradition des Werkstoffs.

VON DER HAUT ZUM LEDER

Leder ist die durch Gerben chemisch veränderte Haut von Tieren. Ohne Behandlung würde diese rasch anfaulen und durch Mikroben abgebaut werden. Ziel des Gerbens ist es also, das Leder stabil, wasserfest und geschmeidig zu halten. Das erreicht man mithilfe der Gerbstoffe. Sie bilden in Wasser Säuren und vernetzen das in der Rohhaut enthaltene Kollagen, sodass es nicht mehr faulen kann oder hart und spröde wird. Gleichzeitig werden die Gerbstoffe im Leder gebunden, sodass der Effekt nicht mehr rückgängig gemacht werden kann.

VERSCHIEDENE GERBVERFAHREN Ausgangsmaterial waren stets Tierhäute, die je nach weiterer Verwendung mit verschiedenen Methoden gegerbt wurden. Gebräuchlich waren die Lohgerbung mit Rinde, die Weißgerbung mit Alaun oder vergleichbaren Mineralien und die Sämischgerbung mit Fett. Je nach Tierhaut kamen verschiedene Gerbverfahren zum Einsatz. Die Lohgerbung erzeugt ein festes Leder und wurde für die Häute von Rindern und Schweinen verwendet. Die Weißgerbung eignete sich für dünnes, aber strapazierfähiges Leder, meist von Schafen, Ziegen oder Wild. Sämischgerbung wurde für sehr weiches, zu Kleidung verarbeitetes Leder genutzt, meist lieferten Hirsche oder Gämsen, aber auch Schafe und Ziegen die Rohhäute dafür. So verschieden wie die Gerbmethoden war auch der Zeitaufwand für das Gerben. Die Lohgerbung benötigte im Schnitt ca. fünf bis sieben Monate, für dickes Leder bis zu zwei Jahren, um aus der Rohhaut des Tieres ein festes Leder zu produzieren. Die Weißgerbung konnte in kürzerer Zeit – meist weniger als drei Monaten – abgeschlossen werden, die Sämischgerbung in nur wenigen Tagen.

LOHGERBUNG Am weitesten verbreitet war im Spätmittelalter die Lohgerbung. Die Fertigprodukte wurden vielfältig weiterverarbeitet, sodass eine hohe Nachfrage nach lohgegerbtem Leder bestand. In Nürnberg waren im 14. Jahrhundert 60 Lohgerber und 35 Weißgerber gleichzeitig aktiv. Die Bearbeitung erfolgte in drei getrennten Arbeitsgängen: dem Vorbereiten der Häute, dem eigentlichen Gerbprozess und der Nachbereitung.

Ziel der Vorbereitung war das Säubern der Rohhäute und das Abspalten der Ober- und Unterhaut, da sich nur die Lederhaut zum Gerben eignete. Die Häute, die meist vom Metzger bzw. Schlachthaus bezogen wurden, mussten zunächst gewaschen werden. Anschließend wurden Fett- und Fleischreste entfernt und die Häute weiter gewässert, dazwischen immer wieder gewalkt und mit einem stumpfen Schabeisen glattgestrichen. Nach einigen Tagen konnten die Häute endgültig gesäubert werden. Sie wurden dabei mit der Unterseite nach oben auf ein schräg befestigtes Holzbrett, den Scherbaum (Abb. 9.1), gelegt, um das durch das Wässern mürbe gewordene Fleisch und Fettgewebe mit einem Schabeisen abzustreichen. Auch die Bindehaut wurde entfernt, da sie zum Gerben ungeeignet war. Danach wurden die Häute beschnitten, um eine gleichmäßige Fläche der zu gerbenden Haut zu erhalten. Die gereinigten und beschnittenen Häute mussten dann enthaart werden. Hierzu konnte man sie in einer Schwitzkammer räuchern, in Urin wässern oder in einer Asche- oder Kalklösung einlegen. Die im Mittelalter gebräuchliche Enthaarung mit Holzasche gab dem Verfahren auch seinen Namen: das Äschern. Dieses erfolgte in Holzbottichen, die entweder im Boden eingelassen waren oder auf ebener Erde standen. Die eingelegten Häute mussten dabei regelmäßig gewalkt werden, damit sich die Lösung gleichmäßig verteilte und von den Häuten aufgenommen wurde. Dazu trat man die Häute im Bottich mit den Füßen. Nach mehrfachem Wechseln der Lösung konnten nach einigen Wochen die Haare mit einem Schabeisen entfernt werden. Gleichzeitig lockerte das in der Äscherbrühe enthaltene Calciumhydroxid die Faserstruktur der Haut auf, sodass sie aufnahmefähiger für die Gerbstoffe war. Die nun Blöße genannten Häute wurden noch gewässert, dann waren sie fertig für den zweiten Arbeitsgang, das Gerben.

Hierzu wurden zwei Verfahren angewendet. Für Oberleder erfolgte das Gerben im sogenannten Farbengang, für robusteres Sohlleder oder Satteleder in Versatzgerbung. Für den Farbengang wurde die Konzentration der Lohe von Mal zu Mal gesteigert, die Aufnahme der Gerbstoffe erfolgte also langsam und kontinuierlich. Häufiges Umrühren der Lohe und

9.1 DER LOHGERBER Hanns Richter († 1609) steht mit dem Schabeisen an einem Scherbaum und reinigt eine Haut, die in dem im Hintergrund stehenden Äscher eingelegt war. Die Bretter dieses Bottichs sind mit Weidenruten gefasst, die miteinander verschnürt sind. Abdrücke dieser Konstruktion konnten bei archäologischen Grabungen in Nürnberger Gerberhäusern gefunden werden. An der Wand hängen weitere Schabeisen und ein gebogener Haken, mit dem vermutlich die Häute aus dem Äscher bzw. später der Lohbrühe gezogen und zum Abtropfen aufgehängt wurden. Ein kleiner Zuber mit Wasser dient zum Feuchthalten der bearbeiteten Haut.
Amb. 317b.2°, f. 77r

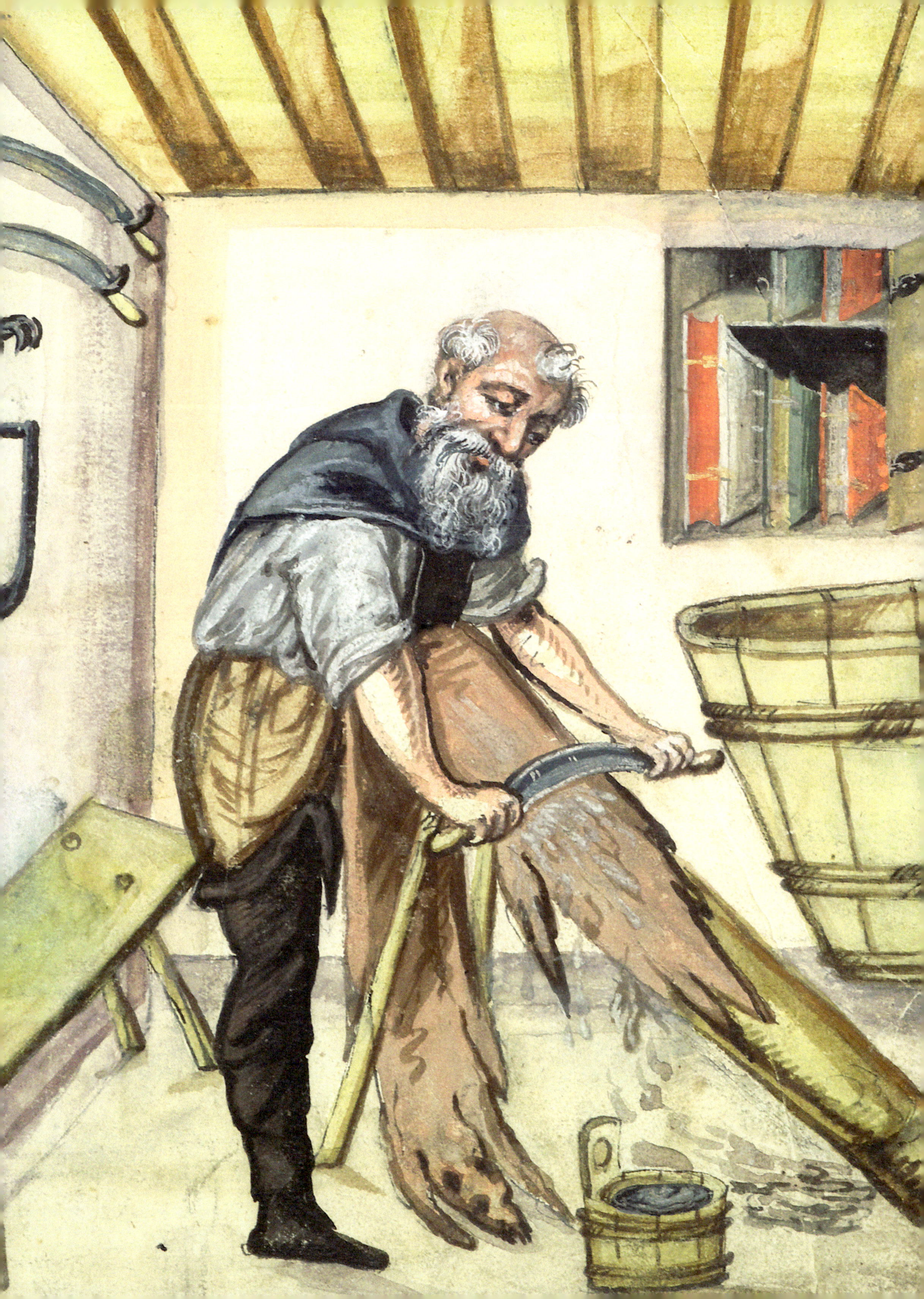

Walken erhöhten die Aufnahme der Gerbsubstanzen in die Haut, das Walken erfolgte wieder mit den Füßen. Der Gerbprozess dauerte ca. zwei Monate, dann konnte das Leder dem letzten Farbengang entnommen werden.

Die Versatzgerbung erfolgte in großen Gruben. In diese wurden lagenweise die Blöße und die getrocknete Lohe geschichtet und die Grube mit Wasser aufgegossen. Die benötigte Menge an Lohe war enorm: Pro 100 kg Leder waren ca. 500 kg Lohe erforderlich. Die Lohbrühe wurde mehrfach erneuert, während des Gerbens wurden die Häute mit einem Deckel und Steinen beschwert, um sie zu pressen und ein Aufschwimmen zu verhindern. Zwischendurch wurden sie herausgenommen, gespült und glattgestrichen. Das hohe Gewicht der nassen Häute machte dies zu körperlicher Schwerstarbeit, die Nässe und der Geruch in den Gerbereien taten ein Übriges, um das Gerberhandwerk zu einem „anrüchigen" Gewerbe zu machen. Erst nach ca. vier Monaten war die Gerbung beendet, für dickeres Sohlenleder konnte sie auch bis zu zwei Jahre in Anspruch nehmen.

Die Lohe für beide Arbeitsschritte wurde nicht einfach durch Einlegen von Rindenstücken in Wasser erzeugt, es wurde vielmehr gemahlene Eichen- oder Tannenrinde verwendet. In vielen Städten gab es dafür spezielle Mühlen (Lohmühlen), die von den Zünften oder – wie in Nürnberg – vom Rat betrieben wurden. Die gemahlene Rinde wurde als „Lohkuchen" an die Gerber geliefert. Die gemahlene Rinde wurde in heißem Wasser aufgelöst und bildete die Lohbrühe für den Gerbprozess. Als Bodensatz setzten sich die ausgelaugten Rindenstückchen am Ende in Gruben und Bottichen ab, wurden diesen entnommen, zu kegelförmigen Kuchen gepresst, getrocknet und als Brennmaterial oder Dünger verkauft (vgl. Abb. 2.2).

9.2 DER WEISSGERBER Barthel Graff († 1684) macht über einem Stolleisen das gegerbte Leder geschmeidig. Außerhalb der Werkstatt hängen im Hintergrund weitere Lederstücke an einem Gestänge zum Trocknen. / Amb. 317b.2°, f. 156v

Der letzte Arbeitsschritt war für die Qualität des Endprodukts ebenso wichtig wie die beiden vorhergehenden: das Trocknen und Aufbereiten. Das nasse Leder wurde auf Gestellen, die sich meist in den Obergeschossen der Gerbereien befanden, zum Trocknen aufgehängt. Danach wurde es gespalten, über ein gerundetes Brett, den Stollbaum, gezogen, eingefettet und in handelsübliche Formate beschnitten. Dann war es fertig zum Verkauf.

WEISSGERBUNG Ganz anders als die Lohgerbung funktioniert die Weißgerbung. Als Erstes wurden die Fellhaare „gerauft" und als Grobwolle verkauft. Die nächsten Schritte – das Reinigen, Wässern und Schaben der Rohhäute verliefen noch gleich wie bei der Lohgerbung. Der zweite Arbeitsgang jedoch war vollständig anders strukturiert. Die gesäuberten und gewässerten Rohhäute wurden in eine Alaunlösung eingelegt und dort mehrere Wochen gebeizt. Anschließend wurden sie gewässert, dann getrocknet, gespannt und über einem Stolleisen (Abb. 9.2) geschmeidig gemacht.

SÄMISCHGERBUNG Basis der Sämischgerbung waren Öle. Die Sämischgerbung wurde vermutlich bereits in der Altsteinzeit angewendet. Im Küstenbereich wurde vor allem Fischöl (Tran), im Binnenland hauptsächlich Leinöl verwendet. Dieses wurde mit der Hand in die aufbereiteten und gereinigten Häute eingerieben

Archäologie einer Gerberwerkstatt

Bei zahlreichen Grabungen in mittelalterlichen Stadtkernen konnten Gerberwerkstätten durch die charakteristische Häufung von Becken, Gruben und Holzbottichresten erkannt werden. In Nürnberg hat man mehrere Lohgerberwerkstätten und ein Weißgerberhaus flächendeckend ausgegraben (Abb. 9.3). Das Sämischgerben war in Nürnberg kein eigenständiges Handwerk, sondern wurde von den Weißgerbern mit ausgeübt. Die Grabungen im Anwesen Hintere Ledergasse 43 zeigen den raschen Wandel der Gerbertechnik bei den Lohgerbern durch die Jahrhunderte, wobei in immer größeren Gruben und Becken immer umfangreichere Mengen an Leder verarbeitet wurden.

Waren die ersten Gruben des 13. Jahrhunderts noch flach und rechteckig und nur mit einem lehmverstrichenen Geflecht ausgekleidet, so dominierten im 15. Jahrhundert in den Boden eingelassene, mit Kalkmörtel hintergossene Bottiche, die ein Fassungsvermögen von 1–1,5 m³ hatten. Nach einem Brand im 17. Jahrhundert wurden sie teilweise durch mehrere bis zu 10 m³ fassende, 2,5 m tief in den Boden eingelassene Holzbottiche ersetzt.

Die Wasserversorgung erfolgte ab dem 15. Jahrhundert durch eine bleierne Druckwasserleitung, da das Gebäude wegen einer früheren Grundstücksteilung nicht mehr an den das Gerberviertel durchfließenden Fischbach angebunden war. Das Wasser wurde in eine 7 m³ Wasser fassende Zisterne geleitet, sodass stets ein ausreichender Vorrat vorhanden war.

Nach dem Brand im Jahr 1645, bei dem 32 Häuser im Gerberviertel zerstört wurden, sind die bis dato zum Gerben genutzten Gruben mit Brandschutt verfüllt und nach einem veränderten Grundrissschema neue Gruben angelegt worden. Die Zisterne wurde weiterverwendet. In den Brandschuttverfüllungen fanden sich zahlreiche, im Haus mit verbrannte Gegenstände, darunter ein Schabeisen, das den Darstellungen in den Zwölfbrüderbüchern gleicht (Abb. 9.4). 1848 wurde das Haus von der Witwe des letzten dort tätigen Gerbers an einen Stärkefabrikanten verkauft.

9.3 ZWEI NEBENEINANDER LIEGENDE Gerberhäuser in der Schlüsselstraße in Nürnberg. Die freigelegten Becken wurden im 16./17. Jahrhundert errichtet und dienten bis in das mittlere 19. Jahrhundert der Lohgerbung. / Foto: Stadtarchäologie Nürnberg

9.4 SCHABEISEN aus dem Brandschutt der Gerberei in der Hinteren Ledergasse 43 in Nürnberg. Die rechte Griffangel ist abgebrochen, die linke jedoch noch gut erhalten. Durch das Ausglühen im Feuer wurde das Eisen weitgehend vor Korrosion geschützt.
Foto: Stadtarchäologie Nürnberg

bzw. -geknetet. Dann wurde das Leder gewalkt, um eine gleichmäßige Verteilung des Öls bzw. Fetts zu gewährleisten. Das Leder wurde schließlich in Warmluft bei ca. 35–40° Celsius getrocknet, erneut mit Öl oder Fett eingerieben und der Vorgang so lange wiederholt, bis ein dünnes, geschmeidiges Leder entstand. Bereits bei der Aufbereitung wurde die Besonderheit des späteren Verfahrens berücksichtigt. Die Rohhäute wurden kräftiger geäschert, um eine bessere Fettaufnahme zu gewährleisten. Ebenso spaltete man die oberste Narbenschicht bereits vor dem Einreiben ab, da diese die Fettaufnahme erschwert hätte. Zum Schluss wurde das Leder gebleicht, um eine helle Färbung zu erzielen.

DIE WERKSTATT

Besonders bei den Werkstätten der Lohgerber bestand ein großer Raumbedarf. Äscherbottiche, Lohgruben und Bottiche oder kleinere Gruben für den Farbengang und die Versatzgerbung erforderten viel Platz. Für den Erwerb oder die Errichtung eines Hauses mit entsprechender Grundfläche benötigte der Gerber also ein hohes Startkapital. Im Erdgeschoss befanden sich vor allem Gruben bzw. in die Erde eingelassene oder auf dem Boden stehende Bottiche, gemauerte Kessel zum Erhitzen von Wasser und gegebenenfalls eine Schwitzkammer. Die Gerber und ihre Familien bewohnten den ersten und manchmal noch den zweiten Stock des Hauses. Die Trocknung erfolgte in den darüberliegenden Geschossen und auf dem Dachboden. Da das nasse Leder rasch stocken oder schimmeln konnte, war eine gute Durchlüftung notwendig. Dementsprechend hatten die Trockengeschosse große Lüftungsöffnungen, die galerieartig die Außenwände durchzogen. Diese Trockengalerien kennzeichnen, auch nach Umbauten, heute noch die mittelalterlichen und frühneuzeitlichen Gerberhäuser.

Wegen des hohen Wasserbedarfs waren die Gerber meist in Stadtvierteln bzw. Straßenzügen in Wassernähe konzentriert. In Nürnberg wurde im 13. Jahrhundert sogar ein Bach umgeleitet, um eine ausreichende Frischwasserversorgung und Abwasserentsorgung zu garantieren. Wegen der zahlreichen Mühlen entlang der Flüsse und Bäche waren die Arbeiten jedoch genau reglementiert. Verstöße dagegen waren

◀ **9.5 DER SCHUHMACHER** Kneußel Schuster († 1426) schneidet Leder für einen Schuh zu. Auf dem Arbeitstisch liegt eine zugeschnittene Sohle, im Schneidebrett steckt das halbmondförmige Messer zum Zuschneiden von Leder. Die Schuhmode des frühen 15. Jahrhunderts bevorzugte Schuhe mit langer Spitze, wie sie als fertiges Paar im Hintergrund auf dem Ablagebrett zu sehen sind. An einem Nagel in diesem Brett hängt ein Rosenkranz als Hinweis auf die 800 Paternoster, die der Schuster täglich gebetet haben soll. / Amb. 317.2°, f. 48v

114 | DIE GERBER

mit hohen Strafen belegt, um eine übermäßige, zum Stillstand der Mühlräder führende Verschmutzung der Gewässer zu vermeiden. In vielen Städten wurden die Gerber wegen der enormen Geruchsbelästigung am Stadtrand angesiedelt. Allerdings gingen auch von vielen anderen Handwerken unangenehme Gerüche aus. Die Anzahl der Gerber war von Stadt zu Stadt unterschiedlich. Nürnberg war im Mittelalter und in der Frühneuzeit eine der bedeutendsten Gerberstädte. Nach den Gerberhäusern zu urteilen, müssen hier mehr als 50 Lohgerber, auch Lederer genannt, ihr Handwerk ausgeübt haben.

DIE WEITERVERARBEITUNG

Das fertige Leder bildete das Ausgangsprodukt für viele andere Handwerker in den Städten. Schuster, Altmacher, Sattler, Beutler, Buchbinder, Messerscheidenroller, Zaumzeugmacher, Riemenschneider und Gürtler zählten dazu.

SCHUHWERK IN MASSEN Einen besonders hohen Bedarf an Leder hatten die Schuster, die sich im Spätmittelalter meist in die Schuhmacher, die neue Schuhe herstellten, und die Altmacher oder Flickschuster, welche Schuhe reparierten, aufteilten (Abb. 9.5). Geht man von einer Bevölkerung Nürnbergs im Spätmittelalter von ca. 25 000 Einwohnern aus, so wird der enorme Schuhbedarf dieser Stadt deutlich. 50 000 Paar pro Jahr dürften wohl nicht zu hoch gegriffen sein, wenn man von einem hohen Grad an Reparatur am Schuhwerk ausgeht. So verwundert es nicht, dass bereits im späten 14. Jahrhundert 81 Schustermeister in Nürnberg verzeichnet waren. Schuhmacher verwendeten zum einen feines, aber strapazierfähiges Oberleder und zum anderen dickwandiges Sohlenleder zur Herstellung der Schuhe. Beides wurde durch Lohgerbung gewonnen.

Anders als die Schuster durften die Altmacher in der Regel keine neuen Schuhe fertigen. Sie benötigten aber dennoch große Ledermengen zum üblichen Flicken der Schuhe. Archäologische Funde zeigen deutlich, dass Schuhe mehrfach und über einen langen

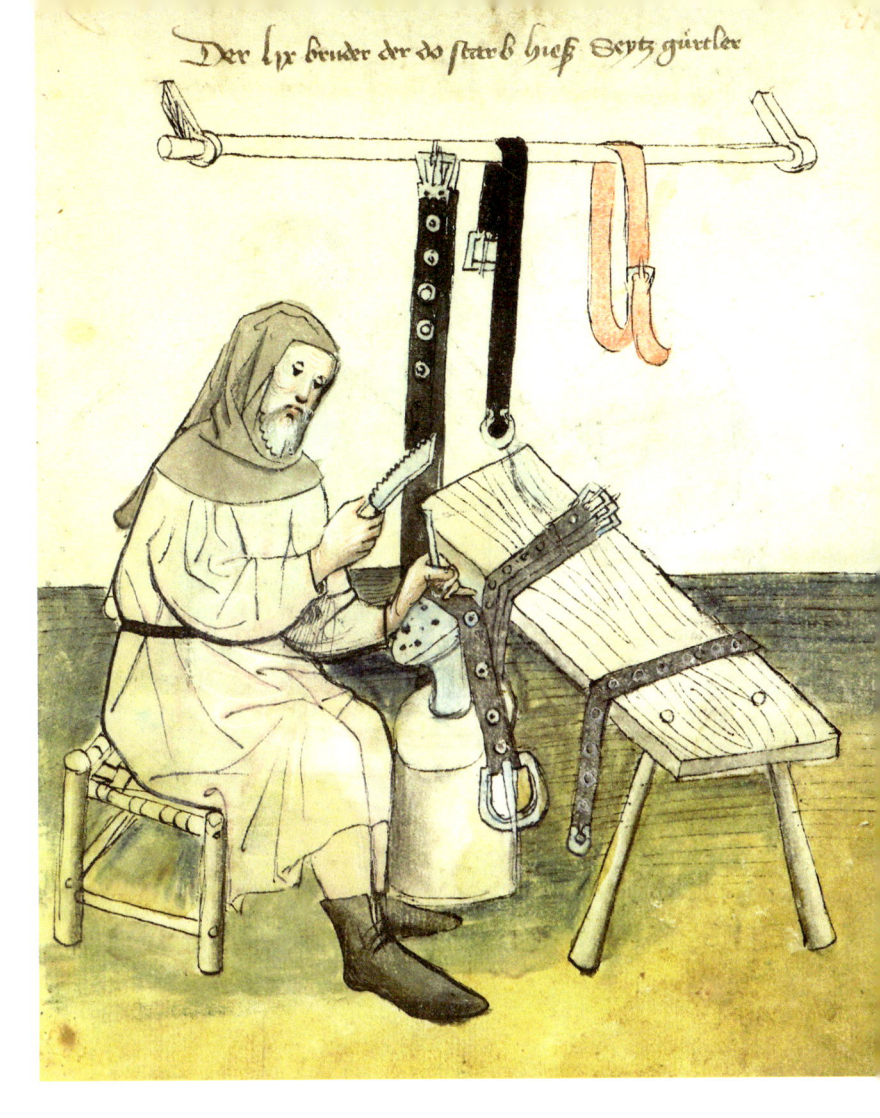

▲ **9.6 DER GÜRTLER** Seytz Gürtler beschlägt im frühen 15. Jahrhundert einen Gürtel mit Metallösen auf einem Amboss. An einer Stange hängen drei fertige Gürtel, welche auch die Verschiedenfarbigkeit der Produkte erkennen lassen. / Amb. 317.2°, f. 27r

Zeitraum geflickt und die Sohlen wiederholt erneuert wurden. Konnte das Material für das Flicken des Oberleders noch durch die Verwertung unbrauchbarer Schuhe gewonnen werden, so musste das Sohlenleder bei großflächigem Verschleiß durch neues Leder ersetzt werden.

HALT UND BEFESTIGUNG Für den persönlichen Bedarf der Stadtbürger arbeiteten auch die in Nürnberg zu den Metallgewerben zählenden Gürtler (Abb. 9.6). Sie schnitten das vom Lohgerber bezogene Leder in entsprechende Streifen, färbten diese ein und versahen sie mit Ösenlöchern, Metallösen und Gürtelschnallen. Sie sind damit ein typisches Beispiel für die

▸ **9.7 DER RIEMENSCHNEIDER** Heinz Ryemer († 1433) schneidet Leder zu feinen Streifen, um sie zu Riemen weiterzuverarbeiten. Wie die Schuster verwendet er ein großes, halbmondförmiges Messer und ein hölzernes Schneidbrett. Offensichtlich erfolgte das Schneiden der Riemen in zwei Arbeitsgängen: Zunächst werden Riemenbündel geschnitten, die im zweiten Schritt vom zusammenhängenden Anfangsstück abgetrennt werden. / Amb. 317.2°, f. 54r

▸ **9.8 DER BEUTLER** Hans Feierlein († 1508) arbeitet an einem für das 15. und frühe 16. Jahrhundert typischen Beutel. An dem großen Beutel sind mehrere kleine Beutel angenäht, um ein geordnetes Aufbewahren der täglichen Utensilien zu ermöglichen. Einige fertige Exemplare hängen an einer Stange im Hintergrund Amb. 317.2°, f. 126r

im Spätmittelalter bereits verbreitete hohe Handwerksspezialisierung, bei der Endproduzenten Fertigprodukte anderer Handwerker verarbeiteten. Eine solche zum Teil protoindustrielle Arbeitsteilung war nur in den Städten möglich. Dies führte, vor allem in Nürnberg, bereits im 15. Jahrhundert zu einer enormen Überproduktion und bereicherte den Fernhandel. Zu den Handelswaren, die bis Norddeutschland und Oberitalien vertrieben wurden, zählten neben zahlreichen Metallwaren auch Lederprodukte, so Gürtel, Taschen und Beutel.

Ähnlich wie die Gürtler erzeugten die Riemenschneider (Abb. 9.7) streifenförmige Lederprodukte. Sie waren schmäler und kleiner und dienten für zahlreiche Gegenstände als Befestigung. Meist wurden sie mit einer kleinen Schnalle am Ende versehen, sodass Schuhe einen festen Sitz, Taschenklappen einen guten Verschluss und vor allem auch am Gürtel befestigte Gegenstände eine sichere Befestigung fanden. Lange und breite Riemen verarbeiteten dagegen die Zaumzeugmacher, welche die Lederriemen mit Ringen, Ösen, Trensenstangen und Metallbeschlägen versahen und ein eigenständiges Gewerbe bildeten.

AUFBEWAHRUNG Lederbeutel und -taschen waren bereits im Spätmittelalter ein wichtiges Accessoire für nahezu alle Bevölkerungsschichten. In ihnen wurde alles aufbewahrt, was man beim Verlassen des Hauses mit sich führte, u. a. auch das Geld. Zahlreiche Seitentaschen (Abb. 9.8) am Beutel zeigen, dass daneben aber auch noch viel mehr durch die Stadt getragen wurde. Neben modischen Produkten aus weißgegerbtem Leder wurden auch funktionale Taschen aus robustem, lohgegerbtem Leder gefertigt. Im 16. Jahrhundert kamen für die Beutel und Taschen große Bügel aus Messing und Bronze in Mode, die von den Taschenbügelmachern gefertigt und von den Beutlern weiterverarbeitet wurden, ein weiteres Beispiel für die arbeitsteilige Produktion.

TRANSPORT UND REISE Größere Ledermengen benötigten vor allem die Sattler, die nicht nur Pferdesättel, sondern auch die zum Anschirren der Pferde an einen Wagen notwendigen Kummets fertigten (Abb. 9.9).

▼ **9.9 DER SATTLER** Michel Halpmair († 1505) ist mit fertigen Kummets und Sätteln dargestellt. Auch hier weist die Farbigkeit auf unterschiedlich gefärbtes Leder hin. / Amb. 317.2°, f. 124v

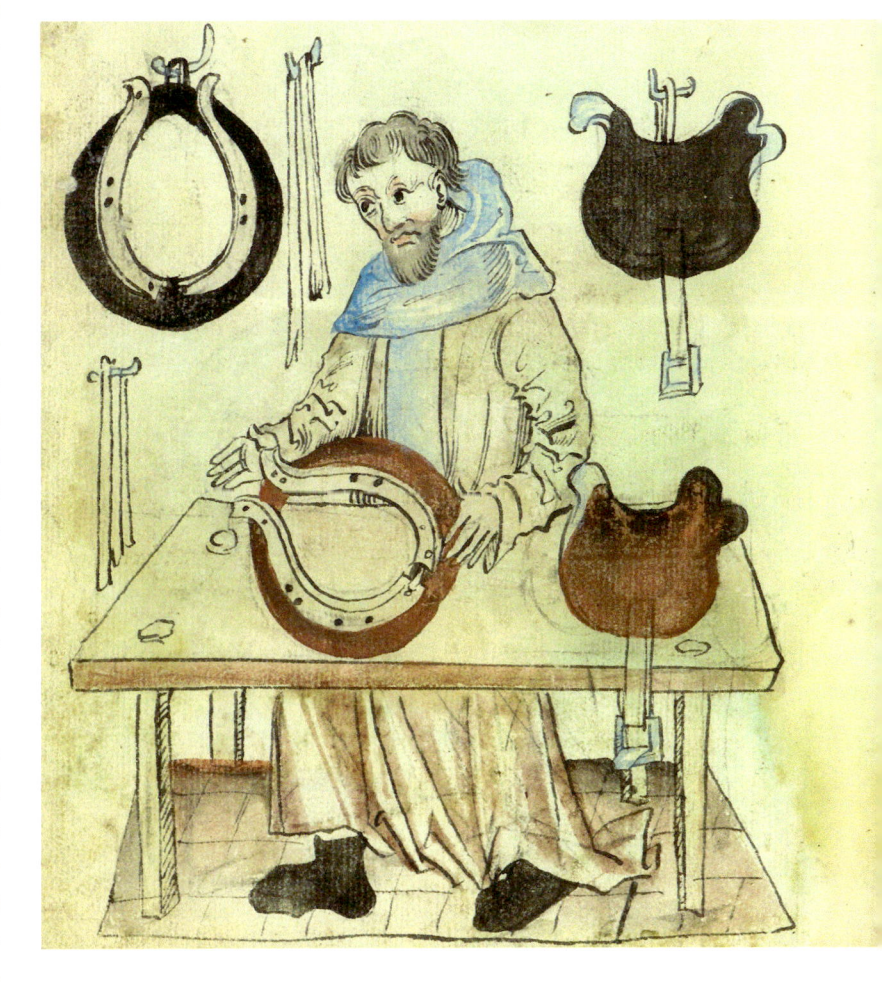

Über eine Rohform aus Holz und die Polsterung wurde Leder als oberste, nahezu verschleißfreie Schicht gezogen.

SCHUTZ FÜR EIN UNIVERSALSCHNEIDEGERÄT Als besonderer Handwerkszweig sei noch der Messerscheidenroller (Abb. 9.10) erwähnt. Die Messerscheiden waren aus einem tütenförmig geschnittenen Leder gefertigt und seitlich vernäht. Bereits im 15. Jahrhundert waren blind geprägte Verzierungen auf der Scheide üblich, die mit einem Metallrollrädchen in das feuchte Leder eingedrückt wurden. Ob die Messerscheidenroller die Scheiden auch selbst herstell-

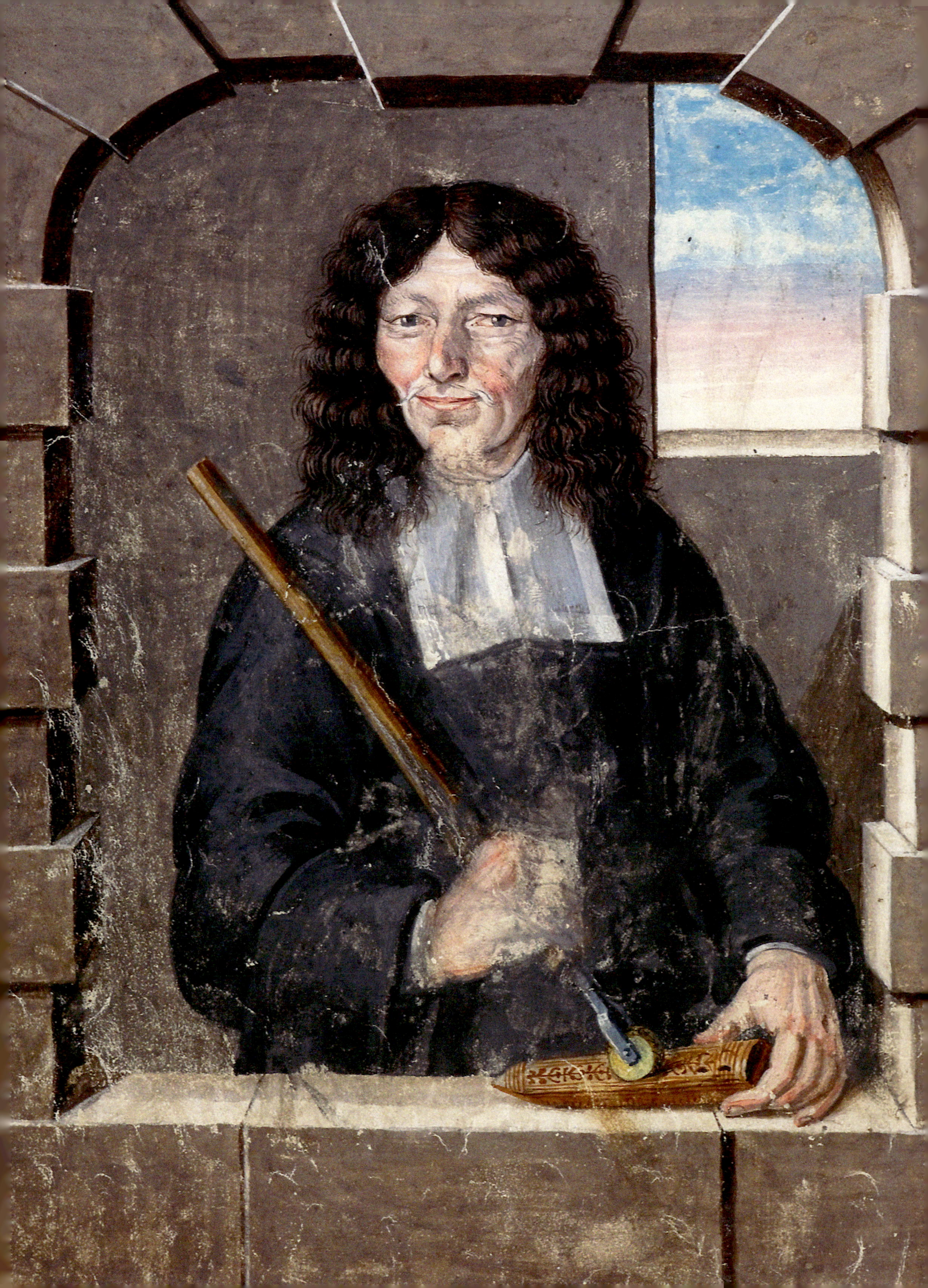

ten, ist unklar. Die Scheidenmacher gehörten in Nürnberg zum metallverarbeitenden Gewerbe, ob sie auch mit Leder arbeiteten und die Messerscheidenroller belieferten, geht aus den Quellen nicht hervor.

DAS ENDE EINES HANDWERKS

Das Ende der Gerber als lederproduzierende Handwerker kam im Verlauf des mittleren 19. Jahrhunderts. Seit Beginn des 19. Jahrhunderts hatten sich anstelle der zeit- und kostenaufwendigen Lohgerbung chemische Verfahren, in der zweiten Hälfte des 19. Jahrhunderts vor allem die Chromgerbung, durchgesetzt. Anstelle mehrerer Monate dauerte der gesamte Gerbprozess nur noch vier bis acht Wochen, die Industrialisierung hatte außerdem zu einer Veränderung in der Arbeit gesorgt. Statt kleiner Handwerksbetriebe mit wenigen Gesellen produzierten nun große Fabriken mit angelernten Arbeitern, die aus der umliegenden Landbevölkerung in die Städte zuwanderten, das Leder erheblich billiger. Die in langwieriger Handarbeit traditionell arbeitenden Lohgerber konnten dabei nicht mehr mithalten. Trotz erheblich gestiegener Nachfrage durch die in den Städten entstehende Kleinbürgerschicht und den enormen Lederverbrauch in den Industrieanlagen, etwa für Treibriemen, verschwanden die Gerbereien innerhalb weniger Jahrzehnte aus dem Stadtbild. Die Gruben und Becken wurden verfüllt, die großflächigen Erdgeschosse für neue, der wachsenden Arbeiterbevölkerung angepassten Gewerbezweige umgenutzt, die Trockenböden durch Einziehen von Zwischenwänden und Einsetzen von Fenstern zu Wohnungen umgebaut. Das handwerkliche Gerben in Mitteleuropa war erloschen.

◀ **9.10 DER MESSERSCHEIDENROLLER** Michel Bernhard († 1713) ließ sich im Jahr 1695 mit einem Rollenste-pel darstellen, der für Lederprägungen auch von Buchbindern eingesetzt wurde: An einem langen Holzstiel, der zur Verstärkung des Drucks unter die Achsel geklemmt werden konnte, ist ein Metallrädchen mit erhaben ausgebildetem Dekor befestigt, dessen Abdruck auf der Messerscheide deutlich erkennbar ist. / Amb. 279.2°, f. 165v

KÜRSCHNER UND PERGAMENTER

Von den Gerbern abzugrenzen sind zwei weitere eng verwandte Handwerke: die Kürschner (auch Buntwerker oder Pelzer genannt) und die Pergamenter. Wie die Gerber lassen sich Kürschner ebenfalls bis in die Antike zurückverfolgen, im Gegensatz zu den Gerbern jedoch hauptsächlich in schriftlichen, kaum in archäologischen Quellen.

Die im Mittelalter in vielen Städten durch Zunftaufzeichnungen belegten Kürschner sind in der Regel bereits im 13. Jahrhundert nachweisbar, so in Basel, Berlin, Braunschweig, Lüneburg und Wien. Verarbeitet wurden u. a. Marder, Iltis, Wiesel, Fuchs, Otter, Wolf, Luchs, Bär und Schaf, aber auch Katze und besonders häufig Eichhörnchen. Durch eine Anhäufung von Eichhörnchenfußknochen gelang in York der archäologische Nachweis einer mittelalterlichen Kürschnerei, in Viburg (Dänemark) wiesen Katzen- und Iltisknochen auf einen entsprechenden Betrieb hin. Ansonsten lassen sich die Werkstätten bei Ausgrabungen nicht von denen der Gerber unterscheiden, da die Arbeitsmethoden der beiden Handwerke gleichartig waren und mittelalterliche Kürschner nicht nur fertige Felle zuschnitten und vernähten, sondern die Rohfelle häufig selbst gerbten. Die gewonnenen Felle wurden nicht nur zu Kleidungsstücken, darunter auch Mützen, verarbeitet, sondern zum Teil als Besatz, zum Teil als Futter für Mäntel und Jacken verwendet.

Die Pergamenter verarbeiteten ebenfalls Tierhäute, um aus ihnen das wichtige Beschreibmaterial herzustellen (vgl. Kap. 11). Hierzu wurden die Häute in Kalklauge gelegt, anschließend geschabt, gespannt und getrocknet. Um eine glatte, beschreibbare Oberfläche zu erhalten, mussten sie abschließend mit einem scharfen Messer geglättet und mit Bimsstein wieder leicht angeraut und mit Kreide geweißt werden. In Städten mit Zunftverfassungen waren die Pergamenthersteller häufig mit den Gerbern zu einer Zunft zusammengefasst.

John P. Zeitler

49

Anno ich xxxv An sant Margrethen tag starb
hans paternoster der ℒ xxi bruder

Die Beinschnitzer

BEIN, HORN UND ELFENBEIN

Knochen, Horn und Elfenbein zählen zu den ältesten Werkstoffen der Menschheit. Schon die Vorgänger des modernen Menschen, der *Homo erectus* und der Neandertaler, bearbeiteten diese Materialien, um aus ihnen Werkzeuge für den Alltagsgebrauch zu fertigen. Zahlreiche Vorzüge machen sie zu einem idealen Ausgangsmaterial: Sie sind einerseits sehr bruchfest, andererseits recht elastisch; sie können durch Sägen, Schnitzen, Bohren, Fräsen, Drechseln, Schleifen, Hobeln in der Form verändert werden und durch Polieren und Einfärben eine optisch ansprechende Oberfläche erhalten. Anstelle von Bein und Horn werden heute meist Kunststoffe verwendet. Im Mittelalter hatte die handwerkliche Bearbeitung von Knochen – oder Bein, wie der Werkstoff besser bezeichnet wird – einen hohen Spezialisierungsgrad erreicht. Knochen fielen als „Abfallprodukt" bei der Nahrungsgewinnung an, und die zunehmende Bevölkerung in den rasch wachsenden Städten mit ihrem Ernährungsbedarf ließ Knochen als Abfallprodukt nahezu unbegrenzt zur Verfügung stehen.

KNOCHENARBEIT

Mittelalterliche Schriftquellen zur Knochenbearbeitung sind rar. Deshalb sind es neben bildlichen Darstellungen vor allem archäologische Quellen, auf die zurückgegriffen werden muss. Allerdings schränkt die Tatsache, dass wir aus archäologischen Grabungen nur selten die Produkte, sondern weit häufiger den Werkstattabfall aus der mittelalterlichen Produktion vor uns haben, die Erkenntnisse deutlich ein. Aus der archäologischen Analyse des Abfalls gewinnen wir dennoch nicht nur ein Bild von den Fertigprodukten, sondern können aus den Bearbeitungsspuren auch den gesamten Fertigungsgang erschließen und aus der Lage und Verteilung von Fundstellen Rückschlüsse auf wirtschaftliche oder soziale Entwicklungen ziehen.

Zwar standen Knochen als Abfallprodukte der Schlachtung, Fleischverarbeitung und der Nahrungsproduktion nahezu unbegrenzt zur Verfügung, nicht jeder Knochen eignete sich jedoch als Ausgangsmaterial für die Herstellung von Gegenständen. Aus dem archäologischen Fundmaterial lässt sich erkennen, dass vor allem die Metapodien, d. h. Mittelfuß- und Mittelhandknochen, verarbeitet wurden. Sie sind klassischer Schlachtabfall, da ihnen kein verwertbares Muskelfleisch anhaftet.

Besonders beliebt waren Metapodien von Rindern und Pferden: Sie sind groß und liefern genügend kompaktes Material zur Weiterbearbeitung. Daneben wurden auch Knochen von Schaf, Ziege, Schwein und Hirsch sowie im Küstenbereich von Meerestieren wie Wal oder Walross verwendet.

Jeder Knochen ist aus drei Schichten aufgebaut. Außen umhüllt die Knochenhaut die darunterliegende feste Knochenstruktur, die Kompakta. Im Inneren liegt eine feingliedrige wabenartige Struktur, die Spongiosa, die das Knochenmark enthält. Verwendet wurde nur die Kompakta, der vom Metzger oder Gerber bezogene Knochen musste also aufbereitet werden. Dabei wurde er zunächst gekocht, um die Fleisch- und Fettreste abzulösen, und danach vorsichtig abgeschabt. Nach dem Absägen der Gelenkenden wurde der Knochen mit einem Beitel in zwei Hälften gespalten und der Markkanal von der Spongiosa durch Ausschaben gereinigt. Dann wurde die gewonnene Knochenröhre in dünne oder dicke Plättchen gesägt – abhängig vom späteren Fertigprodukt. Diese Werkstücke bildeten die Ausgangsbasis für die weitere Bearbeitung (Abb. 10.1).

WERKSTÄTTEN IN BURGEN, DÖRFERN, STÄDTEN

Bis zu diesem Schritt verfuhren alle Handwerker gleich. Aus Grabungsmaterial lässt sich erschließen, dass jeder Handwerker sein Rohmaterial selbst bearbeitete, dieses also nicht von spezialisierten Handwerkern hergestellt wurde, wie dies bei anderen Materialgruppen (z. B. Leder, Metall, Gewebe) der Fall war. Erst nach dem Aufbereiten des Knochens erfolgte die differenzierte Bearbeitung. Diese Spezialisierung setzte im beginnenden Spätmittelalter ein und lässt sich bis in das späte 12. und frühe 13. Jahrhundert nicht nachweisen. So stammen aus der in das Frühmittelalter datierenden Siedlung Niens an der Nordseeküste Halbfertigprodukte und Abfall von Kämmen, Nadeln und Anhängern aus Bein und Geweih. Verschiedene Abfallprodukte fanden sich auch in den hochmittelalterlichen Siedlungen Bernshausen in Niedersachsen und Gommerstedt in Thüringen. Knochenplatten, Reste der Würfelherstellung und Walrosselfenbeinreste von der Burg Kanstein bei Goslar datieren in die Zeit um 1000. Geweihplatten, halbfertige Griffe, Knochen mit Sägespuren aus dem 11. und 12. Jahrhundert wurden auf der Burg Wittelsbach in Südbayern gefunden. Auffällig ist die bevorzugte

▶ **10.1 ABGESÄGTE GELENKENDEN,** aufgespaltene Knochen und anderer Herstellungsabfall aus einer Paternostererwerkstatt in Nürnberg. Die abgesägten Stücke stammen von den Mittelfuß- und Mittelhandknochen von Rindern. Die Arbeit selbst war unangenehm, da die Sägeblätter beim Arbeiten heiß wurden und dadurch der Knochen unangenehm roch.
Foto: Melanie Langbein

Fundlage in Burgen, die eher für eine Eigenproduktion sprechen und nicht auf eine auf Fernhandel gerichtete Herstellung schließen lassen. Hierzu passen auch Funde aus den Königspfalzen, wie etwa Tilleda mit Bein- und Flusspferdelfenbeinverarbeitungsresten aus dem 10. bis 12. Jahrhundert. Noch undifferenziert ist ein Werkstattfund aus der Zeit um 1300 aus Göttingen mit mehr als 50 000 Knochenresten, darunter Schachfiguren, Messer- und Löffelgriffe sowie Kästchenbeschläge aus Knochen, Geweih und Horn. Mit der Häufung entsprechender Funde aus den mittelalterlichen Stadtkernen (so z. B. Nürnberg, Basel, Bayreuth, Lübeck, Göttingen) im 14. und 15. Jahrhundert endet weitgehend auch die Produktion in den Burganlagen.

Wohl im Verlauf des späten 13. Jahrhunderts erfolgte in den Städten eine Spezialisierung in der Bein- und Hornverarbeitung. Kammmacher und Paternosterer verwendeten zu dieser Zeit aber nicht nur Bein und Horn, sondern auch Holz. Daneben stellten Messerer, Knöpf- und Hutschnürmacher, Hornrichter, Beindrechsler, Wildrufmacher und Horndreher aus dem Material Kämme, Perlen, Beschlagplättchen, Würfel, Spielsteine, Flöten, Griffplatten und vieles mehr her.

ROSENKRÄNZE

Paternosterer stellten Perlen für Rosenkränze und deren Vorform, die Paternosterschnüre, her. Ihre Tätigkeit ist durch Grabungsfunde u. a. in Nürnberg, Konstanz, Basel, Lübeck, Magdeburg, Erfurt, Göttingen, Osnabrück und Höxter gut belegt. Oftmals, wie in Essen, Schaffhausen oder Deggendorf, ist eine Nähe des Fundplatzes zu mittelalterlichen Kloster- oder Friedhofsanlagen gegeben. Durch Zunftbücher und Namenserwähnungen sind Paternosterer z. B. in Basel (1320), Lübeck (1317), Paris (1260), Brügge (1302) und London (1199) bekannt. Ihre Arbeit war die Massenproduktion von Perlen, die sie anschließend auf Schnüren oder Kettchen aufreihten. Die Perlen wurden vor allem aus Bein und Holz, aber auch aus Glas, Bernstein oder edleren Materialien herge-

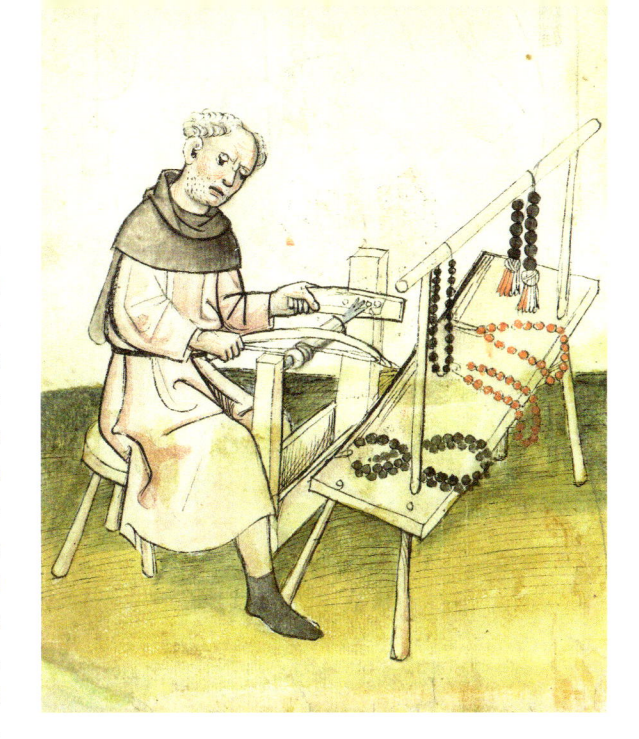

10.2 EIN PATERNOSTERER bei der Arbeit: Hans Paternostrer († 1435) sitzt an einer Werkbank, deren bewegliche Docke er mit dem rechten Knie andrückt. Der waagrecht angeordnete Bohrer wird mittels eines Fiedelbogens in Bewegung gesetzt, um Perlen aus dem mit der linken Hand gehaltenen und gegen die fest montierte Docke gedrückten Knochenplättchen auszufräsen. Die Mitte des gehärteten Bohrers bohrte dabei ein Loch, die seitlichen Schneiden frästen eine Halbkugel. War diese entstanden, musst das Plättchen gewendet und der Arbeitsgang wiederholt werden. Auf einem Gestänge über einem vor der Bohrmaschine aufgestellten Werktisch hängen drei Paternosterschnüre, vier weitere liegen – offenbar unfertig – auf dem Tisch. / Amb. 317.2°, f. 58v

stellt. Der Rosenkranz hatte sich am Ende der Kreuzzüge aus den bei orientalischen Mönchen verbreiteten Gebetsschnüren entwickelt und fand in den folgenden Jahrhunderten rasch zu großer Beliebtheit.

MECHANISCHES FRÄSEN Die Paternosterer des 15. Jahrhunderts bedienten sich einer mit dem Fiedelbogen oder mit dem Fuß betriebenen, zweiarmigen Zentrierfräse mit einem waagrechten Bohrgestänge, um Perlen aus einer Platte zu fräsen (Abb. 10.2). Zahllose Beinplatten aus dem Produktionsabfall eines Paternosterers, der in Nürnberg nahe dem Unschlittplatz seine Werkstatt hatte, zeigen ge-

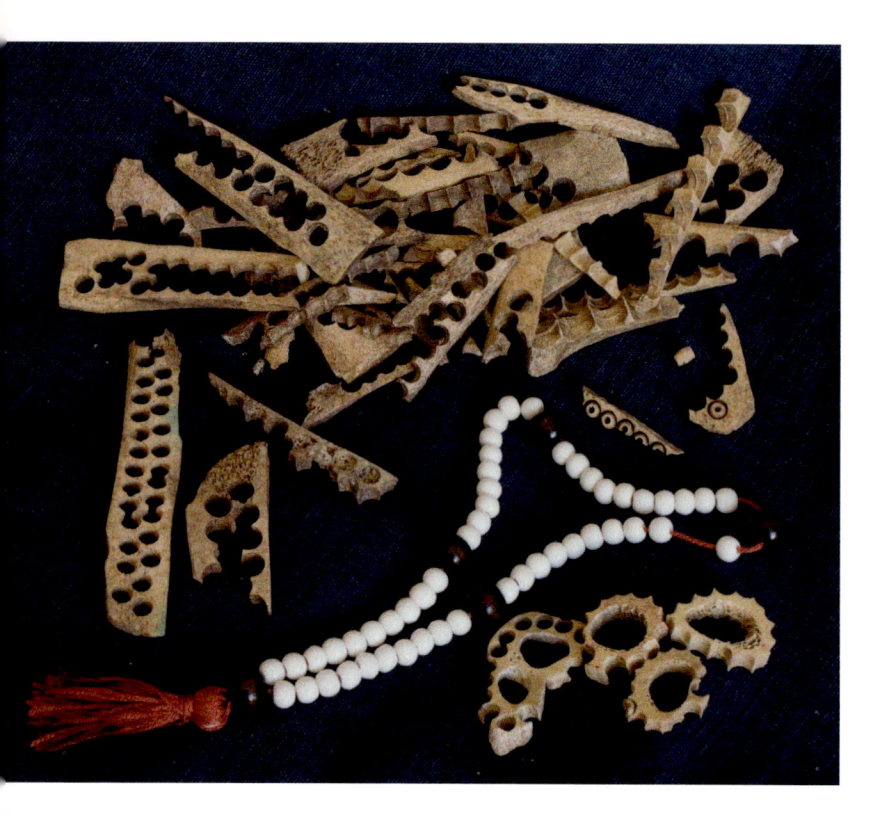

10.3 WERKSTATTABFALL eines Nürnberger Paternosterers aus dem späten 15. Jahrhundert. Die einzelnen Platten zeigen deutlich die Bearbeitungsschritte des Handwerkers: Die Löcher der ausgebohrten Perlen sitzen dicht an dicht, einige halb ausgebohrte Perlen wurden nicht fertiggestellt. Der rekonstruierte Rosenkranz zeigt die Verwendung der Knochenperlen. Foto: Melanie Langbein

nauer seine Arbeitsweise: Aus der Platte wurde zunächst die eine Hälfte, dann die andere mit einem speziell auf die Form der Perlen zugeschliffenen Zentrierbohrer aus der Knochenplatte gefräst. In den Platten steckende halbe Perlen lassen erkennen, dass die Rundform der Perlen nicht erst nach, sondern bereits beim Ausbohren durch einen speziellen Bohrer – eigentlich einen Formfräser mit Zentrierung – entstand (Abb. 10.3). Pro Platte, die eine durchschnittliche Größe von ca. 15 x 2 cm hatte, wurden etwa 30–40 Perlen gewonnen. Verkantete sich der Bohrer und wurde die Perle davon ungleichmäßig, gab der Hersteller das Bohren auf und begann ein neues Stück. Die dichte Setzung der Ausfräsungen – oft blieben nur dünne Stege übrig – spricht für eine gute Ausnutzung des Rohmaterials, ebenso die Verwendung halbierter kleinerer Röhrenknochen und aus den Gelenkansätzen gewonnener Knochenscheiben. Nach dem Ausfräsen mussten die Perlen noch poliert werden, dann wurden sie auf eine Schnur aufgereiht.

PERLEN MASSENHAFT Die produzierten Mengen sind nur schwer zu schätzen. Die Anzahl der Abfallplatten aus Grabungen ist jedoch oftmals erstaunlich hoch. Beim Bau des 1491 fertiggestellten Unschlitthauses in Nürnberg verklappte ein Paternosterer seinen aktuellen Produktionsabfall: Mehr als 1500 Knochenplättchen mit Bohrungen fanden sich auf einer Fläche von nur 5 m². Aus diesen stammten ca. 52 500 Perlen. Heute hat ein Rosenkranz 59 Perlen, aus den ausgebohrten Stücken hätten also knapp 900 Rosenkränze hergestellt werden können. Natürlich ist nicht bekannt, in welcher Zeit sich dieser Abfall in der Werkstatt ansammelte, der archäologische Befund spricht jedoch dafür, dass die Menge in einem Gang in die seinerzeit offene Baugrube gekippt wurde. Bezeichnend ist auch der Nachlass eines Basler Paternosterers aus dem Jahr 1411: Er hinterließ 3000 Rosenkränze aus seiner Fertigung.

ROSENKRÄNZE ALS EXPORTPRODUKT Interessanterweise endete die Produktion nicht überall mit der Einführung der Reformation. In Nürnberg, das sich bereits 1525 für den protestantischen Glauben entschied, wurde noch 1563 ein explizit so bezeichneter Paternosterer nach seinem Tod im Alter von 80 Jahren im Hausbuch der Mendelschen Zwölfbrüderstiftung abgebildet. Bei Handel und Geld endete offensichtlich das Glaubensbekenntnis, denn der Rosenkranz erfreute sich in den katholischen Gegenden weiterhin großer Beliebtheit. Auffällig ist die Konzentration von Paternostererabfällen im archäologischen Fundgut aus städtischem Milieu. Jedoch liegen auch in eher ländlichen Siedlungen Abfallprodukte von der Knochenperlenherstellung aus dem 14. und 15. Jahrhundert vor.

Figürliche Bein- und Elfenbeinschnitzerei

Bereits in der Altsteinzeit wurden zahlreiche kleine Tier- und Menschenfigürchen gefertigt, die neben der Bewältigung der reinen Überlebensfunktionen auch einen kunsthandwerklichen Sinn des frühen Menschen belegen. Sie sind in der Regel aus Elfenbein gefertigt, das aus den Stoßzähnen des Mammuts gewonnen wurde, und durch Schnitzen, Glätten und Polieren zu ästhetisch hochwertigen Kleinkunstobjekten gestaltet. Auch nach der Erfindung der Keramik, die durch ihre leichte Formbarkeit eine raschere und vielseitigere Gestaltung erlaubte, wurden weiterhin Figuren aus Bein und Elfenbein geschnitzt.

10.4 DEUTLICH ANDERS UND JÜNGER als die einer Kölner Werkstatt zugeschriebenen Stücke ist eine 8,4 cm hohe Apostelfigur aus einer Auffüllung in der Nürnberger Irrerstraße 1. Die Handhaltung und das Buch machen sie zwar mit den Kölner Figuren vergleichbar, Mantelfältelung, Gesicht und Frisur sind jedoch anders. Vergleichbare Stücke aus Grabungen in Österreich und Mecklenburg-Vorpommern sowie Messergriffe aus Nordeuropa zeigen eine weite räumliche Verbreitung. / Foto: Melanie Langbein

In der Spätantike erlebte die figürliche Elfenbeinschnitzerei im Osten eine Blüte, die im Byzantinischen Reich mehrere Jahrhunderte fortdauerte. In Mitteleuropa schufen die Karolinger im ausgehenden 8. Jahrhundert die Grundlage für eine eigene Entwicklung. Zusammen mit der Buchmalerei entstand bis zum 10. Jahrhundert ein weitreichender, stark erzählerischer Darstellungskanon, der nur durch Spezialisierung und Konzentration der Kunsthandwerker an bestimmten Produktionsstätten erklärbar ist. Dort muss auch ein Motivaustausch zwischen Buchmalern und Beinschnitzern stattgefunden haben. Waren die Auftraggeber in der Frühzeit eher im höfischen Adel zu suchen, so kamen im späten 10. Jahrhundert immer mehr hochrangige Kleriker dazu, die zum Teil auch eigene, in Klöster integrierte Werkstätten schufen.

Mit der zunehmenden Materialverknappung von Elfenbein nahm die Schnitzerei von Beinplatten ab dem 11. Jahrhundert zu. Gleichzeitig führte die zunehmende Verehrung von Reliquien und die damit verbundene repräsentative Zurschaustellung zu einer gesteigerten Nachfrage nach sakral inspirierten Beinschnitzarbeiten. Von der kunsthistorischen Forschung wird für das 12. Jahrhundert in Köln eine entsprechende Werkstatt lokalisiert, die vor allem Reliquiare fertigte. Jünger ist eine Apostelfigur aus Nürnberg (Abb. 10.4). Der zunehmende Fernhandel führte im 13. Jahrhundert zu einer Wiederbelebung der Elfenbeinschnitzerei, diesmal hauptsächlich von niederrheinischen und französischen, speziell Pariser Werkstätten aus, die lange den Markt beherrschten. Erst im späten 14. Jahrhundert gewannen oberitalienische und niederländische Werkstätten deutlichen Einfluss. Nun wurden auch verstärkt Alltagsgegenstände, etwa Messergriffe, mit aufwendigen Bein- oder Elfenbeinschnitzereien verziert.

10.5 DER HORNRICHTER Hans Pridle († 1587) biegt an seinem Arbeitstisch ein vorher erhitztes Hornstück mit zwei Zangen gerade. Ein Rohstück liegt ebenso auf dem Tisch vor ihm wie zwei fertige Kämme und zwei abgesägte Hornenden auf der Lade. In einem Korb befinden sich weitere Fertigprodukte.
Amb. 279.2°, f. 51v

DIE KAMMMACHER

Schwieriger ist das Kammmacherhandwerk zu fassen. Hier kennen wir weniger Werkstattabfälle. Aus der Frohburg im Kanton Solothurn in der Schweiz stammt das Halbfabrikat eines Kamms zusammen mit anderen Werkstücken aus Knochen, die auf eine geringe Spezialisierung des oder der Handwerker im 12./13. Jahrhundert schließen lassen. Bereits im 8. Jahrhundert scheint jedoch in Münster ein spezialisierter Kammmacher am Werk gewesen zu sein, denn entsprechende Halbfabrikate und Abfallstücke – jeweils aus Pferdeknochen – fanden sich dort in einer Auffüllung. Vor allem Kammmacher lassen sich auch in Haithabu im 9. und 10. Jahrhundert vermuten. Jünger sind Funde vom Lübecker Marktplatz, wo sich neben Kammhalbfabrikaten auch Knochenwürfel und ausgebohrte Knochenplatten von der Perlenfabrikation fanden. In das 13. oder 14. Jahrhundert zu datieren sind Halbfabrikate vom Alten Fischmarkt in Hamburg, vom Domplatz in Erfurt sowie von den Marktplätzen in Osnabrück und Höxter.

AUS HORN ODER KNOCHEN Die Kammherstellung hatte somit eine lange handwerkliche Tradition. Wie auch in anderen Bereichen stellte sich offensichtlich eine Spezialisierung der Arbeiten im Verlauf des 13. und 14. Jahrhunderts ein. Bildliche Darstellungen belegen die Herstellung zweiseitiger, im Hochmittelalter sehr beliebter Kämme mit unterschiedlicher Zähnung (Abb. 10.5): Die eine Seite ist gröber gezähnt als die andere. Eingearbeitet wurden die Zähne mit Bügelsägen (Abb. 10.6), die wahrscheinlich auch zum Abtrennen der Gelenkenden von den Knochen bzw. der Hornspitzen von den Hörnern verwendet worden sind. Für die Zähnung waren dünne, speziell für die Kammherstellung gefertigte Sägeblätter mit unterschiedlichen Stärken vorhanden. Sie lagen in Schleswig, wo der Produktionsabfall eines Kammmachers gut untersucht wurde, bei 0,1, 0,25, 0,45 und 0,7 mm. Oft wurden auch Doppelsägen mit zwei parallelen Sägeblättern eingesetzt. Viele Kämme wurden noch durch Kreisaugenbohrungen oder rautenförmige Sägemuster an der Oberfläche verziert und poliert und waren so nicht nur Gebrauchsgegenstand und persönlicher Toilettenartikel, sondern auch ein dekorativer Trachtschmuck (Abb. 10.7).

10.6 KUNZ DUMPACH († 1562), ein Kammmacher, stellt mit einer Bügelsäge die Zinken eines Kammes her. Der Kamm ist in einen Schraubstock eingespannt, die fertigen Kämme liegen, wie üblich, in Körben. Schraubstöcke sind seit dem frühen 16. Jahrhundert (erstmals 1528) in den Darstellungen der Zwölfbrüderbücher enthalten, vermutlich wurden sie in Nürnberg erfunden. / Amb. 317.2°, f. 15v

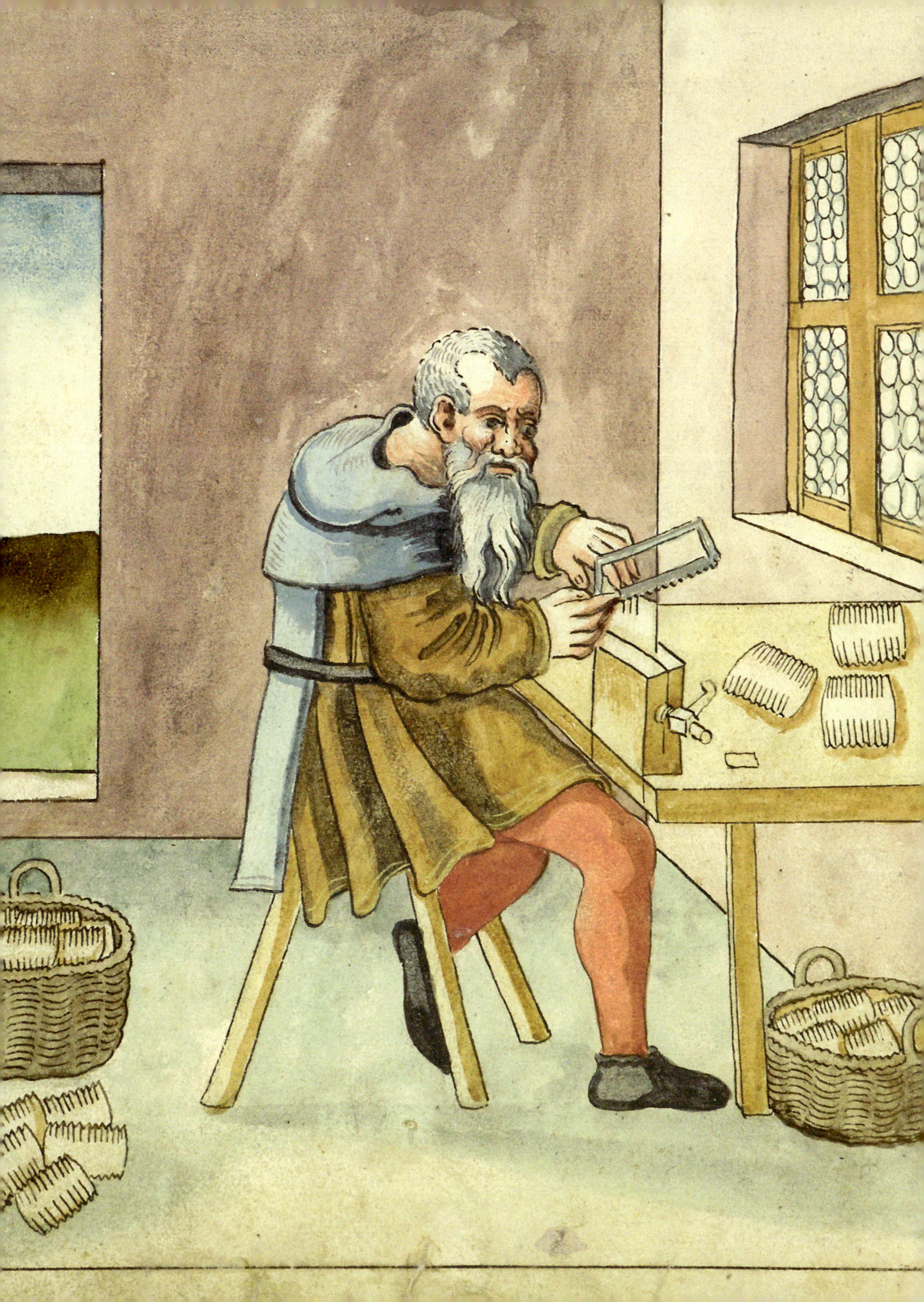

▼ **10.7 LANGZINKENKÄMME UND BREITKÄMME** aus den Grabungen Irrerstraße 1 und Pillenreuth in Nürnberg. Langzinkenkämme dienten vermutlich zum Aufstecken und zum Auskämmen der Haare. Die kleinen Breitkämme zeigen verschiedene Zähnungen. Das Bruchstück eines feinen Kammes hat eine Zähnungsbreite von nur 0,1 mm. / Foto: Melanie Langbein

WÜRFEL UND SPIELSTEINE

Durch Bild- und Schriftquellen sowie zahlreiche archäologische Funde sind die Würfler gut dokumentiert. In Basel sind sie bereits im 14. Jahrhundert als eigene Zunft nachgewiesen. Die Würfelherstellung kann anhand der archäologischen Funde gut nachvollzogen werden: Zunächst wurden die Rinder- und Pferdemetapodien in sechs Scheiben geschnitten, dann in Stäbe mit quadratischem Querschnitt gesägt.

10.8 EIN BEINERNER SPIELSTEIN aus der Grabung in der Weißgerbergasse in Nürnberg. Die Linien und Augen des Steins sind mit Zinnober rot eingefärbt.
Foto: John P. Zeitler

Diese wurden gefeilt und geglättet, die Würfel schließlich abgesägt und wieder gefeilt und geglättet. Gelegentlich wurden die Würfel gefärbt, ganz am Schluss wurden die Augen eingebohrt. In der Regel erfolgte dies im heute noch gängigen Schema, sodass sich sieben Augen auf den jeweils gegenüberliegenden Würfelseiten ergaben. Würfel waren für viele Brettspiele notwendig. Alfons der Weise beschreibt bereits 1283 mehr als ein Dutzend Würfelspiele – und die Herstellung gezinkter Würfel. Die seit dem 13. Jahrhundert nachgewiesenen reinen Glücksspiele wurden oft im Spätmittelalter in den Städten explizit beschränkt oder verboten. So regelten die Nürnberger Polizeiordnungen im 15. Jahrhundert das Verbot konkret benannter Würfelspiele. Dennoch sind Nachweise der Würfelproduktion in den Städten zahlreich. Funde aus Magdeburg, Halle, Braunschweig, Soest, Konstanz, Rostock oder Göttingen belegen die Würfelherstellung im Spätmittelalter durch städtische Handwerker. Eine Besonderheit bildete Speyer: Die Frankfurter Spielbank bestellte im frühen 15. Jahrhundert jährlich 10 000 Würfel von Speyerer Handwerkern.

Nicht völlig geklärt ist, welche Handwerker eine andere verbreitete Fundgruppe archäologischer Grabungen herstellten, nämlich Spielsteine. Diese waren in der Regel rund und flach – etwa wie heutige Mühle- oder Damespielsteine – oder viereckig und pyramidenförmig. Sie hatten oft lineare oder konzentrische Verzierungen und augenförmige Bohrungen, häufig waren sie eingefärbt (Abb. 10.8). Reste der Spielsteinherstellung finden sich nicht selten zusammen mit solchen der Würfel- oder Kammproduktion, so aus Braunschweig, Magdeburg und Schleswig. Offensichtlich bot die Herstellung von Spielsteinen keine ausreichende Grundlage für ein eigenes Handwerk, sondern war eher ein Nebenverdienst von Handwerkern, die auch anderweitig Bein verarbeiteten.

SCHEIBEN, NADELN, BÜCHSEN, SPULEN

Auch andere Handwerker befassten sich mit der Verarbeitung von Bein oder Horn. Die Anfertigung und Verarbeitung dünner Hornplatten übernahm der Hornrichter (Abb. 10.9). Die Rohplatten wurden aus großen Rinderhörnern gesägt und wahrscheinlich durch Biegen entsprechender Rohstücke auf die benötigte Größe gebracht. Sie konnten dann als lichtdurchlässige, aber windsperrende Scheiben in Laternen eingesetzt werden oder zum Schutz von Titelschildern unter einem Messingrähmchen auf Bucheinbände genagelt werden. Archäologisch ist von solchen Werkstätten nichts mehr zu finden. Die abfallenden Hornspäne zersetzten sich rasch im Boden, die Platten der Laternen sind in der Regel nicht erhalten. Ähnliches gilt für zahlreiche andere Beinprodukte, die sich zwar als Kleinfunde in vielen Grabungen finden lassen, deren Herstellungsorte jedoch archäologisch nicht mehr erkennbar sind. Es handelt sich hierbei um gedrechselte Beinobjekte, z. B. Nadeln, Knöpfe, Spulen, Nadelbüchsen, Möbelbeschläge, Ringe und andere Gegenstände. Knochendrechsler sind in entsprechenden Handwerkerlisten zwar nachweisbar, bildliche Darstellungen fehlen jedoch. Experi-

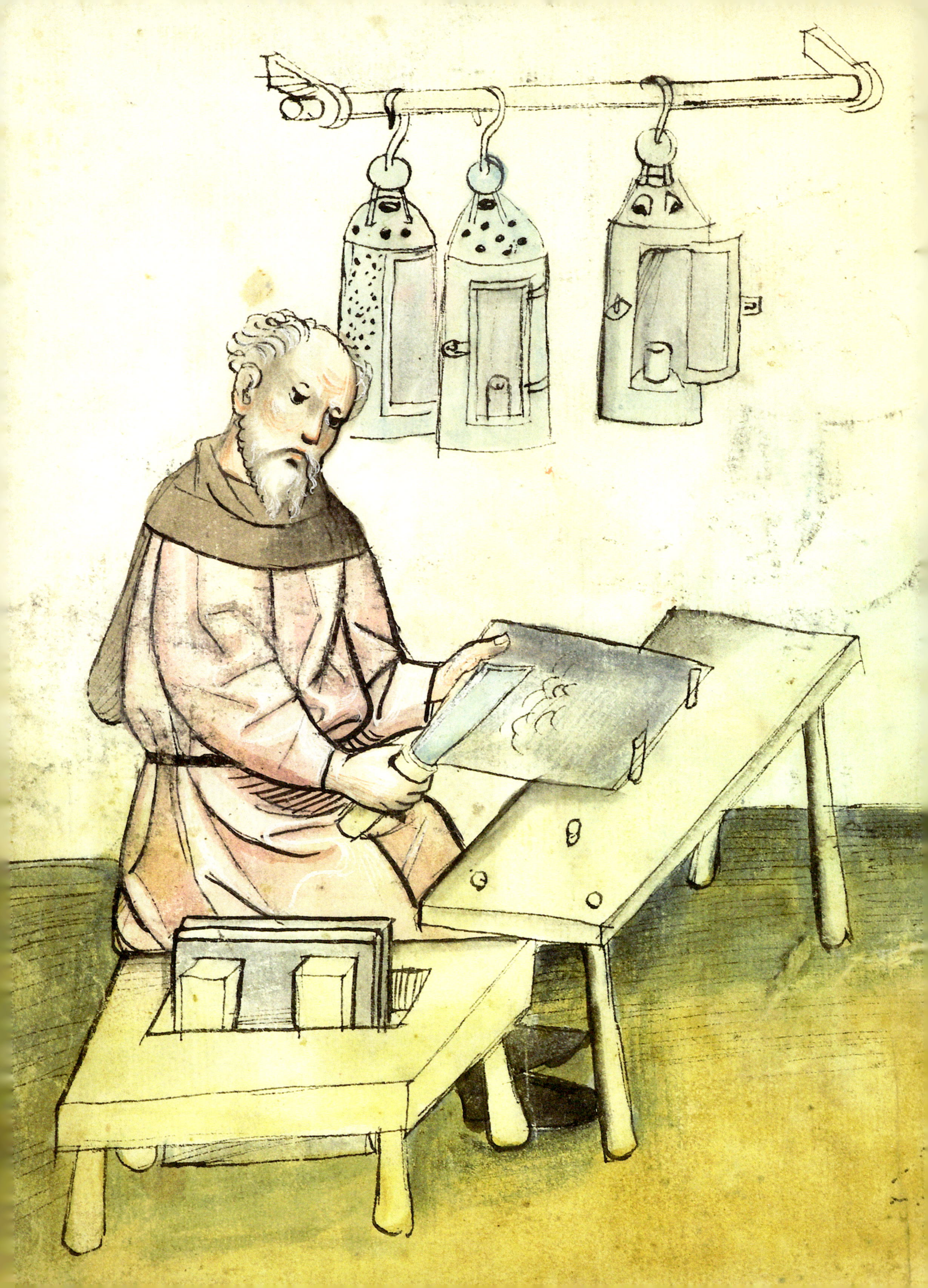

10.10 FRITZ HORNRICHTER († vor 1414) schabt mit einer breiten Klinge dünne Späne von einer Hornplatte, die mit einfachen Holzdübeln an seinem Arbeitstisch gegengehalten wird. Weitere Rohplatten stehen, mit Keilen oder Klötzchen fixiert, in einem hölzernen Gestell neben dem Tisch. Die vom Laternenmacher, einem Metallhandwerker, gefertigten Laternen, in welche die Platten eingesetzt wurden, hängen an der Rückwand auf einer Leiste.
Amb. 317.2°, f. 15v

mente zeigen, dass die Knochen am besten vor dem Drechseln ca. zwei Tage in Wasser gelegt werden mussten, um beim Abspanen nicht zu reißen. Poliert wurden die gedrechselten Stücke offensichtlich mit Kalkpaste oder Schlämmkreide, sodass eine glänzende Oberfläche entstand.

DIE KNOCHENSCHNITZER

Als letzter Herstellungszweig bleibt noch die Bearbeitung der Knochen mit dem Schnitzmesser. Auf diese Art und Weise wurden viele Gegenstände hergestellt, die in kostspieliger Ausführung auch aus Metall erhältlich waren. Immer wieder finden sich in archäologischen Ausgrabungen mittelalterlicher Siedlungen gebrochene Gürtelschließen, die aus Bein geschnitzt und dann poliert wurden (vgl. Abb. 9.6). Als Zierbeschlag war Beinschnitzerei bereits in der Spätantike beliebt, als funktionales Material kam es aber besonders im 11. und 12. Jahrhundert in Mode. Erst mit der Verbilligung von Metallwaren im 14. Jahrhundert verschwindet Bein bei Gürtelschließen aus dem Fundbild. Besonders verbreitet war Bein auch als Ausgangsmaterial für zahllose Beschlagplättchen für Bücher, Kästchen, Möbel, Dolchscheiden und Musikinstrumente. Aus Bein waren auch zahllose Messergriffe, die in Nürnberg von spezialisierten Messerern auf die Eisenmesser genietet wurden.

Bein und Horn wurden nicht nur für einfache Gebrauchsgegenstände, sondern auch für hochwertig gestaltete Dekorelemente verwendet. Die Technik ist bereits im 12. Jahrhundert von dem Benediktinermönch Theophilus Presbyter am Beispiel eines Knochenplättchens beschrieben. Demgemäß wurde der Entwurf mit einem dünnen Stift aus Blei auf die mit Kreide bestreute Knochenplatte aufgezeichnet. Anschließend sind diese Linien, wohl nach entsprechender Korrektur, mit einem spitzen Eisenstab angerissen worden. Erst dann wurden sie mit dem Messer ausgeschnitzt.

VERÄNDERUNGEN IN DER RENAISSANCE

Im frühen 16. Jahrhundert änderten sich etliche beinverarbeitende Handwerkszweige. Die Bedeutung sakraler Schnitzwerke nahm reformationsbedingt ab, neue Herstellungs- und Dekorationstechniken in der Keramik führten dort zu mehr Bildhaftigkeit. Veränderungen in der Kleidung erforderten einen hohen Bedarf an Knöpfen, die häufig aus Bein hergestellt wurden. Die Differenzierung der Möbelstücke führte zu einem hohen Verbrauch gedrechselter Beingriffe und zu einer entsprechenden Produktion bei den Knochendrechslern. Auch die Kolonisation weiter Gebiete in Übersee führte zu einer Veränderung der Märkte, des Handels und der Nachfrage. Die seit Jahrhunderten gewachsene mittelalterliche Handwerkerwelt sollte sich drastisch verändern.

John P. Zeitler

24. Erhardt Buttman ein Buchdrucker ist auff furbitt H. Johan
Neudörffers ins BruderHauß kommen den 6 Novembris Anno 1554
seines alters im 90 iar.
Dieser Bruder ist im BruderHauß gestorben den 20 Octobris Anno 155[9]
seines alters im 95 iar, vnd ist ein sehr frommer alter man gewes[en]
dem H. Johan Neudörffer viel guts erzaigt vnd bewisen hat, ihn au[ch]
sehr lieb gehabt, vnd ist diß der 384 Bruder in diesem Almussen

Papier

WARE, INFORMATIONSTRÄGER UND KOMMUNIKATIONSMITTEL

Papier war im ausgehenden Mittelalter nicht nur Gegenstand einer technischen Evolution; es war gleichzeitig Auslöser und Motor einer kulturellen Revolution. Die Verfügbarkeit von Papier begünstigte den Erwerb von Schreib- und Lesekompetenz und unterstützte den Prozess einer zunehmenden Literalisierung zumindest der an Handel und Verwaltung beteiligten Gesellschaftsschichten. Billiges Papier war die Voraussetzung für die umfangreiche Anlage von Akten, Rechnungsbüchern, Verträgen, Geschäftsbriefen, Wechseln etc., also für den Aufbau einer herrschaftlichen oder städtischen Verwaltung und für die Abwicklung von Geschäften in jeder Form. Als Folge der aufblühenden Briefkultur entstanden Netzwerke von Gelehrten, Handwerkern und Künstlern, die den Austausch von Ideen beschleunigten. Werke der Antike, des Mittelalters und der Gegenwart konnten nach der Erfindung des Buchdrucks in einer bis dahin unbekannten Breite und Masse von einer immer größer werdenden Leserschaft rezipiert und damit neue Erkenntnisprozesse in Gang gesetzt werden. Kein anderes handwerkliches Erzeugnis hatte vergleichbare gesellschaftliche Auswirkungen.

DIE PAPIERHERSTELLUNG

Bis in das 19. Jahrhundert hinein war Papier in Europa ein Recyclingprodukt, das aus Lumpen (Hadern) und damit aus Textilabfällen gewonnen wurde. Entstanden war die Technik in China schon vor dem 1. Jahrhundert n. Chr. Durch Kontakte mit dem arabisch-islamischen Kulturkreis erreichte sie wahrscheinlich im 11. Jahrhundert Süditalien und vor 1150 Spanien. Wohl in den Gewerbezentren Norditaliens gelang es im 13. und vor allem im 14. Jahrhundert, die Herstellungseffizienz zu steigern und gleichzeitig die Qualität des Endprodukts zu erhöhen. Um 1350 setzte die Papierproduktion in der Champagne, um 1380/90 im deutschsprachigen Gebiet in Schopfheim bei Lörrach, Nürnberg und Ravensburg ein. Bis 1500 sollten es mehr als 40, bis 1600 über 250 Mühlen im deutschsprachigen Gebiet werden.

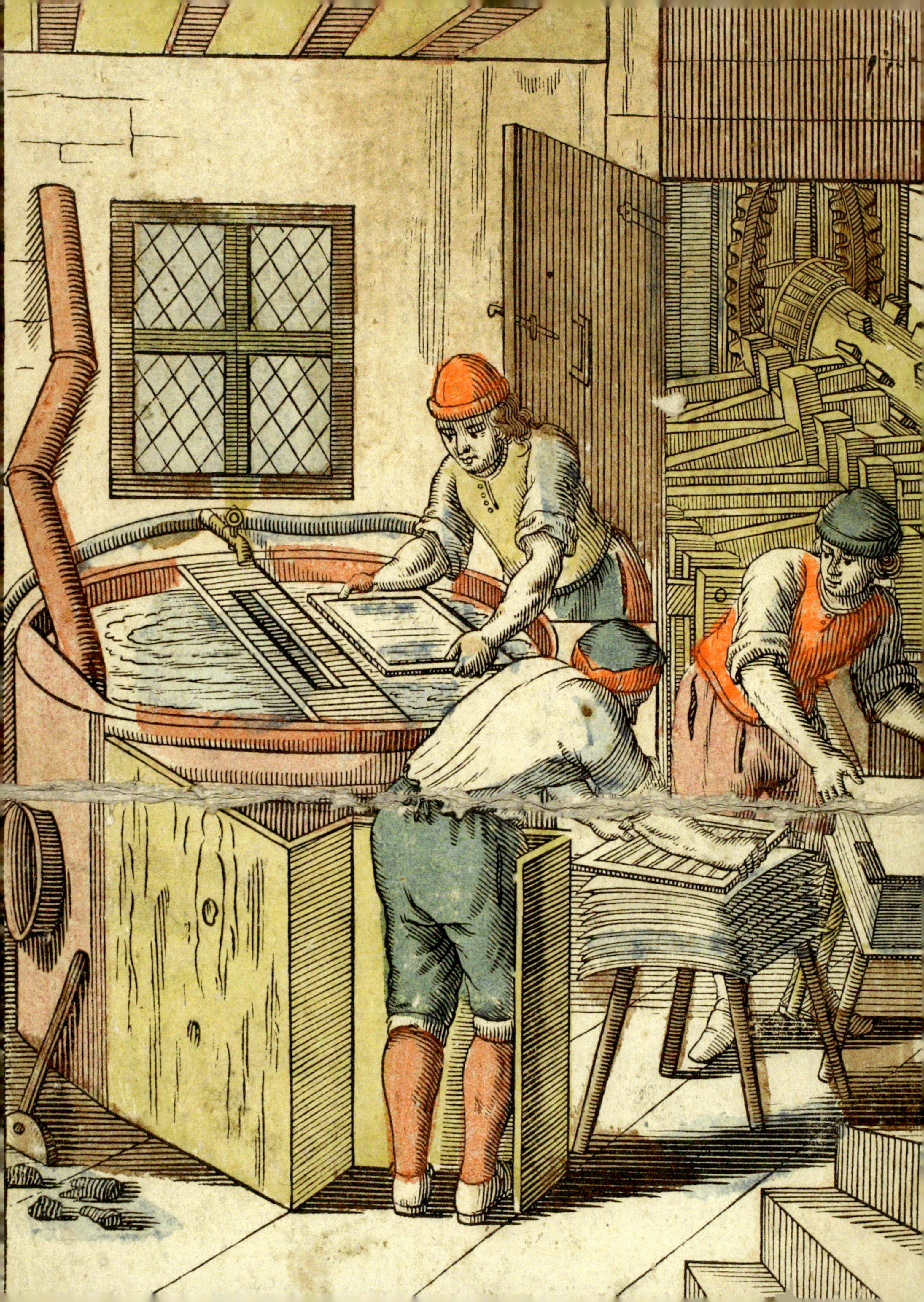

11.1 UM 1689 SCHNITT DER FORMSCHNEIDER Elias Porcelius († 1722) nach Entwürfen der Susanna Maria von Sandrart († 1716) die Stöcke für ein Bilderbuch mit einer Folge von Handwerkerbildern. Die Darstellung einer Papiermühle zeigt Schöpfer und Gautscher bei der Arbeit in an der Bütte angebauten, hölzernen Stühlen. Die Bütte ist mit einer Wasserzuleitung versehen sowie mit einem Ofen zum Heizen des Wassers; Feuerloch und Ofenrohr sind links zu erkennen. Rechts im Hintergrund befindet sich das Stampfgeschirr mit Nockenwelle und Stampfern.
Curiöser Spiegel, worinnen der ganze Lebenslauf des Menschen ... zu sehen. Neue Auflage, Nürnberg 1824 (Stadtbibliothek Nürnberg, Nor. K. 473, Taf. XV)

GRUNDLAGEN DER PRODUKTION Der Herstellungsprozess blieb über Jahrhunderte im Wesentlichen unverändert. Die Lumpen mussten zunächst aufbereitet werden. Sie wurden sortiert, grob gereinigt und klein geschnitten, dann gewaschen und über zwei bis drei Wochen unter Zusatz von Kalk angefault, um dann im mit Wasserkraft angetriebenen Stampfgeschirr in zwei Arbeitsgängen völlig zerfasert zu werden (Abb. 11.1). Das Gemisch aus Wasser und Fasern (Ganzzeug) gelangte dann in eine Bütte, an der mithilfe einer Schöpfform die Papierbögen geschöpft, zwischen Filzen abgelegt und in Spindelpressen entwässert wurden. Um die Bögen vollständig zu trocknen, wurden sie auf Seilen aus Pferdehaaren auf einem Trockenboden aufgehängt. Zur anschließenden Veredlung des Papiers konnten je nach Qualität das Leimen, das Färben sowie das Glätten zählen.

TECHNISCHE INNOVATION MADE IN EUROPE In dieser Form hatte sich die europäische Papierherstellung entschieden von den asiatischen Modellen entfernt. Bei den zum Einsatz kommenden Arbeitsgeräten handelte es sich entweder um Technologietransfers oder um Optimierungen unter Ausnutzung verbesserter Materialien bzw. um Spezialanfertigungen von einzelnen Geräten.

So ist das Stampfwerk eine Adaption einer von Wasser getriebenen Mühle, in diesem Fall der in der Textilherstellung zur Verfilzung von Geweben gebräuchlichen Hammerwalke: Nocken auf einer durch Wasserkraft angetriebenen Welle setzten Stampfer in Bewegung, die periodisch auf die Gewebe im Löcherbaum niederfielen. Die Kraft des Aufschlags und die Beschuhung der Stampfer mit unterschiedlich geformten Eisennägeln in Kombination mit den in die Böden der Stampflöcher eingelassenen eisernen Blechen führten dazu, dass binnen 48 Stunden eine Zerfaserung der angefaulten Lumpen in bis dahin unbekannter Vollständigkeit erreicht werden konnte.

Auch die Konstruktion der Schöpfsiebe unterlag einer erheblichen Veränderung. An die Stelle von flexiblen Bambus- oder Schilfrohrsieben trat ein starres Drahtgeflecht, dessen Anfertigung die Fähigkeit der Drahtzieher zum Ausziehen immer dünnerer Drähte voraussetzte. Jede Schöpfform bestand aus einem Holzrahmen, einem darauf befestigten Drahtgeflecht aus stärkeren Rippdrähten (ca. 1 mm Durchmesser) und feineren Kettdrähten (ca. 0,2 mm Durchmesser) und einem abnehmbaren Rahmen, dem Deckel. Zwei dieser Schöpfsiebe und ein Deckel reichten für die Arbeit an der Bütte aus. Zum Entwässern mussten die Papierbögen allerdings hohem Druck ausgesetzt werden; dieser konnte mithilfe einer aus landwirtschaftlichen Betrieben übernommenen Spindelpresse erzeugt werden. Das Zusammenkleben der Bögen verhinderte dazwischengelegtes, aus dem Textilhandel bezogenes, gewalktes Tuch (Filze).

Zur Rationalisierung trug schließlich noch bei, dass an die Stelle der ursprünglich pflanzlichen Leime ein Glutinleim aus tierischen Haut- und Knochenabfällen trat, um das Papier beschreibbar zu machen. In diesen Sud konnten gleich mehrere Bögen auf einmal eingetaucht werden.

Optimiert wurde auch die Bütte, die nicht ein bloßes, vom Küfer gefertigtes Fass blieb, sondern bis in das 17. Jahrhundert hinein den Tätigkeiten entsprechend modifiziert wurde (vgl. Abb. 11.1): Dazu zählten eine eigene Wasserzuleitung, ein eingebauter Ofen mit Rauchabzug zum Heizen des Wassers sowie als spezielle Schreinerarbeiten der Steg, ein quer über die Bütte geführtes, als Ablage dienendes Brett, und zum Schutz der Arbeiter die mit der Bütte verbundenen Stühle. Ebenfalls erst im 17. Jahrhundert eingeführt worden ist der wassergetriebene Schwanzhammer zum Glätten des Papiers, der die bisher mit Achatsteinen von Hand geleistete Arbeit ersetzen konnte.

ARBEITSTEILUNG An der Bütte arbeiteten drei Männer Hand in Hand: der Schöpfgeselle, der Gautscher und der Leger (vgl. Abb. 11.1). Die Weitergabe der beiden Schöpfformen bestimmte den Rhythmus der Arbeiten: Der Schöpfer stellte die volle Schöpfform auf den Steg, löste den Deckel, setzte diesen auf die zweite leere Form auf und begann wieder mit dem Schöpfvorgang. In der Zwischenzeit legte der Gautscher einen Filz auf den Stapel auf dem Gautschbrett, stürzte das erste Sieb und legte den Bogen dort ab, um dann die leere Form an den Büttgesellen zurückzugeben. Nach dem Pressen ging der Pauscht (Stapel von 181 Bögen) an den Leger, der Filze und Papierbögen auseinandersortierte, bevor dann das Papier nochmals gepresst und schließlich aufgehängt wurde. Das Schöpfen der Papierbögen in Arbeitsteilung erfolgte in schnellem Takt und kann deshalb als vorindustrielle Massenproduktion bezeichnet werden.

Qualität und Herkunft des Papiers verbürgten die mit Handelsmarken vergleichbaren Wasserzeichen, die sich seit dem späten 13. Jahrhundert einbürgerten. Sie entstanden, indem auf das Drahtsieb zusätzlich ein zu einer Figur gebogener Draht aufgenäht wurde. Die Figur bildete sich beim Schöpfen im Papierbogen ab, da sich über dem Draht weniger Fasern ablagern konnten und die Konturen im Gegenlicht wieder sichtbar wurden.

Das Papiersortiment umfasste verschiedene Qualitäten, von minderwertigen Verpackungspapieren bis hin zu qualitätvollen Schreib- und Druckpapieren.

DIE VERARBEITUNG VON PAPIER

Schlechtes, nur zum Einschlagen von Waren verwendetes Papier war Wegwerfmaterial und ist deshalb kaum erhalten. Bekannt für ihre Nutzung von minderwertigem Papier sind die Heftel- oder Heftleinmacher, die die von ihnen produzierten Nadeln auf Bögen aufsteckten; eine bessere Vermarktung ihres Produkts erhofften sie sich durch den Einsatz von einseitig gestrichenen Buntpapieren (Abb. 11.2). In Papier wurden aber auch Nahrungsmittel eingewickelt.

▲

11.2 DER HEFTELMACHER Wilhelm Wager († 1700) hält in seiner linken Hand ein einseitig rot bestrichenes Papier, in das goldfarbene Nadeln eingesteckt sind. Als gewesener Constabel weist er mit der rechten Hand Zirkel und Kaliberstab zum Ausrichten der hinter ihm abgebildeten Lafette vor.
Amb. 317b.2°, f. 201r

11.3 CHRISTOPH LEGLER († 1793) weist mit der linken Hand auf einen Bogen Buntpapier mit einem in Gold geprägten und in Farbe ausgeführten Muster. Für die Herstellung von sogenannten Brokatpapieren war eine üblicherweise von Kupferstechern eingesetzte, im Hintergrund dargestellte Walzenpresse notwendig. Im Erstberuf war Christoph Legler Bäcker, seinen Lebensunterhalt verdiente er aber durch die Buntpapierherstellung. / Amb. 318.2°, f. 23r

BUNTPAPIER Das einseitige Einfärben und/oder Bedrucken von Papierbögen wurde von Handwerkern der Papierverarbeitung wie Buchbindern, Buchdruckern oder Kartenmalern als Nebenerwerb in kleinen Mengen vorgenommen. Da die Herstellung in der Regel unaufwendig war, konnte sie auch von Gewerbetreibenden mit anderen Erstberufen erlernt werden. Erst mit dem Aufkommen komplizierterer Techniken im 18. Jahrhundert entstand der Beruf des Buntpapierers mit Zentren in Augsburg, Fürth, Nürnberg oder Leipzig.

Die einfachste und am längsten praktizierte Variante stellen einseitig mit Farbe bestrichene oder gesprenkelte Papiere dar. Großer Beliebtheit erfreuten sich seit der Mitte des 17. Jahrhunderts die Marmor- oder Tunkpapiere. Bei dieser aus dem arabischen Kulturkreis übernommenen Technik wird die auf dem Wasser schwimmende, mit Kämmen zu Mustern verteilte Farbe mit einem Papierbogen abgenommen. Mit Holzmodeln, die auch im Zeug- oder Tapetendruck eingesetzt wurden, und verschiedenen Druckfarben ließen sich unterschiedliche Effekte erzielen: Metallfirnis wurde bevorzugt auf gefärbten Papieren verdruckt (Bronzefirnispapiere), Kleisterfarbe eher auf ungefärbtem Grund (Kattunpapiere). Für die um 1700 aufkommenden, mit Blattmetall in Prägetechnik hergestellten, prachtvollen Brokatpapiere gehörten spezielle Metallplatten und die von Kupferstechern benutzten Walzenpressen zur Werkstattausstattung (Abb. 11.3). Sehr einfach in der Herstellung waren die Kleisterpapiere: In die aufgetragene Kleisterfarbe konnten Muster mit den bloßen Händen oder mit Holzkämmen etc. gezogen werden. Im östlichen Mitteldeutschland dominierte Herrnhut diesen Markt.

Die farbenfrohen, oftmals metallglänzenden Papiere fanden als Verpackung und als Bezug unterschiedlicher Gegenstände Verwendung. Die Heftleinmacher steckten ihre goldfarbenen Nadeln auf rotes Papier und brachten sie dadurch zum Leuchten. Von Kaufleuten, Händlern und Handwerkern zur Aufbewahrung von Materialien benutzte Spanschachteln konnten innen und außen mit Buntpapieren bezogen werden. Aber auch die Innenflächen von Möbeln und Schränken wurden gerne mit Buntpapieren ausgeschlagen. Wichtigste Verbraucher der Buntpapiere aber waren die Buchbinder, die sie zum Einbinden von Büchern einsetzten, zumeist als Vorsatzpapiere oder als Umschläge für Broschüren aller Art.

SCHREIBPAPIER Hauptbeschreibstoff seit dem Aufkommen der Buchform in der Spätantike war das aus getrockneten und gespannten Tierhäuten hergestellte Pergament. Die Einführung des Papiers fiel nun in eine Zeit des Wandels von einer oralen zu einer durch schriftliche Prozesse geprägten Gesellschaft. Weil Papier in der Herstellung unaufwendig war und deshalb um ein Vielfaches günstiger angeboten werden konnte als Pergament, setzte es sich als wichtigster Informationsträger bereits in der zweiten Hälfte des 14. Jahrhunderts und endgültig im 15. Jahrhundert durch. Pergament stand allerdings im Ruf, wesentlich haltbarer zu sein als Papier. Die Verwendung von Tierhäuten wurde daher in den städtischen und herrschaftlichen Kanzleien lange bevorzugt, speziell für die Ausfertigung von Urkunden. In Nürnberg lag der jährliche Papierverbrauch noch 1440 bei nur vier Ries (ca. 2000 Bogen), um dann 1460 auf 17 und 1540 auf 55 Ries emporzuschnellen. In den Handelshäusern und Kaufmannskontoren dagegen erreichte die Nutzung von Papier schon viel früher eine wesentlich höhere Akzeptanz. Einen Eindruck vom Verbrauch vermittelt das erhaltene Archiv des toskanischen Fernhandelskaufmanns Francesco di Marco Datini († 1410). Es umfasst rund 126 000 Geschäfts- und Privatbriefe, 574 Rechnungsbücher, 5000 Wechsel und Hunderte von unterschiedlichen Verträgen.

Stadtschreiber sind für städtische Verwaltungen im deutschen Sprachraum seit dem 13. Jahrhundert bezeugt; mit dem Ausbau der Verwaltung und der Verfeinerung ihrer Strukturen ging die Einrichtung weiterer Schreiberstellen einher. Seit dem 14. Jahrhundert beschäftigten oberdeutsche Handelsherren regelmäßig Schreiber. Mit dem Beginn des 15. Jahrhunderts konnten nicht nur die Kaufleute selbst, sondern auch ihr gehobenes Personal lesen, schreiben und kaufmännisch rechnen. Vor dem Hintergrund dieser Entwicklungen sind die Nachweise zur Niederlassung von Lohnschreibern in den Städten zu sehen: 1384 ist der erste Stuhlschreiber (Cathedralis) für Nürnberg bezeugt, ein öffentlicher Schreiber, der gegen Geld Schriftstücke aufsetzte und Abschriften erledigte (Abb. 11.4). Im 15. Jahrhundert nahm die Zahl der Berufsschreiber nicht nur zu. Einige trugen zusätzlich die Bezeichnung Schreib- oder Rechenmeister, weil sie in Privatschulen den Kindern der Kaufleute und Handwerker Elementarkenntnisse im Lesen, Schreiben und Rechnen vermittelten.

11.4 ALS STUHL- ODER BERUFSSCHREIBER ist Johannes († 1438) an einem Schreibpult sitzend und in ein Buch schreibend dargestellt. In den Händen hält er eine Schale mit Tinte und eine Schreibfeder, auf dem Pult liegen Messer zum Schneiden der Feder sowie weitere Federkiele neben einem Schälchen mit roter Tinte für die Rubriken (Textmarkierungen in Rot). An der Wand hängt ein aus Holz gefertigtes, am Gürtel zu befestigendes Kalamal, bestehend aus Tintenfass und Rohr zum Einstecken der Feder. Gebundene Bücher mit Buckeln und Schließen werden liegend im Pult und auf einer Bank aufbewahrt. / Amb. 317.2°, f. 62r

Von der Spätantike bis zum 19. Jahrhundert blieb das Werkzeug des Schreibers nahezu unverändert. Für Notate mit zeitlich begrenztem Informationsgehalt sowie für Entwürfe oder für Schülerübungen waren bis in das 14./15. Jahrhundert hinein Wachstafeln üblich. Der auf eine Holztafel aufgetragene Bezug aus Wachs konnte mit einem Griffel (Stilus) aus Metall, Knochen oder Holz geritzt oder geglättet werden. Zur Beschriftung von Pergament oder Papier wurden seltener Rohre, in der Regel Federkiele und meist von den Schreibern selbst hergestellte, in Schälchen aufbewahrte Tinten verwendet. Weiterhin waren ein Messer zum Nachschneiden (Temperieren) der Federspitzen, ein Stechzirkel zum Einrichten von Schriftspiegel und Zeilenabständen (Punktieren) sowie ein Griffel für blindgeprägte Zeilenmarkierungen vonnöten. Für unterwegs benutzte man aus Holz hergestellte Schreibzeuge (Kalamale), die aus Tintenfass und Röhrchen zum Einstecken der Feder bestanden (Abb. 11.4). Auf eine Schnur aufgezogen, konnten sie am Gürtel befestigt werden. Im 17. Jahrhundert waren auch Schreibschachteln aus Messing üblich. Am Arbeitsplatz der Handelsmänner oder der bei ihnen beschäftigten Schreiber lagen die Rechnungsbücher mit in Spalten geführten Auflistungen auf dem Pult aus oder standen griffbereit in einem Möbel. In Reichweite befand sich weiterhin ein mit Schnüren bespanntes Brett zum Einstecken der aktuellen Korrespondenz.

vnd was der C vnd xxvij bruder

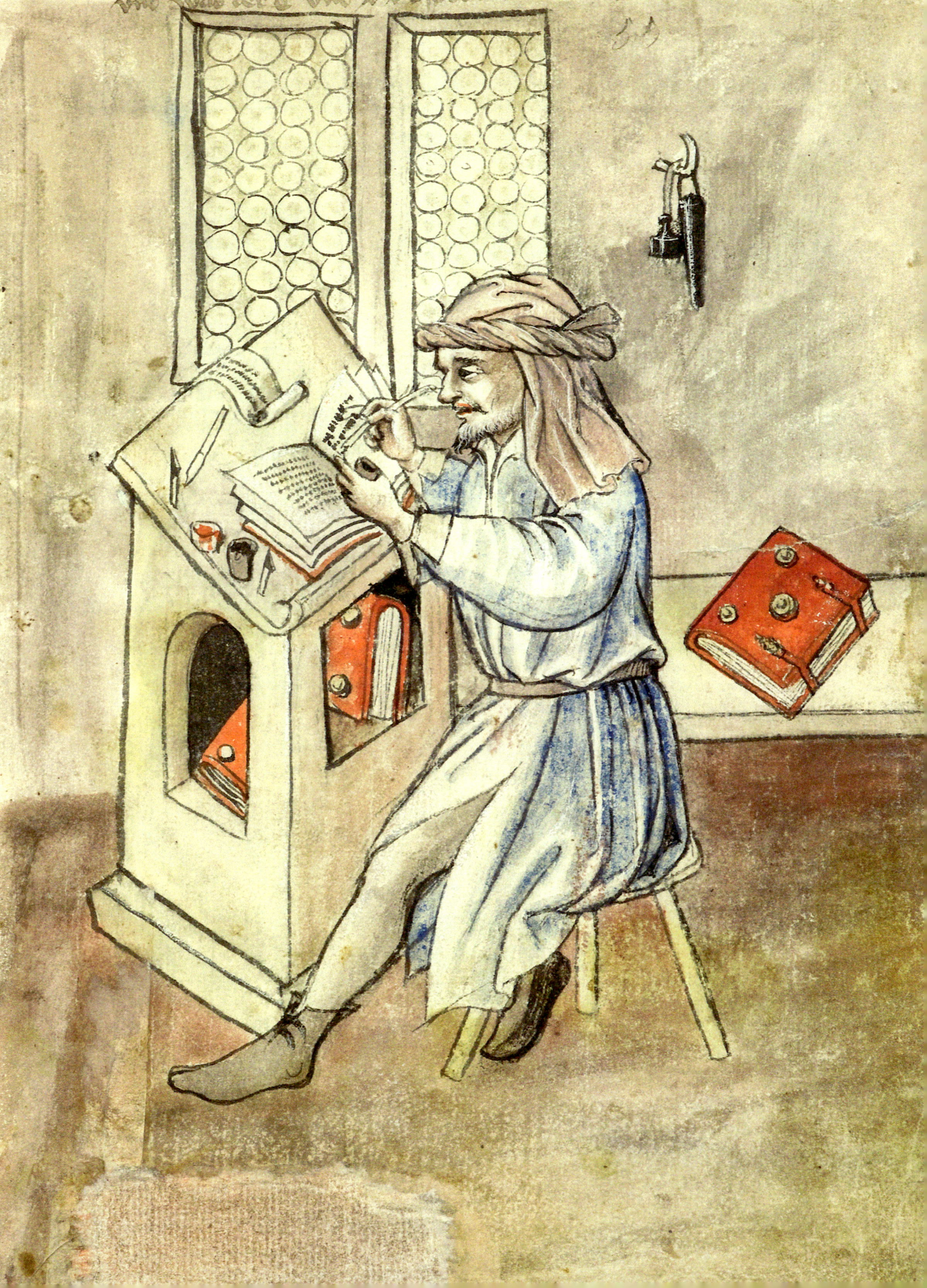

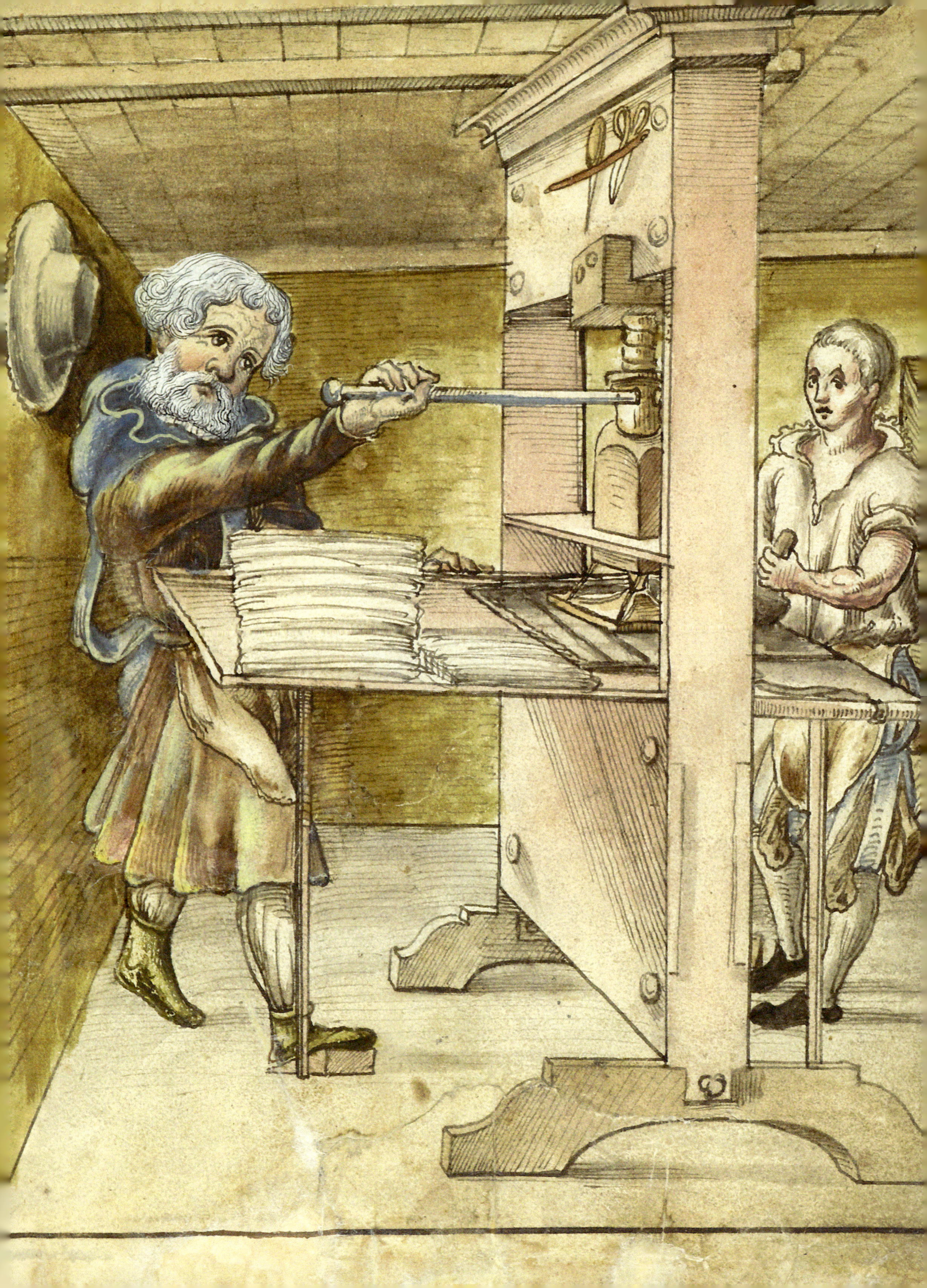

11.5 DER BUCHDRUCKER Erhardt Guttmann (Buttmann, † 1559) und ein Gehilfe arbeiten gemeinsam an einer Druckerpresse. Guttmann zieht am Bengel, um den an der Spindel befestigten Tiegel abzusenken und beim Anpressen die Druckerfarbe gleichmäßig von der Druckform auf das Papier zu übertragen. Währenddessen nimmt der Ballenmeister Druckfarbe mit den Tampons auf, um sie nach dem Anheben von Tiegel und Rahmen auf der Druckform zu verteilen. Der Unterbau der Presse mit darauffliegenden Papierstapeln ist nicht richtig wiedergegeben, die starre Tischplatte müsste durch einen mechanisch bewegbaren Karren ersetzt werden. Guttmann wurde 1500 Bürger in Nürnberg, verdingte sich aber wohl anderen Druckern und Verlegern. 1511 geriet er in Schuldhaft, 1517 ist er als Mitarbeiter des Hieronymus Hölzel belegt. Er starb mit 95 Jahren / Amb. 317b.2°, f. 11r

VOM HANDGESCHRIEBENEN ZUM GEDRUCKTEN BUCH

Papier als kostengünstiges Massenprodukt beförderte nicht nur die Verschriftlichung von Verwaltungsvorgängen und Handelsgeschäften. In den Jahrzehnten nach der durch die Schwarze Pest 1348 verursachten Katastrophe verzeichneten die bestehenden Universitäten einen deutlichen Zuwachs an Studenten; nördlich der Alpen setzte sogar eine Welle von Universitätsgründungen ein. Auf der einen Seite benötigten Studierende und Professoren Lehrbücher, auf der anderen Seite bauten die erfolgreich von der Universität abgegangenen Mediziner, Juristen und Theologen vermehrt private Büchersammlungen auf. Gleichzeitig begannen gelehrte Mönchsorden wie Dominikaner, Kartäuser und Augustinereremiten sowie streng reformierte Frauengemeinschaften ihre Bibliotheken massiv zu erweitern. Die erforderlichen Aufträge zum Kopieren von Textvorlagen übernahmen ebenfalls die Lohnschreiber. Mit jeder Generation verdoppelte sich nun die Zahl der angefertigten Handschriften, bis das Buchkopieren als Erwerbszweig um 1470 fast völlig zum Erliegen kam. Verursacht wurde der Einbruch durch den von Johannes Gutenberg († 1468) in Mainz erfundenen Buchdruck.

DER BUCHDRUCK

Die neue Technik der Vervielfältigung von Texten auf mechanischem Weg verbreitete sich schnell: Um 1470 sind 17 Druckorte in Deutschland und Italien, um 1480 bereits 121 und um 1500 schon 252 Städte mit Druckereien in Deutschland, Italien, Frankreich, Spanien und England belegt. Mit Auflagen von anfangs mehreren hundert, später durchschnittlich 1000 Exemplaren erreichte die Buchproduktion bisher unbekannte Ausmaße.

Seit den Vierzigerjahren des 15. Jahrhunderts suchte Johannes Gutenberg nach Möglichkeiten, „künstlich" zu schreiben, dabei aber das äußere Erscheinungsbild eines mit der Hand geschriebenen Buchs möglichst getreu zu reproduzieren. Er setzte Prinzipien der damals bekannten Hochdrucktechniken Holzschnitt und Zeugdruck fort, musste jedoch auf Verfahren der Metallbearbeitung ausweichen, um in großer Zahl absolut identische Drucktypen von jedem einzelnen Buchstaben des Alphabets herstellen zu können. Als Goldschmied waren ihm die notwendigen Verfahren wie Gravur, Punzierung und Metallguss vertraut. Auf diesem Gebiet gelang ihm auch die für den Buchdruck entscheidende Erfindung, nämlich die Konstruktion des Gießapparats, eines Handgeräts aus Holz und Metall. Für die Übertragung der Druckerfarbe von den Metalltypen auf das feste Hadernpapier war ein über die Fläche gleichmäßig ausgeübter Druck notwendig, den Gutenberg mithilfe der aus der Papierherstellung bekannten Spindelpresse erzeugte, dafür aber den hölzernen Tiegel durch einen metallenen ersetzte (Abb. 11.5). Für die Umrüstung des festen Unterbaus der Presse in einen beweglichen Karren bedurfte es mechanischer Kenntnisse. Noch unter Gutenbergs Nachfolgern sind diese Konstruktionen weiter optimiert worden.

Die einzelnen Arbeitsschritte differenzierten sich in der Folge in unterschiedliche Berufe aus. Dem Schriftgießer oblag die Anfertigung der kostspieligen und daher wertvollen Alphabete nach Vorlagen. Zunächst musste ein Stempel aus Eisen (Patrize) mit dem erhaben gravierten, seitenverkehrten Buchstaben hergestellt werden, der dann in weicheres Metallplättchen aus Kupfer abgeschlagen wurde (Matrize). Dieses seitenrichtige Abbild konnte dann in den

Buchillustration und Bilddruck

In eine Handschrift konnten mit roter und blauer Farbe ausgeführte, textgliedernde Elemente in den Text eingebracht werden, nämlich von einem Rubrikator Kapitelüberschriften oder unverzierte Anfangsbuchstaben sowie von einem Florator Fleuronnéeinitialen mit federgezeichnetem Dekor. Zuletzt fügte ein Buchmaler – so vom Auftraggeber gewünscht – mit Blattmetall und Deckfarben ornamentale oder historisierte Initialen ein. Die Farben wurden aus mineralischen oder pflanzlichen Stoffen unter Zusatz wechselnder Bindemittel selbst angerieben und in Schälchen bereitgehalten. Auch das frühe gedruckte Buch bedurfte dieser in Handarbeit zu ergänzenden Gliederungselemente. Um 1480 experimentierten vor allem Augsburger Drucker mit Holzschnittinitialen und -illustrationen, die mit den Bleitypen gedruckt werden konnten. Damit setzte die Entwicklung einer dem Buchdruck eigenen Ästhetik ein, sodass um 1500 handgemalte Elemente und damit auch ihre Hersteller überflüssig wurden. Buchmalereien wurden zum Nischenprodukt einiger weniger, jetzt namentlich bekannter Illuminatoren. Miniaturmaler spezialisierten sich nach 1600 auf kleinformatige Porträts oder Stammbuchblätter.

Die Erfindung des Buchdrucks muss aber auch im Kontext anderer, ihm vorangehender bzw. ihn begleitender Formen der Massenvervielfältigung gesehen werden. In Holz geschnittene oder in Kupfer gestochene, auf Papier abgezogene und anschließend mit Farbe ausgemalte Bilder gelangten seit 1430/40 in großer Zahl als Neujahrsblätter, Heiligenbilder, Kartenspiele oder Zyklen mit dem Leben Christi in Umlauf. Schnell fanden diese mechanisch hergestellten Darstellungen als eingehängte Titelbilder oder eingeklebte Textillustrationen auch Eingang in Handschriften.

In Holz geschnittene Bilddrucke wurden in der Reformationszeit zu einem Propagandamittel. An der Herstellung beteiligt waren der Reißer, der den künstlerischen Entwurf auf die Holzplatte übertrug, der Formschneider, der die Holzplatte bearbeitete,

11.6 DER MINIATURMALER Jakob Lohmer († 1755) blättert in einem querformatigen Büchlein mit gemalten Landschaftsdarstellungen. Daneben sind mehrere Muschelschalen mit verschiedenen Farben und ein Glas mit einem Pinsel aufgereiht.
Amb. 317b.2°, f. 263r

und die Brief- und Kartenmaler, die den Druck kolorierten. Der als Technik der Metallgravur wohl von Goldschmieden entwickelte Kupferstich avancierte bereits im 15. Jahrhundert zum Sammlerobjekt, das einerseits von Malern den für den Werkstattgebrauch bestimmten Vorlagensammlungen einverleibt, andererseits von Kunstliebhabern in ihre Kabinette aufgenommen wurde. Daneben kam er als Reproduktionstechnik häufig zum Einsatz. Die Umsetzung der künstlerischen Vorlage wurde von einem Stecher vorgenommen; der Druck erfolgte in einer Walzenpresse. Erst im 17. Jahrhundert kamen vermehrt Buchillustrationen in der Kupferstichtechnik auf, vor allem für vorangestellte Kupfertitel oder für eingehängte Tafeln und Karten. Patronierer oder Illuministen brachten Farbe in die Darstellungen; Erstere arbeiteten mit Grundfarben und Schablonen, Letztere kolorierten mit feinabgestuften Farbtönen realitätsnah nach der Natur.

Gießapparat eingespannt und dort mit gleichbleibenden Maßen in Gusstechnik beliebig oft reproduziert werden. Die aus einer Bleilegierung gefertigten Lettern trugen wiederum das seitenverkehrte und erhabene Abbild des Buchstabens.

Im hölzernen Setzkasten wurden die Drucktypen nach Häufigkeit der Verwendung in Fächer eingeordnet (vgl. Abb. 1.2). Die Aufgabe des Setzers war es, nach einer handschriftlichen Vorlage die Lettern zu Zeilen zusammenzutragen und als fertige Seite abzulegen. Nach erfolgtem Druck wurde die Druckform wieder aufgelöst und die Typen wurden in die Fächer des Kastens einsortiert.

An der Presse arbeiteten stets zwei Drucker zusammen (vgl. Abb. 11.5). Der Ballenmeister verteilte die Druckerfarbe auf den Druckformen, die auf dem Fundament des Karrens abgesetzt worden waren. Er benutzte dazu zwei Tampons aus Holzgriffen und mit Leder bezogenen und mit Pferdehaaren gefüllten Ballen. Währenddessen befestigte der Pressmeister einen angefeuchteten Papierbogen am aufgeklappten, beweglich am Karren befestigten Rahmen. Mit geschlossenem Deckel wurde der Rahmen dann über die Druckformen geklappt und der Karren mittels einer Kurbel unter den Tiegel geschoben, um eine Seite des Bogens zu bedrucken. Der Pressmeister betätigte nun den in die Spindel gesteckten Bengel zum Anpressen des Tiegels. Waren genügend Bögen auf der Schönseite bedruckt und die Farbe getrocknet, konnte mit dem Druck der Rück- oder Widerseite begonnen werden. Zu den abschließenden Arbeiten zählte das Leimen des Papiers sowie das Zusammentragen der Bögen.

11.7 DER BUCHFÜHRER Heinrich Kepner († 1543) verstaut Bücher in einem vor ihm stehenden Fass, dem bevorzugten Transportbehältnis der Zeit. Ungewöhnlich ist, dass Kepner bereits gebundene Bücher einschichtet. Aus Gewichtsgründen wurden bevorzugt lose Papierbögen ohne Einband transportiert. Kepner war im Erstberuf Buchbinder, ist aber von 1500 bis 1536 im Ämterbüchlein der Stadt Nürnberg als Buchführer belegt. Als solcher hatte er sich auf humanistische Literatur spezialisiert und verkaufte z. B. auch Exemplare von Hartmann Schedels „Weltchronik" aus dem Jahr 1493 / Amb. 279.2°, f. 31v

ENDVERARBEITUNG UND BUCHHANDEL

Handschriften wurden so gut wie nie auf Vorrat, sondern bevorzugt als Auftragsarbeiten ausgeführt; einzige Ausnahme bildeten Handschriftenmanufakturen wie z. B. die des Diebold Lauber. Als mit der Erfindung des Buchdrucks das Buch zur Massenware wurde, mussten für den Verkauf einer bis zu 1000 Exemplare umfassenden Auflage neue, über den Erscheinungsort hinausgehende Vertriebswege gefunden werden. Für die Aufgabe, Bücher als Verkaufsware heranzuführen, hatte sich um 1480 die Bezeichnung „Buchführer" eingebürgert (Abb. 11.7). In Ladengeschäften sowie auf Ständen von Jahrmärkten oder Messen im Umland hielten die Buchführer Bücher feil. Um dem Endkunden einen Arbeitsgang zu ersparen, boten sie in kleiner Zahl bereits mit Einbänden versehene Exemplare an; die meisten Bücher lagen aber als Packen loser Papierbögen aus. In diesem Zustand wurden Bücher aus Gewichtsgründen auch bevorzugt transportiert. Zur Verpackung sind Fässer benutzt wurden, die abgedichtet und mit dicken Planken versehen den besten Schutz gegen wetterbedingte Wasserschäden boten. Nicht nur wegen der Behältnisse, sondern auch wegen der benötigten Fuhrwerke waren die Transportkosten hoch und schlugen sich auf den Buchpreis nieder (vgl. Kap. 8). Den Fernhandel dominierten die großen Druckerverleger, die über die notwendigen Kontakte in die Zentren der Buchproduktion im In- und Ausland verfügten. Durch Ankäufe bei anderen Druckern bauten sie ein Sortiment auf. Eigene sowie fremde Druckerzeugnisse vertrieben sie über Faktoren, die sich in den großen Handels- und Gewerbezentren von Frankreich bis Böhmen und Ungarn, von Norddeutschland bis Italien niedergelassen hatten. Daneben etablierten sich die Frühjahrs- und Herbstmessen in Frankfurt am Main und in Leipzig als wichtige Warenumschlagsorte.

BUCHBINDER Auch nach der Erfindung des Buchdrucks wurde nur ein kleiner Teil einer Auflage fertig gebunden angeboten; in der Regel kamen die Bücher bis in das 18. Jahrhundert hinein ungebunden in losen Lagen auf den Markt und wurden im Auftrag des Käufers mit einem Einband versehen. Diese Aufgabe übernahmen von Laien betriebene Werkstätten, die sich im Lauf des 15. Jahrhunderts in den Städten ansiedelten und nach den über Jahrhunderte bewährten Prinzipien der Klosterbuchbindereien arbeiteten. Diese Handwerker zählten zu den Profiteuren, als nach 1470 das gedruckte Buch zur Massenware wurde – mit entsprechenden Konsequenzen für die Lieferanten der für die Einbände benötigten Materialien, wie z. B. die Gerber und Pergamenter oder die Gürtler (vgl. Kap. 9).

Vornehmste Aufgabe des Buchbinders war es, die losen Bögen auf Vollständigkeit zu prüfen, zu falzen und zu Lagen zusammenzutragen. In der Heftlade wurden die Lagen mit Fäden auf Hanf- oder Lederstreifen geheftet. Der so entstandene Buchblock konnte dann an den offenen Seiten mit einem Hobel sauber und glatt beschnitten werden (Abb. 11.8). Auf das Runden des Buchrückens folgte – so gewünscht – die Bearbeitung der Schnitte, die gefärbt, gesprenkelt oder bemalt sowie vergoldet, punziert und geschabt werden konnten. Anschließend sind die Hanfschnüre

11.8 DER BUCHBINDER Heinrich Treu († 1733) steht vor einem Arbeitstisch mit Heftlade, in die mehrere Lagen eines Buches zur Anfertigung des Buchblocks eingespannt sind. Unter dem Tisch bewahrt er einen Hobel zum Beschneiden des Buchblocks sowie eine Handpresse mit eingelegtem Buchblock auf.
Amb. 317b.2°, f. 234r

oder Lederstreifen mit den aus Holz gefertigten Buchdeckeln verpflockt worden; Pappen als Buchdekkel kamen erst im Lauf des 16. Jahrhunderts auf. Als Bezugsmaterialien wurden Leder und Pergament sowohl ungefärbt als auch gefärbt bevorzugt. Das gefeuchtete Leder erhielt meistens einen mit erwärmten Stempeln, Rollen oder Platten in Blind- oder Goldprägung erzeugten Dekor; ähnlich wurde auch Pergament bearbeitet. Die Handstempel, an Holzgriffen befestigte Rädchen und ein- oder doppelseitige Platten, bestanden aus unterschiedlichen Metallen und waren mit gravierten ornamentalen oder figürlichen Darstellungen versehen (vgl. Abb. 9.10). Hergestellt wurden sie wohl in verschiedenen Werkstätten. Der Einsatz der Platte ab dem späten 15. Jahrhundert ist unter anderem dem Versuch geschuldet, den Arbeitseinsatz in Anbetracht der steigenden Auftragszahlen zu ökonomisieren. Er setzte die Zuhilfenahme einer beim Buchdruck und in der Papierherstellung bereits eingeführten Spindelpresse voraus. Zuletzt befestigte der Buchbinder zum Schutz der Einbände Beschläge oder Buckel auf Vorder- und Rückdeckel und nagelte den aus Riemen, Blech, Lager und Haken bestehenden Verschluss auf (Abb 11.9). Die aus Messing gegossenen oder geprägten Rohlinge erhielt er montagefertig von auf Schließengeschmeide hochspezialisierten Gürtlern, den für Zentren wie Augsburg, Leipzig, Nürnberg oder Wittenberg bezeugten Klausurenmachern, die Beschläge und Verschlüsse in Massen auch für den Export herstellten. Für die seit dem 16. Jahrhundert häufig gedruckten Broschüren, seien es nun religiöse Propaganda- oder Flugschriften, Gelegenheitsschriften oder Dissertationen, wurden hingegen flexible Einbände aus rot oder schwarz gefärbtem Pergament sowie seit dem 16. Jahrhundert Buntpapiere bevorzugt.

Christine Sauer

11.9 NICASIUS FLORER (Flurer, † 1617) stellt in seiner Ladenwerkstatt einen Bucheinband fertig. Er hat die Buchdeckel mit hellem Leder oder Pergament bezogen und den Schnitt rot gefärbt. Nun nagelt er an ein Schließenband einen Schließenhaken an, den er wie das noch auf der Lade liegende Schließenlager von einem Gürtler als Rohlinge bezogen hat. Weitere gebundene Bücher sind, mit einem Gewicht beschwert oder in eine Handpresse eingespannt, auf dem Tisch rechts im Bild zu sehen. Florer, der 1569 als Buchbinder seinen Meister machte, wird von 1573 bis 1594 als Buchführer im Ämterbüchlein der Stadt Nürnberg geführt, hat also nicht nur Bücher gebunden, sondern auch mit Büchern gehandelt. / Amb. 279.2°, f. 85v

ENDVERARBEITUNG UND BUCHHANDEL | 145

Niclas Clürel ein Claſer iſt geſtorben den 29 May
im 54 Jar und in diſem bruderhauß geweſt 2 3 Jar

Der Gläsner

GLASHERSTELLUNG UND DAMIT VERBUNDENE GEWERBE

Es ist vermutlich einmalig, dass ein Wort gleichzeitig einen Werkstoff und einen Gebrauchsgegenstand bezeichnet, der aus diesem Werkstoff hergestellt wird. Glas war bereits in der Antike wertvoll und teuer – entsprechende Produkte wurden zeitweilig mit Gold aufgewogen. Im Mittelalter entstanden im Zusammenhang mit Glas zwei Berufsgruppen: die einen produzierten das Glas, die anderen ver- oder bearbeiteten es. Zu Ersteren gehörten der Glasschmelzer, der Glasbläser, der Einträger und der Strecker, also Berufe, die in der Glashütte ausgeübt wurden; zu Letzteren zählten der Glaser, der Glasmaler, der Glasschleifer, der Glasgraveur und der Sanduhrmacher. Hergestellt wurden zuerst Trinkgefäße und Schalen, später Fensterglas und die für die Alchemie benötigten Glasgefäße. Infolge der immer größer werdenden Anforderungen aus den Naturwissenschaften werden heute zusätzliche Eigenschaften des Glases in Form vielfältiger Spezialglassorten genutzt. So ist Glas aus allen Lebens- und Technikbereichen der Gegenwart nicht mehr wegzudenken.

DIE GLASHERSTELLUNG

Glas ist eine unterkühlte Flüssigkeit, die erstarrt ist ohne zu kristallisieren. Es ist amorph, also gestaltlos. Vereinfacht kann man sagen, dass für die Glasherstellung drei Rohstoffgruppen benötigt werden: Glasbildner, Flussmittel und Stabilisatoren.

GLASROHSTOFFE Abgesehen von den Glasbestandteilen, die sozusagen als natürliche Verunreinigung der Rohstoffe in die Glasschmelze gekommen sind, werden als Glasbildner Quarzsand (Siliziumdioxid), als Flussmittel Soda (Natriumcarbonat) und/oder Pottasche (Kaliumcarbonat) und als Stabilisator Kalk (Calciumcarbonat) oder Bleimennige (Bleioxid) verwendet. Der Quarzsand ist die Voraussetzung für die Bildung des glasigen Zustands. Wegen seines hohen Schmelzpunktes wurden bereits in der Antike Stoffe hinzugefügt, die die Schmelztemperatur herabsetzten, die Flussmittel. Letztere sind allerdings dafür verantwortlich, dass das dabei entstehende „Glas" wasserlöslich ist. Dieses Wasserglas besteht aus Sand und Soda bzw. Pottasche. Um die Wasserlöslichkeit weitgehend wieder aufzuheben, werden der Glasschmelze Stabilisatoren wie Kalk, der als Kalkstein oder als Kreide eingebracht wird, oder Bleimennige hinzugefügt. Kalk findet Verwendung bei der Flachglas- und der Hohlglasherstellung, Letzteres wird dann auch böhmisches Kristallglas oder Kreideglas genannt. Bleimennige benutzt man bei der Hohlglasherstellung des Bleikristallglases. Neben den hier genannten Rohstoffen wurde immer auch Abfallglas mit geschmolzen. Deshalb findet man an Glashüttenstandorten stets nur Glasreste aus der Zeit, als die Hütte aufgegeben wurde.

Ebenso wie in der Antike, im Mittelalter und in der frühen Neuzeit kam der Sand aus Sandgruben, von Flussufern oder Meeresstränden. Den Kalk lieferten Kalkfelsen oder Kreideablagerungen. Die Soda wurde aus der Sodapflanze oder den Sodaseen vor allem aus dem Vorderen Orient gewonnen. Für die Pottasche wurde ursprünglich die Asche des Feuerungsholzes oder Asche durch Holzverbrennung (vor allem Buchenholz) verwendet.

Die Carbonate (Soda, Pottasche und Kalk) zersetzen sich in der Schmelze, und aus dem Natriumoxid und/oder Kaliumoxid und Calciumoxid bzw. Bleioxid bildet sich zusammen mit dem Siliziumdioxid das Glas. Das als „Abfallprodukt" entstehende Kohlendioxid, das gasförmig in der Schmelze verteilt ist und vielfältige, im fertigen Glas meist unerwünschte Bläschen erzeugt, muss entfernt werden. Den entsprechenden Vorgang nennt man Läutern des Glases. Der Schmelzprozess bis zur Verarbeitung verläuft in drei Etappen, zuerst die Rauschmelze (Auflösung der Rohstoffe), dann die Feinschmelze (Homogenisierung des Glasbreis und Läuterung) und schließlich das Abstehen (Abkühlen), bis das Glas eine verarbeitungsfähige Konsistenz hat.

Der Vorgang der Feinschmelze findet bei ca. 1200 bis 1400° Celsius statt, der höchsten Temperatur im Schmelzprozess. Zur Homogenisierung und Läuterung der Glasmasse wird im Hafenofen ein vorher in Wasser gründlich getränkter und an einem Metallstab befestigter Holzklotz in die Glasmasse gestoßen. Das Wasser verdampft zu großen Blasen, die in der Schmelze nach oben steigen und die feineren Gasblasen mit sich reißen. Gleichzeitig wird dadurch die Glasmasse gründlich durchgemischt – homogenisiert. Bei den heutigen Herstellungsverfahren geschieht dieses Läutern mithilfe von Chemikalien.

GLASSCHMELZE Die Glasschmelze geschah meist in kuppelförmigen Schmelzöfen, in denen sich Tongefäße als Schmelztiegel, die Häfen, befanden (Abb. 12.1). Die benötigten Temperaturen betragen heute je nach Glaszusammensetzung mindestens 1400° Celsius. Verunreinigungen der Rohstoffe, u.a. durch Schwefel, bildeten die Glasgalle, die auf der Oberfläche der Schmelze schwamm und beseitigt werden musste. Verunreinigungen durch Eisenoxide, enthalten vor allem im Sand, führten zur Grünfärbung des Glases. Da die Glashütten im Wald produzierten, nannte man dieses grünliche Glas Waldglas. Diese Grünfärbung wurde im späten Mittelalter durch die optische Glasentfärbung beseitigt (additive Farbmischung, Aufhebung der Färbung durch die Komplementärfarbe in einem komplizierten, chemisch-physikalischen Vorgang). Als Rohstoff dafür wurde Braunstein (Manganoxid) verwendet, der Glasmacherseife genannt wurde. Dadurch entstand aus dem grünlich gefärbten Waldglas das weiße (farblose) Kristallinglas. Sowohl in der Antike als auch später in der mittelalterlichen Glasproduktion im Mittelmeerraum, vor allem in Venedig, konnte wegen der weitgehend eisenfreien Rohstoffe schon weißes Glas, klar, durchsichtig und ohne Farbstich, hergestellt werden. Das weißliche undurchsichtige Glas wird dagegen Milchglas genannt.

Zuständig für die Schmelze war der Glasschmelzer, dessen Wissen möglichst nur in der Familie weitergegeben wurde. In Venedig, wo die Glasherstellung wegen der Feuergefahr auf die Insel Murano verlegt worden war, wurden die Glasschmelzer mit dem Tode bedroht, wenn sie die Insel verlassen wollten. Der Schmelzprozess dauerte meistens zwei Tage.

12.1 GEORG AGRICOLA beschloss sein Buch „Vom Bergwerck" 1557 mit einem Kapitel über die Glasherstellung. Der begleitende Holzschnitt zeigt eine Werkstatt mit kuppelförmigem Schmelzofen im Zentrum, an dem sich mehrere Glasbläser mit ihrem wichtigsten Werkzeug betätigen, der Glasbläserpfeife aus Eisen mit einem hölzernen Handgriff. Rechts außen wird die Herstellung einer bei der Fensterverglasung eingesetzten Tellerscheibe (A) demonstriert: Der Glasbläser drückt den Boden einer aufgeblasenen Kugel platt, um diesen abschließend vom Oberteil zu trennen. Auf dem Werkstattboden liegen hölzerne Formen, in die Hohlgläser eingeblasen werden konnten, sowie eine Zange und Glasbruch, der wieder im Ofen eingeschmolzen wurde. Im Vordergrund rechts steht eine Transportkiste mit diversen Glasprodukten, darunter Nuppengläser und Flaschen.
Georg Agricola: Vom Bergwerck, Basel 1557 (Stadtbibliothek Nürnberg, 1 an Var. 61.2°, S. 490)

ALLTAGSGEFÄSSE UND SPEZIALANFERTIGUNGEN

Hatte das Glas die entsprechende Verarbeitungskonsistenz, konnte der Glasbläser mit der Glasmacherpfeife das Glas aus dem Hafen entnehmen und formen. Die Glasmacherpfeife ist ein hohles Eisenrohr von ca. 1,20 bis 1,50 m Länge und je nach Glasmenge, die für das Gefäß benötigt wurde, mit entsprechender Dicke. Das Glas wurde in mehreren Etappen – man spricht von „Überstechen" – aus dem Schmelzhafen herausgeholt und entweder frei geblasen oder in wassergetränkten Holzformen eingeblasen. Runde Glasgegenstände wurden dabei in der nassen Holzform gedreht. Durch die Wasserdampfschicht, die sich zwischen der Holzform und dem Glas bildete, und das Drehen erhielt das Glas eine glatte Oberfläche. Sowohl beim frei geformten als auch bei einem in einer Form gedrehten Glasgefäß ist das Glas durchsichtig. Man spricht hierbei auch von der Feuerpolitur.

DIE GLASHERSTELLUNG | 149

12.2 ALCHEMISTISCHE TEXTE sind häufig illustriert, um Arbeitsmittel und -methoden zu erläutern. Der Holzschnitt aus dem Jahr 1541 zeigt neben einem alchemistischen Ofen (Athanor) einen gläsernen Destillierkolben mit aufgesetztem Destillierhelm (Alembik).
Geber: In hoc volumine de alchemia continetur ... Nürnberg: Johann Petreius, 1541 (Stadtbibliothek Nürnberg, Med. 26.4°, S. 104)

Eckige Glasgegenstände wurden in entsprechenden nassen Holzformen „still", also ohne Drehen, eingeblasen. Hierbei entstand eine etwas schlierige oder auch matte Oberfläche. Außerdem sah man die Naht der Holzform. Manche Glasgefäße hat man – bevor sie in der Holzform gedreht wurden – in eine Vorform hineingepresst, wodurch eine unterschiedliche Wandstärke entstand. Dadurch bildete sich ein Glasmuster, das als optische Glasveredlung bezeichnet wird, da der Effekt auf unterschiedlichen Wandstärken beruht. Bei Gefäßen, die später oben offen und am Rand besonders geformt sein sollten oder Henkel hatten, wurde an die geblasene Glasform am Boden ein Hefteisen angeheftet. Danach formte der Stuhlmacher die Öffnung und/oder setzte den Henkel oder bei Kelchgläsern den Stiehl an. Nach der Formung wurde das Glas vom Einträger in den Kühlofen gebracht, der sich oft oberhalb des Schmelzofens mit einer eigenen Öffnung und einem eigenen Boden befand. Dort musste das Glas langsam auf die Temperatur herabgekühlt werden, bei der eine Umlagerung der Moleküle nicht mehr möglich ist. Dadurch wurden Glasspannungen verhindert, die zum vorzeitigen Bruch des Glases geführt hätten.

Auf eine ähnliche Art und Weise wurden auch die Glasgefäße hergestellt, die in der Alchemie verwendet wurden (Abb. 12.2). Hier war die Spannungsfreiheit besonders wichtig, da diese Gefäße oft eine dickere Wandung hatten und häufig hohen Temperaturen durch Erhitzen ausgesetzt waren. Außerdem konnte man die alchemistischen Prozesse in dem durchsichtigen Glas beobachten. Da Glas kaum den Prozess beeinflusste, wird es auch heute noch in der Chemie und überall dort eingesetzt, wo eine Prozessbeeinträchtigung durch das Gefäßmaterial auf jeden Fall vermieden werden muss.

Ebenso wie der Alchemist seine Destillierkolben, Destillierhelme etc. aus der Glashütte bezog, hat auch der Sanduhrmacher seine Glasgefäße von dort erhalten. Seine Aufgabe war es, den Sand aufzubereiten, das Verbindungsstück zwischen den beiden Glasbehältern mit der entsprechenden Düsenöffnung herzustellen und schließlich die Sandmenge für die jeweilige Zeiteinheit in die Uhr zu bringen und die Uhr in das Gestell einzubauen.

Neben den vielfältigen Glasgeräten, die in der Alchemie eingesetzt wurden, und den Glasgefäßen für die Sanduhrmacher gab es weitere Anwendungsbereiche sowohl für Produkte der Glasherstellung als auch der Weiterverarbeitung. Zu Ersteren gehören u. a. in der Medizin die Schröpfköpfe (Abb. 12.3) oder die Uringläser (Matula) für die sogenannte Harnschau zur Krankheitsbestimmung sowie Glasgefäße für den Aderlass. Ein weiterer Anwendungsbereich für Glas nach der entsprechenden Weiterverarbeitung sind die Optik und die Messtechnik. Zur Optik gehören die geschliffenen Glaslinsen aus besonders blasenfreiem und weißem Glas für Brillen (Abb. 12.4), Fernrohre und Mikroskope. Einsatz in der Messtechnik fanden u. a. Barometer, Thermometer und Aräometer.

12.3 DER BADER Wolff Geigenfeindt († 1612) wird in einer Badestube mit einer typischen Butzenverglasung gezeigt. Wie sein Kunde ist er nur mit einer Badehose bekleidet; sein abgelegter Mantel und Hut hängen an der Wand. Er erwärmt gerade den Rand eines Schröpfbechers aus Metall an einer Öllampe. Die zur örtlichen Blutableitung eingesetzten Schröpfköpfe konnten formgleich auch aus Glas oder Keramik hergestellt werden. / Amb. 317b.2°, f. 80v

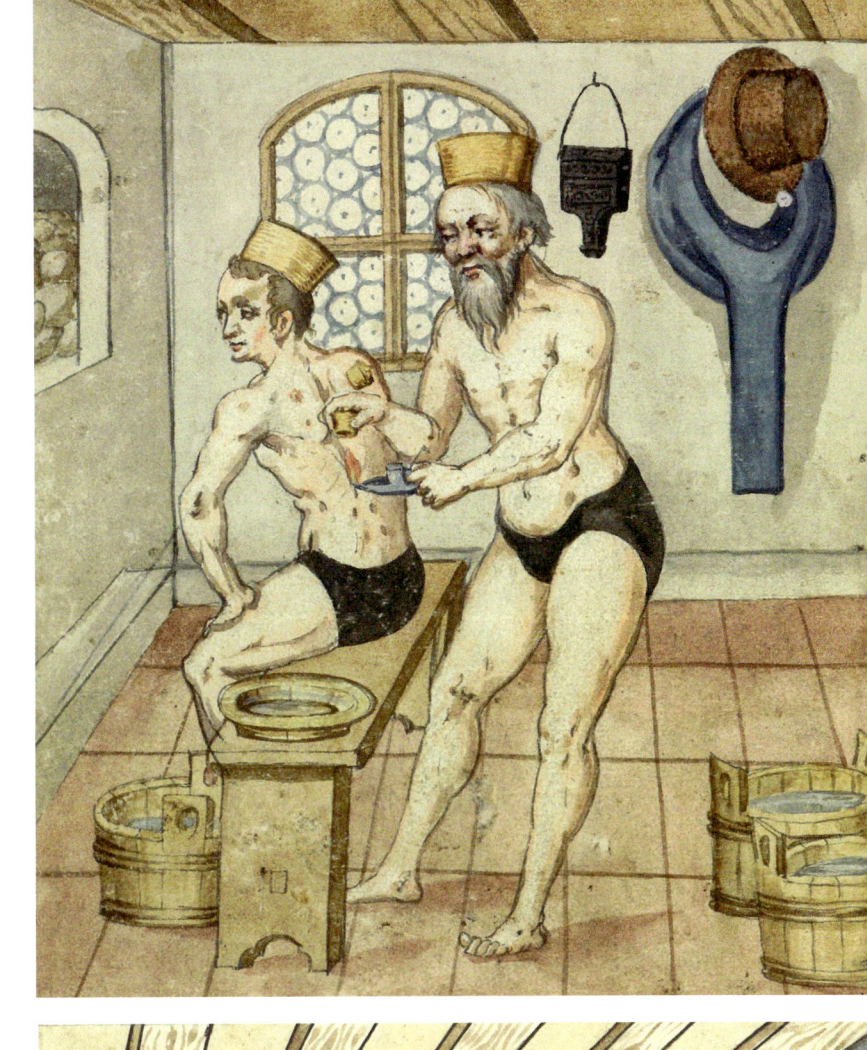

12.4 AUGENGLÄSER aus geschliffenen Gläsern, die in Gestelle aus Holz, Leder oder Horn eingesetzt wurden, konnten in den Werkstätten der in Nürnberg ansässigen Brillenmacher erworben werden. Eine typische Bügelbrille nebst einem ihrer Aufbewahrung dienenden Etui liegt auf der Bank des Messerers Wolf Hartmann († 1566) zwischen den von ihm hergestellten Produkten. Wolf Hartmann war in das Mendelsche Zwölfbrüderhaus aufgenommen worden, weil er sich während der Pestepidemie 1562/63 als Vorbeter im Sebastianlazarett bewährt hatte. Auch diese Tätigkeit wird im Bild berücksichtigt: Eine aus der eigentlichen Werkstatt führende Tür gewährt Einblick in einen zweiten Raum, in dem Wolf Hartmann im Lazarett betend am Bett eines Todkranken zu sehen ist. / Amb. 317b.2°, f. 20v

12.5 ALS GLASER ist Niclas Klucel († 1554) an seinem Arbeitstisch sitzend bei der Herstellung einer Butzenverglasung dargestellt. Mit seinen Händen umwickelt er eine Butzenscheibe mit einem Bleisteg. Griffbereit befinden sich links von ihm auf der Tischplatte ein Gefäß mit Lötfett zum Verlöten der Verbindungsstellen der Bleistege und einzelne Bleiruten. Damit die angefangene Verglasung nicht verrutscht, sind Scheiben und Holzrahmen mit konisch zulaufenden „Bleinägeln" fixiert. Daneben liegen ein Messer, ein Bleihammer mit sichelförmigem Ende zum Abschneiden der Bleiruten und Kröseleisen zum Bearbeiten der Glaskanten. Auf dem Wandregal stehen zwei Hohlglasgefäße und zwei Kabinettscheiben mit jeweils einer Butze in der Mitte. Glasflaschen, ein Stangenglas und ein Krautstrunk mit Nuppendekor sowie ein Becher sind auf der Schaulade im Vordergrund aufgereiht; mit diesen Hohlgefäßen hat Klucel wohl gehandelt. / Amb. 279.2°, f. 40r

FENSTERGLAS Schon in der römischen Antike wird von Fensterglas berichtet. Dafür wurde Glasmasse auf eine flache Unterlage aufgebracht und mit einem Metallstab auseinandergedrückt. Durch den Kontakt mit der Unterlage war diese Seite des Glases mehr oder weniger rau, die Scheiben waren nur durchscheinend. Im Mittelalter wurde das Fensterglas, farbig oder durchsichtig, auf drei verschiedene Arten hergestellt. Theophilus Presbyter, wahrscheinlich identisch mit dem Mönch Roger von Helmarshausen, hat in seiner „Diversarum Artium Schedula" im 12. Jahrhundert erstmalig die Herstellung von Fensterglas beschrieben. Der Glasbläser holte mit seiner Glasmacherpfeife, die jetzt einen dickeren Durchmesser hatte, durch mehrmaliges Überstechen eine entsprechende Glasmenge aus dem Hafen, die er durch ständiges Drehen in der Luft bzw. in einer wannenförmigen Form zu einem länglichen zylinderförmigen Glasgefäß aufblies. Dieser Glaszylinder wurde unten aufgeschnitten und anschließend von der Glasmacherpfeife abgetrennt. Dabei wurden die beiden Öffnungen dem Durchmesser des Zylinders angepasst. Anschließend wurde der Glaszylinder der Länge nach aufgetrennt und im Streckofen vom Strecker zu einer Glasplatte von ca. 60 x 90 cm „aufgeklappt". Diese Herstellungsweise wird im Wesentlichen auch heute noch bei der Echtantikglasherstellung angewandt.

Anders ist das Verfahren bei der Mondglasscheibe. Diese runde Scheibe wurde mit einem Durchmesser bis zu 90 cm erzeugt, die im kalten Zustand in zwei Teile getrennt wurde. Das Mittelstück wurde nicht verwendet und daher wieder eingeschmolzen. Eine mit einer Glasmacherpfeife geformte Kugel wurde unten aufgeschnitten und durch Schleudern eine runde Glasplatte erzeugt. Auch die Tellerscheibe gewann man aus kugeligen Glasgefäßen: Die durch Plattdrücken entstehende Bodenplatte mit einem Durchmesser bis zu 30 cm hatte kein Mittelstück und stand so vollständig für die Verglasung zur Verfügung.

Die dritte Herstellungsweise war die des Butzenglases. Am Boden einer kleinen geblasenen Kugel wurde ein Hefteisen angesetzt – das ergab den Butzen/Batzen – und die Kugel von der Glasmacherpfeife abgetrennt. Mit einem Holz formte man die Kugel zu einem kleinen Teller. An dem hohlen, dabei umgelegten Rand erkennt man die echte Butzenscheibe (Abb. 12.5). Alle Fensterglassorten mussten nach ihrer Formung entsprechend gekühlt werden, damit das Glas möglichst frei von Spannungen war.

Gemessene Zeit

Nürnberg war die einzige Stadt, in der die Sanduhrmacher eine eigene Ordnung hatten. Diese war im 16. und 17. Jahrhundert gesperrt, d. h. Fremde wurden – auch als Lehrlinge – nicht zugelassen.

Die Sanduhren sind etwa zur gleichen Zeit wie die Räder- und Schlaguhren zu Beginn des 14. Jahrhunderts entstanden. Vorher wurde die Zeit mit astronomischen Instrumenten oder mit Wasseruhren gemessen. Zur Herstellung einer Sanduhr wurden zwei an den Schmalseiten offene, kelchförmige Glasgefäße an den „Stielansätzen" durch eine wahrscheinlich aus Metall bestehende Hülse, die eine entsprechende Öffnung hatte, miteinander verklebt (Abb. 12.6). Diese Kombination war dann meist in einem Holzgestell fixiert. Gefüllt wurden die Sanduhren mit einem getrockneten, feinkörnigen Sand, der durch bis zu 20 verschiedene, immer maschenfeinere Siebe so lange gesiebt wurde, bis eine möglichst homogene Korngröße als Ergebnis übrig blieb. Dadurch sollte der Durchfluss ohne Stauungen gesichert werden. War dieser Sand eisenhaltig, so konnte er durch Brennen eine rötliche Farbe erhalten. Auch gemahlene Eierschalen, Blei- und Zinnkügelchen wurden als Füllmaterial verwendet. Die konische Form der Gefäße war notwendig, um die Fließgeschwindigkeit möglichst konstant zu halten.

Je nach Größe der Glasgefäße, Füllmenge und Durchmesser der Düsenöffnung können und konnten Sanduhren für unterschiedliche Zeitintervalle hergestellt werden. Häufig betrugen die Zeitdifferenzen eine Stunde oder deren Unterteilungen, weshalb man auch von Stundengläsern spricht. In der Literatur werden auch Sanduhren mit einer Zeitdifferenz von 24 Stunden erwähnt. Sanduhren dienten zur Kontrolle von Turmuhren, zur Messung der Zeit und der Geschwindigkeit in der Seefahrt sowie zur Begrenzung der Redezeit bei Gericht und auf der Kanzel. Um die Jahrhundertwende vom 19. zum 20. Jahrhundert wurden im Berliner Hauptfernsprechamt 90 Sanduhren zur Messung der Gesprächsdauer verwendet.

Die Entstehung von Sand-, Räder- und Schlaguhren wurde notwendig, als Handel und Gewerbe eine Festlegung der Tagesstunden von jeweils gleicher Länge erforderten. Diese Entwicklung ging von den Städten aus. Dagegen passten sich die Horen (Stunden) in den Klöstern der jeweiligen Aufgabe – Gebets-, Arbeits-, Essens- und Schlafphase – sowie der Tages- und Nachtzeit an und waren deshalb von unterschiedlicher Dauer.

12.6 DER SANDUHRMACHER Jacob Wagenseil († 1692) präsentiert mit seiner linken Hand ein hölzernes Gestell mit drei Sanduhren. Deutlich sichtbar ist die Montage der jeweils zwei durch eine Manschette zusammengehaltenen Glaszylinder. Wahrscheinlich war jede der drei Sanduhren mit unterschiedlichem Sand für verschiedene Zeitmessungen befüllt. Ein weiteres hölzernes Gestell, noch ohne Glaseinsätze, liegt auf dem Tisch. / Amb. 317b.2°, f. 180v

GLASMACHERBUND UND HÜTTENORDNUNGEN

Die Geheimhaltung der Rezepturen und der Technologien führte dazu, dass nur eine geringe Zahl von Familien dieses Handwerk ausübte. Infolge des durch die Arbeit bedingten, zumindest im Sommer abgeschieden im Wald geführten Lebens waren diese Familien für die restliche bäuerliche Bevölkerung unheimlich. Auch dadurch blieben die Glasmacherfamilien weitgehend unter sich. Typische Glasmachernachnamen, die über das ganze nördliche Europa verteilt sind, lauten: Becker, Fleckenstein, Gundelach, Kunckel, Seitz, Stenger und Wentzel. Die älteste überlieferte Zunft- oder Hüttenordnung stammt aus dem Spessart und datiert aus dem Jahr 1406. In dieser wurde u. a. der Zeitraum festgelegt, von wann bis wann die Glashütte betrieben und welche Glasmenge geschmolzen werden durfte sowie wie viele Mitarbeiter in einer Hütte beschäftigt werden konnten. Diese Regelungen sollten auch den Buchenwald schützen. Buchenholz wurde einerseits für die Feuerung des Schmelzofens, aber auch zur Herstellung der Holzasche (Pottasche) benötigt. Da sich der Spessartbund 1525 dem Bauernaufstand anschloss, wurde die Spessartordnung als Strafmaßnahme aufgehoben und 1537 durch den hessischen Bundesbrief ersetzt. Zum Sitz der Zunft wurde Großalmerode in Nordhessen gewählt, wohl weil aus diesem Ort der beste Ton für die Schmelzgefäße, die Häfen, kam. Der Bundesbrief wurde 1559 erneuert und erweitert.

GLASVEREDLUNG

Das Bedürfnis nach Schmuck, Prunk und Ästhetik führte in der frühen Neuzeit dazu, dass die Glasgefäße, die in der Glashütte geformt worden waren, nun weiter bearbeitet – veredelt – wurden. Unter Glasveredlung wird die nachträgliche Bearbeitung der Glasform durch Bemalung, Schliff, Gravur, Ätzung oder Ritzung verstanden. Die Schliff- und Ritztechnik war bereits in der Antike bekannt. Bei der Schliff-/Gravurtechnik wurde in Anlehnung an Verfahren des

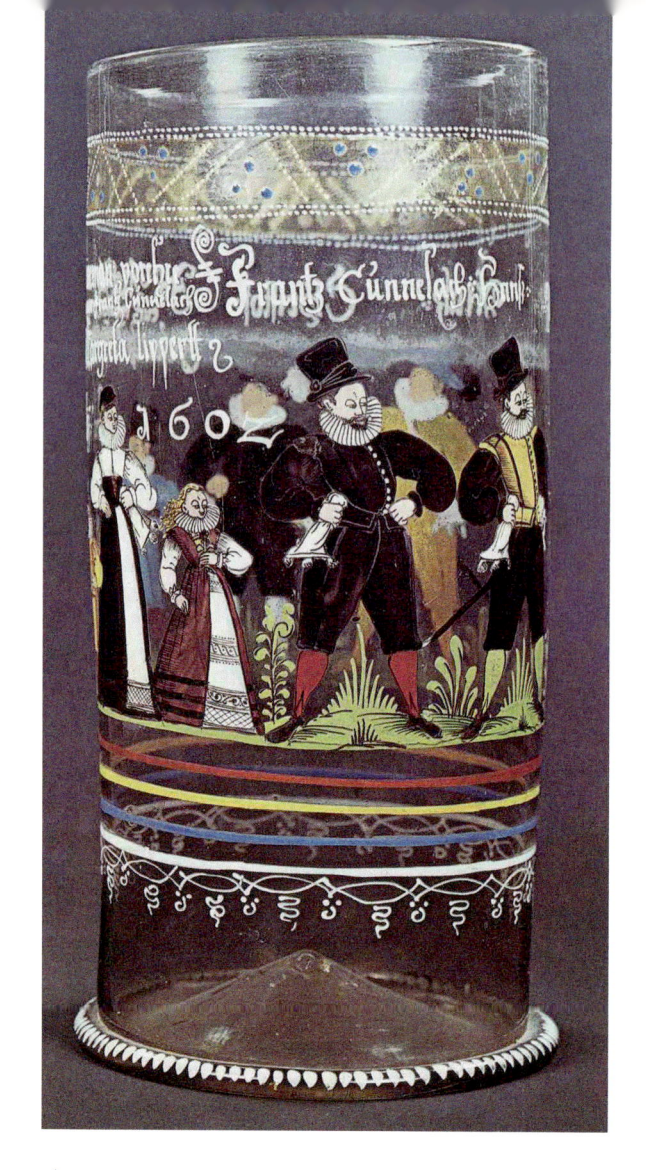

12.7 DEN HUMPEN des Franz Gundelach aus Großalmerode (Hessen) versah der Glasmaler Matthias Heinemann 1602 mit Emailmalereien. Dargestellt wurde der Besitzer und Auftraggeber mit weiteren namentlich genannten Familienmitgliedern.
Museumslandschaft Hessen-Kassel (hier aus Franz-Adrian Dreier: Glaskunst in Hessen-Kassel, Kassel 1969, Abb. 13)

Steinschnitts sowohl der Hochschliff – entsprechend der Kamee – als auch der Tiefschliff – entsprechend der Gemme – verwendet. Sicherlich waren es teilweise die gleichen Handwerker, die sowohl den Steinschnitt als auch den Glasschliff angewendet haben. Im Mittelalter finden wir zuerst bei Hohlglas die Bemalung der Gläser mit durchsichtigen oder undurchsichtigen (opaken) Glasfarben (Abb. 12.7). Zu dieser Gruppe von Trinkgefäßen gehören zum Beispiel Zunft-, Scherz- und Reichsadlergläser.

Gegen Ende des Mittelalters veränderte sich der Geschmack. Bei den Glasgefäßen wurde das grünliche Waldglas durch das weiße Kristallin- bzw. Kristallglas abgelöst. Dabei handelte es sich zuerst um Importware vor allem aus Venedig. Auch nördlich der Alpen wurden jetzt Weißglashütten gegründet und entsprechende Gläser hergestellt. Dabei entstanden einerseits die sogenannten „Flügelgläser" oder Gläser „à la façon de Venise", die eine Form der Hüttenveredlung darstellten, und andererseits vor allem Pokale, die durch Schliff und/oder Gravur veredelt wurden.

Geschliffene Flächen wurden in der Regel nachträglich poliert, um die Durchsicht und den Glanz der Glasoberfläche wieder herzustellen. Bei der Gravur wurden unterschiedliche Motive, die meist matt blieben, aus der Glasoberfläche herausgeschält. Die Ritztechnik entwickelte sich, nachdem man festgestellt hatte, dass man mit einem Diamanten Muster in die Glasoberfläche bringen konnte. Die Ätztechnik kam im 17. Jahrhundert mit der Entdeckung auf, dass Flusssäure (Fluorwasserstoffsäure) die Glasoberfläche angreift. Um Muster erzeugen zu können, musste die Fläche, die nicht geätzt werden sollte, abgedeckt sein. Dies geschah mit Asphaltlack, den man anschließend durch Hitze wieder entfernen konnte. Diese Techniken wurden im Laufe der Jahrhunderte auch auf Flachglas angewendet.

MONTAGE VON FENSTERGLAS

Fensteröffnungen gehörten von Anfang an zu jeder künstlich erzeugten menschlichen Behausung. Wie gesagt, gab es spätestens seit der römischen Antike den Versuch, diese Öffnungen mit Glas zu verschließen. Seneca lehnte angeblich die Verglasung der Thermen ab, weil dadurch die Jugend verweichlicht werden würde. Zur gleichen Zeit verschloss man z. B. in den frühchristlichen Kirchen Ravennas Fensteröffnungen mit „Marienglas", einem dünn geschliffenen Gipsmineral. Nach der Völkerwanderung bis teilweise weit in das Mittelalter hinein bestand der Fensterverschluss außerhalb der Kirchen zunächst aus Holzläden, geöltem Papier bzw. geölter Leinwand, Pergament, Tierhaut und ähnlichen Materialien. Diese ließen zwar alle mehr oder weniger Licht in den Raum, waren aber nur durchscheinend, nicht durchsichtig. Erst in der Romanik finden wir Berichte, die nördlich der Alpen von verglasten Kirchenfenstern sprechen. Fensterglas war selten und teuer und auch für den Bürger in den Städten kaum zugänglich. Auf entsprechenden Gemälden ist oft zu sehen, dass die unteren Fensterflügel mit einem Schlagladen versehen waren und nur die oberen kleinen Flügel eine Verglasung hatten. Die gotischen Kathedralen mit der Auflösung der Wände durch große Fenster sind ohne Verglasung mit farbigen, bemalten Glasscheiben nicht denkbar. Die Frage, ob die gegenüber der Romanik in der Gotik veränderte Bauweise und Statik die Glasproduktion beeinflusst hat oder umgekehrt die Möglichkeit, Glas in größeren Mengen zu entsprechenden Bedingungen zu erzeugen, zur Fenstergröße beigetragen hat, kann nicht beantwortet werden. Sicher ist nur, dass vielfach in der Nähe der gotischen Kirchen auch Glashütten ansässig waren.

Man geht heute davon aus, dass die oben beschriebenen Herstellungsverfahren für Fensterglas zur Zeit der Romanik entstanden sind. Während die Butzenscheiben in gewisser Weise Fertigprodukte sind, musste sowohl die Glastafel aus dem Glaszylinder wie auch die Mondglas- und die Tellerglasscheibe entsprechend den Erfordernissen zugeschnitten werden. Auch für die Butzenverglasung benötigte man für die Zwischenräume der runden Butzen passende Zwickelscheiben (Abb. 12.8). Für die Zeit vor der Benutzung des Diamanten zum Zuschneiden der Glasstücke beschreibt der schon genannte Theophilus das gängige Verfahren. Man trug auf einer glatten Unterlage die Zeichnung der gewünschten Zuschnitte auf, übertrug diese Zeichnung mit Kreide und feinem Pinsel auf die Schreibe, erhitzte das Glas mit dem heißen Trenneisen entlang der Zeichnung und erzeugte so einen Spannungsbruch. Die meist dann noch notwendige Feinarbeit der Kantenbearbeitung erfolgte anschließend mit dem Kröseleisen. Die einzelnen Glasstücke wurden dann durch anfangs gegossene, später durch Ziehen hergestellte, doppel-T-förmige Bleiruten miteinander verbunden, die an den Stoß-

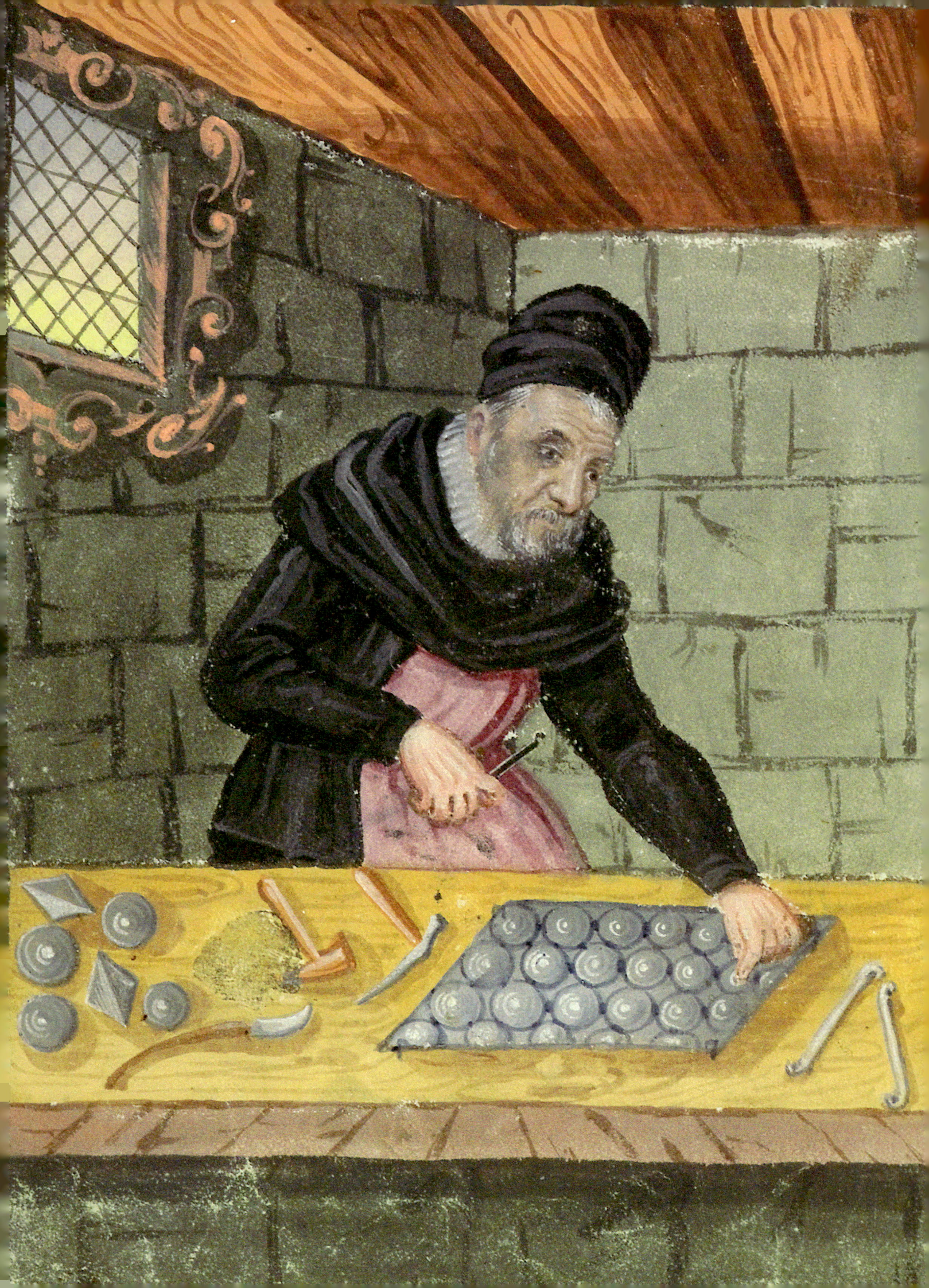

12.8 ASTRUBAL AUFDINGER († 1626) beugt sich über eine fertige Butzenverglasung, die allerdings im Vordergrund vom Maler des Bildes abgeschnitten wurde. In seiner rechten Hand hält er ein Kröseleisen, das er in diesem Arbeitsstadium eigentlich nicht mehr benötigt. Auf dem Arbeitstisch liegen noch nicht verwendete Butzen- und für die Zwischenräume benötigte Zwickelscheiben, Bleimesser, Hammer, Trenneisen sowie weitere Kröseleisen. Die Fensteröffnung verschließt eine Rautenverglasung. / Amb. 279.2°, f. 83v

stellen verlötet werden mussten (vgl. Abb. 12.5). Eine Theorie bezüglich der Bleiverglasung besagt, dass als Vorbilder hierfür die Transennen, durchbrochene Stein-, Holz- oder Marmorplatten, die im Mittelmeerraum als Fensterverschluss verwendet wurden, gedient haben.

Bei der Verglasung der Kirchenfenster sind die Bleiruten nicht nur Verbindungs-, sondern auch Gestaltungselemente. Hierbei wurden entweder nur Farbgläser in entsprechenden Formen und der „Zeichnung" durch die Bleistege hergestellt (die in der Kunstgeschichte manchmal als Mosaikverglasung bezeichnet werden), oder das Farbglas erhielt vor der Verbleiung eine besondere Zeichnung durch die Malerei. Diese Fenster wurden zuerst ausschließlich im kirchlichen Raum mit entsprechenden christlichen Motiven und bildlichen Darstellungen verwendet. Abweichend von der figürlichen Darstellung sind die Fenster in den Kirchen der Zisterzienser, die aus religiösen Gründen nur eine ornamentale Malerei zugelassen haben. Malerei, das war im Mittelalter die Schwarzlotzeichnung auf farbigem Glas, die durch gezielt gesetzte Bleistege unterstützt wurde. Dieses Schwarzlot, ein bei etwa 600° Celsius schmelzendes Bleiglas, das ein Gemisch aus Kupfer- und Eisenoxiden enthält, wird auf das Farbglas aufgetragen und anschließend eingebrannt (aufgeschmolzen). Die Farben variieren zwischen Schwarzgrau und Graugrün je nach Zusammensetzung.

Bei den bleiverglasten Fenstern wurden in regelmäßigen Abständen sogenannte Windeisen befestigt, die, wie der Name bereits sagt, das Fenster gegen den Winddruck stabilisieren sollten.

ZUSAMMENSCHLUSS DER GLASER

Die Handwerker haben sich vielfach zu Zünften zusammengeschlossen. Zünfte sollten einerseits die Binnenverhältnisse der Handwerker untereinander regeln, teilweise wurde aber durch eine eigene Zunftgerichtsbarkeit darüber hinaus auch das Verhältnis zwischen dem Handwerker und dem Auftraggeber geregelt. Die Zunfthoheit, also das Recht, eine Zunft mit entsprechenden Privilegien zu genehmigen, lag vielfach in den Reichsstädten bei der Stadtregierung, dem Rat, sonst bei den geistlichen oder weltlichen Landesherren. Da in der Regel eine Mindestzahl von Handwerkern des gleichen oder zumindest ähnlichen Gewerbes Voraussetzung war, kam es nur in größeren Städten zu reinen Glaserzünften. Oft bildeten die Glaser mit anderen Berufen eine Zunftgemeinschaft, so vor allem im süddeutschen und mitteldeutschen Raum zusammen mit den Tischlern, weshalb die Glaser in diesen Regionen auch den Fensterrahmen hergestellt haben und sich dann Fenstermacher (heute Rahmenglaser) nannten. Die Glaser, die nur die Verglasung ausführten, nannte man Blankglaser. Im norddeutschen Raum bildeten die Glaser mit den Malern eine Zunftgemeinschaft. Der Zunftheilige der Maler war der heilige Lukas und so haben die Glaser ebenfalls diesen Heiligen als ihren Schutzpatron.

Helmut Bernert

39

Hans Mauerman seins Handtwercks ain Zimerman so
vil Jar Jn der pfinntz gearbaitt ist den 10 aprilis 67 Jn dis bruder
Hauß eingenomen worden, seins alters bey 70 Jaren vnd ist
daselbst mit todt abgangen den 17 aprilis a° 78 Jst alß Jm
brueder Hauß gewest 11 Jar vnd 8 tag vnd ist gar ain arbaitsamer
fromer man gewest hat gern gearbaitt vnd geperrert was er
Gonnt hatt vnd sich gar aines stillen Lebens gehalten

417

Auf dem Bau

ZIMMERLEUTE, STEINMETZE, MAURER UND CO.

Neben der Herstellung von Nahrungsmitteln und Kleidung gehört der Bau eines Hauses zu den elementaren Kulturtätigkeiten des Menschen. Mit der Entstehung der Städte kam es im hohen und späten Mittelalter zu einer Professionalisierung und Spezialisierung im Bauhandwerk – ausgehend von den Großbaustellen der zahlreichen Stadtbefestigungen, Kirchen und Dome. Damals entstanden die noch heute bestehenden Gewerke der Zimmerleute, Maurer, Steinmetze, Dachdecker und Tüncher (Maler). Andererseits wurden bis weit in die Neuzeit hinein viele Arbeiten von ungelernten Kräften (Tagelöhnern) ausgeführt. Auf dem Land war die Spezialisierung im Bauhandwerk nur gering ausgeprägt. So arbeiteten viele dörfliche Zimmerleute zugleich als Stellmacher (Wagner) und Schreiner, während Maurer oft auch Maler- und Dachdeckerarbeiten ausführten. Bis ins 19. Jahrhundert wurden in den meisten Städten und auf dem Land überwiegend Fachwerkbauten errichtet. Dabei war der Zimmermeister der wichtigste Handwerker auf der Baustelle, dem zugleich oft die Rolle eines Planers, Bauleiters und -unternehmers zukam.

DER HOLZBAU

Zimmerleute zählten zu den wichtigsten Handwerkern beim Hausbau; Säger stellten die benötigten Bretter, Bohlen und Kanthölzer (Balken) her. Dies entspricht der großen Bedeutung des Fachwerkbaus im Mittelalter und in der Neuzeit. Doch auch bei Steinbauten waren Zimmerleute für die Errichtung von Dachwerken, Balkendecken und hölzernen Innenwänden unentbehrlich. Zugleich bauten sie die auf einer Baustelle notwendigen Gerüste, Kräne und Hebezeuge; in Hafenstädten gab es außerdem zahlreiche Schiffszimmerleute. Einige Zimmerer waren auch Mühlenbauer und konstruierten für Wind- oder Wassermühlen die notwendigen hölzernen Antriebe und die an den jeweiligen Vorgang (Mahlen, Zerkleinern, Schöpfen, Pressen, Quetschen, Stampfen usw.) angepassten Produktionsanlagen. Vor allem aber führten Zimmerleute wesentliche Arbeiten beim Hausbau aus – vom Zurichten der Bauhölzer bis zum fertig aufgerichteten Gebäude.

BAUHOLZBESCHAFFUNG Fachwerkbauten und Dachwerke wurden meistens aus Eichenholz gezimmert; in den Mittelgebirgen und dem Alpenraum kam aber auch Nadelholz (Fichte, Tanne) zum Einsatz. In holzarmen Gegenden, wo die Wälder schon früh durch Rodung zurückgedrängt waren, wurden vielfach geflößte Nadelhölzer verwendet. Sie stammten aus waldreichen Mittelgebirgen und wurden mit großen Flößen die Flüsse abwärts transportiert.

In der Regel wurde das Bauholz aber in nahe gelegenen Wäldern gekauft, die einer Stadt oder adligen oder kirchlichen Grundherren gehörten. Ein Förster oder Waldaufseher wies den Bauleuten die Bäume an und markierte diese mit einem „Waldhammer". Dann wurden die Stämme von Holzfällern, Knechten oder Zimmerleuten gefällt. Die Fällung erfolgte meist zur Zeit der Saftruhe im Winter. Die gefällten Stämme wurden noch im Wald aufgesägt oder mit Holzfuhrwerken zum Zimmerplatz transportiert und dort weiter bearbeitet. Eine längere Lagerung von Bauholz war nicht üblich und in manchen Bauordnungen sogar ausdrücklich verboten, denn Bau- oder Zimmerholz wurde im Unterschied zu Tischlerholz frisch verarbeitet.

ZURICHTEN DES HOLZES Die Stämme wurden von den Zimmerleuten mit Axt und Beil vierkantig behauen oder mit der Säge aufgetrennt. Behauene und gespaltene Hölzer sind schon aus frühgeschichtlichen Funden bekannt; die Säge verbreitete sich spätestens seit dem Beginn des Hochmittelalters. Bereits an den ältesten erhaltenen Fachwerkbauten aus der zweiten Hälfte des 13. Jahrhunderts kommen behauene und gesägte Hölzer nebeneinander vor. In der Neuzeit wurde das Beil immer stärker von der holzsparenden Säge verdrängt, doch wurden besonders in Mittel- und Süddeutschland noch bis ins 20. Jahrhundert Balken mit dem Beil behauen.

13.1 DER ZIMMERMANN Albrecht Kestel († 1533) beschlägt einen Balken mit der Axt. Dazu hat er in regelmäßigen Abständen Kerben in die runde Stammoberfläche eingehauen und beginnt nun, das Holz dazwischen abzuschlagen. Im Hintergrund sind Schwellen und Fußbodenbalken eines Gebäudes zu sehen; zwei Ständer sind bereits aufgerichtet. Mit 31 Darstellungen sind die Zimmerleute in den Hausbüchern der Zwölfbrüderstiftungen stark vertreten; gezeigt werden alle wesentlichen Arbeiten beim Hausbau vom Zurichten des Holzes bis zum fertig aufgerichteten Gebäude. / Amb. 317.2°, f. 148r

Um einen Stamm kantig zu beschlagen, wurde er auf niedrige Böcke gelegt und manchmal mit Eisenklammern fixiert. Zunächst wurden mit der Axt in etwa 15–30 cm Abstand Kerben quer zum Faserverlauf eingehauen, die die Stärke des zu entfernenden Holzes vorgaben. Dann schlug der Zimmermann mit der Bundaxt das stehen gebliebene Holz ab (Abb. 13.1). Anschließend wurde der grob vierkantig behauene Stamm mit dem Breitbeil beschlagen, um die Oberfläche zu glätten. Vor dem Behauen wurde der Stamm oder Balken mit dem Schnurschlag markiert. Dazu spannten zwei Zimmerleute eine Schnur, die sie zuvor mit Ruß oder Rötel eingefärbt hatten, entlang des Stammes und ließen sie gegen das Holz schnellen – so entstand eine „schnurgerade" Linie.

Häufig wurden Stämme oder Kanthölzer von Zimmerleuten oder Sägern in tagelanger mühsamer Arbeit zu Balken und Brettern (Dielen) geschnitten. Säger, die auch Brettschneider oder in Norddeutschland „Sagenschnieders" genannt wurden, waren mancherorts noch im 18. Jahrhundert in kleinen Trupps unterwegs und mussten von Zimmerleuten oder Bauverantwortlichen angeworben werden, so etwa 1768 in Blomberg (Lippe). Die typische Tätigkeit des Sägens fand über einer Sägegrube oder Sägekuhle statt (Abb. 13.2). Ein Säger stand oben auf dem Balken, der auf zwei hölzernen Sägeböcken lag, und trennte ihn mit einer langen Rahmensäge (Klobsäge) der Länge nach auf. Ein zweiter Mann stand in der Grube und musste die Säge nach unten ziehen. Oft

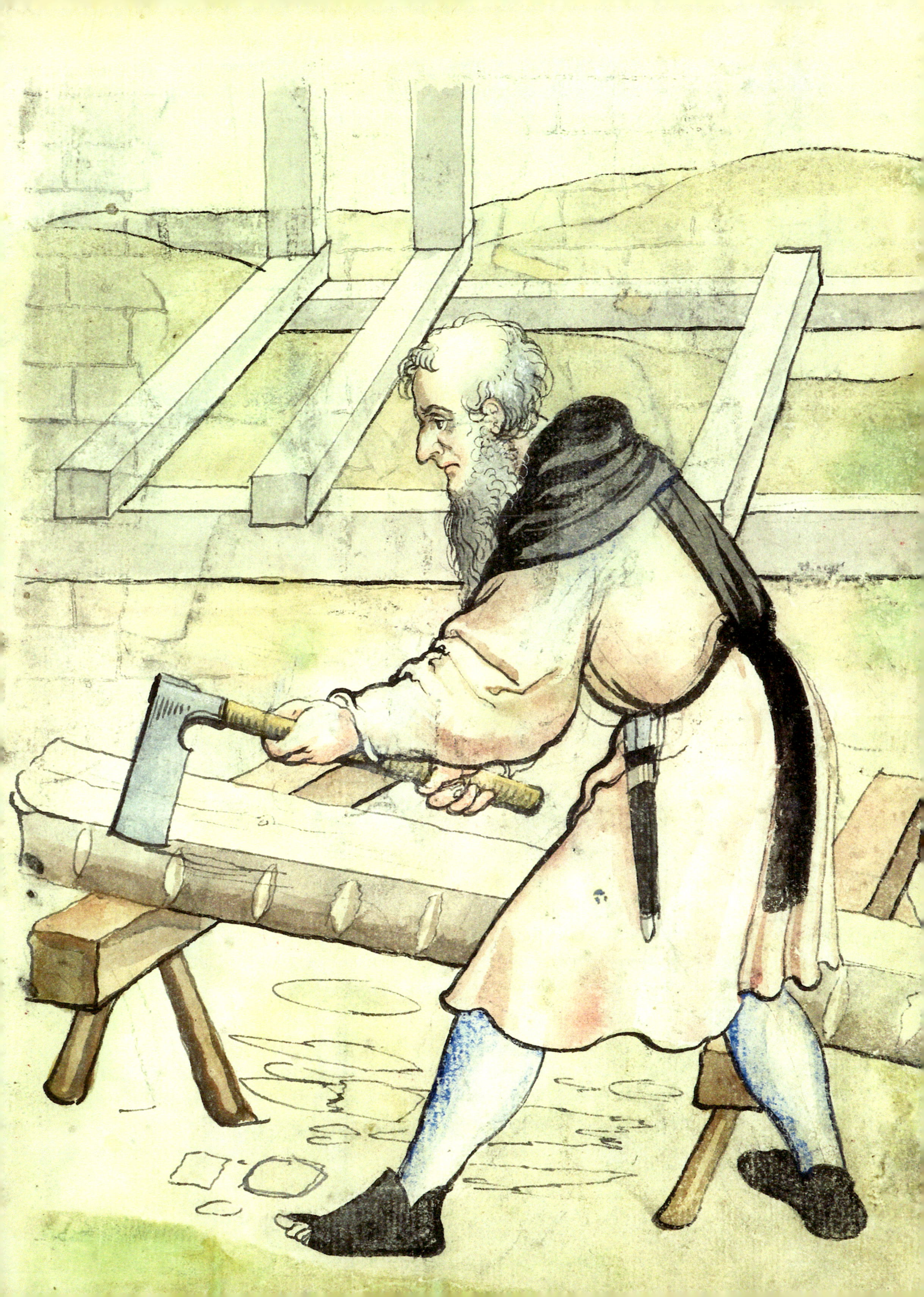

▼ **13.2 DER SÄGER** Heinz Seger († um 1423) steht barfuß auf einem Kantholz, das er mit der großen Rahmensäge (Klobsäge) der Länge nach auftrennt. Der Balken liegt auf zwei halbhohen Sägeböcken, darunter ist die Sägegrube als helle Fläche angedeutet. Der notwendige zweite Säger, der in der Grube steht, ist nicht mit abgebildet. / Amb. 317.2°, f. 39r

▼ **13.3 DER ZIMMERMEISTER** Heinrich Meyr († 1446) steht breitbeinig auf dem Abbund und bohrt mit dem Zweihandbohrer ein Holznagelloch in ein Kopfband. Auf der Zulage liegen zwei fast fertig abgezimmerte Fachwerkwände übereinander mit der „Bundseite" nach oben auf kurzen Lagerhölzern. So konnten mehrere gleichartige Wände oder Dachbinder übereinstimmend abgezimmert werden. Die wesentlichen Holzverbindungen sind gut zu erkennen: Ständer und Riegel sind miteinander verzapft; von der Verzapfung ist nur der Holznagel zu sehen. Das Gefüge wird durch kurze, diagonale Verstrebungshölzer (Bänder) ausgesteift, die mit einem trapezförmigen Blatt (Schwalbenschwanzblatt) auf die Ständer und Riegel geblattet sind. Dabei wird das Blatt in eine entsprechend ausgearbeitete Blattsasse eingepasst und mit einem Holznagel fixiert. An dem vorderen Ständer sind zwei leere Blattsassen sichtbar. Weitere Werkzeuge, zwei Breitbeile und ein Stemmeisen (Beitel), liegen auf dem Abbund. / Amb. 317.2°, f. 67r

13.4 DER ZIMMERMANN Hans Knauermann († 1578) schlägt mit dem Beil ein Zapfenloch in einen auf zwei Böcken aufliegenden und mit Bauklammern befestigten Ständer. Links hinter ihm steht ein aufgerichtetes Fachwerkhaus mit Steinuntergeschoss vor einem Landschaftshintergrund mit einem Dorf und einer Burg. Am Boden liegen ein Stechbeitel mit Holzklüpfel, eine Schlagschnur mit Schnurhaspel und Farbtopf, ein Winkel und ein Zweihandbohrer. Knauermann hatte viele Jahre „in der Peuntt", auf dem Nürnberger Stadtbauhof, gearbeitet, bevor er 1567 mit 70 Jahren in das Brüderhaus aufgenommen wurde und dort elf Jahre später verstarb. / Amb. 317b.2° f. 37v

wurde statt der Rahmensäge auch eine ungespannte Schottsäge verwendet

Schon seit dem 13. und 14. Jahrhundert waren wassergetriebene Sägemühlen (Schneidmühlen) bekannt; diese wurden aber zumeist zum Schneiden von Brettern und Latten genutzt.

ABBUND UND AUFRICHTEN Nach dem vierkantigen Zurichten der Hölzer begann das eigentliche Abzimmern von Fachwerkwänden, Balkenlagen oder Dachbindern. Dazu mussten die Hölzer auf dem Zimmerplatz auf einer ebenen Fläche (Zulage, Reißboden) ausgelegt werden, um die notwendigen Holzverbindungen wie Zapfen oder Blattungen anzubringen und passgenau zusammenzufügen. Dieser Vorgang des Abzimmerns von liegenden Wänden oder Bauteilen wird als „Abbund" bezeichnet (Abb. 13.3).

Um Blatt- und Zapfenverbindungen passgenau herstellen zu können, musste ein Zimmermann über räumliches Vorstellungsvermögen sowie Kenntnisse im Rechnen und Messen verfügen. Als Messwerkzeuge wurden Schnüre (vgl. Abb. 13.4), Winkeleisen, Zirkel und Messstab (später: Zollstock) verwendet. Zum Anreißen bediente man sich einer Ahle oder eines Reißhakens, seltener wurde mit Farbe (Rötel) markiert. Der heute übliche Zimmermannsbleistift kam erst im 19. Jahrhundert auf.

Zapfen- und Blattverbindungen stellte man im Mittelalter und in der Neuzeit überwiegend mit Beil, Dechsel (Querbeil) und Kreuzaxt her. Die zweischneidige, an eine Spitzhacke erinnernde Kreuzaxt war schwer zu handhaben und wurde daher von den Zimmerleuten „Seltentreff" genannt. In der Neuzeit sind Beil und Kreuzaxt zunehmend durch Stecheisen (Beitel) und Klüpfel verdrängt worden, eine auch aus dem Tischlerhandwerk bekannte Technik.

Der fertig abgezimmerte Abbund (Werksatz) wurde mit Abbundziffern nummeriert, die mit dem Beil eingeschlagen oder mit dem Reißhaken eingeschnitten wurden. Dann konnte er auseinandergenommen, zur Baustelle transportiert und aufgerichtet werden. Das Aufrichten eines Fachwerkgebäudes oder Dachwerks war eine schwierige und gefährliche Arbeit, die vom bauleitenden Zimmermeister ein hohes Organisationstalent verlangte. Als Hilfsmittel verwendete man bis ins 20. Jahrhundert lediglich Stangen, Hebebäume, Seile und Rollen oder Flaschenzüge. Oft wurden ganze Wände oder Dachbinder in einem Stück „aufgewunden". Dabei konnte es leicht zu Unfällen durch umstürzende Bauteile kommen. Mit mehreren Gesellen und ungelernten Hilfskräften wurde ein durchschnittliches Fachwerkhaus innerhalb eines Tages aufgerichtet, bei größeren Bauwerken konnte das Richten mehrere Tage dauern. Seit dem 15. Jahrhundert waren in Nürnberg massiv gemauerte Untergeschosse üblich (Abb. 13.4); 1622 wurden hier steinerne Außenwände vorgeschrieben.

Mit dem Aufrichten des Holzgefüges oder Dachwerks gilt bis heute der Rohbau eines Hauses als vollendet und es wird Richtfest („Haushebung") gefeiert.

DER STEINBAU

Während der Holzbau als preiswerte Bauweise allgemein verbreitet war, blieb der Steinbau allein schon wegen der schwierigeren und teureren Materialbeschaffung wohlhabenden Bauherren und repräsentativen öffentlichen Bauten (Kirchen, Burgen, Rathäusern, Stadtbefestigungen) vorbehalten. Je nach verfügbaren Gesteinsvorkommen wurden vorwiegend Sand- oder Kalksteine verwendet, in der steinarmen norddeutschen Tiefebene auch Granitfindlinge (Feldsteine). Nur in wenigen ländlichen Regionen, wo es preiswertes Steinmaterial gab, wurden schon im Spätmittelalter Steinhäuser gebaut, so z. B. im Dorf Matting bei Regensburg. Vielerorts setzte sich der Steinbau erst im 19. Jahrhundert durch.

In den Städten wurden Stein- und Fachwerkbau häufig kombiniert. Trotz zahlreicher Stadtbrände war der Massivbau aber nur in relativ wenigen Städten durch Bauverordnungen vorgeschrieben, z.B. in Altbayern und Sachsen oder in den Hansestädten an der Ostseeküste, wo sich der Backsteinbau seit dem frühen 13. Jahrhundert durchsetzte. Der Backstein kommt aber auch im mittel- und süddeutschen Raum, etwa in Franken und Bayern, vor – nur wurde er hier nicht so stadtbildprägend wie im Norden. Viele Städte unterhielten eigene Ziegeleien (Ziegelhütten), die den örtlichen Bedarf an Backsteinen und Dachziegeln produzierten.

STEINMETZE Beim Bauen mit Natursteinen sind verschiedene Verarbeitungsqualitäten zu unterscheiden: Preiswerter war der vom Maurer hergestellte und üblicherweise verputzte Bruchsteinbau, während der technisch anspruchsvollere Werkstein- oder Quaderbau, für den der Steinmetz benötigt wurde, kostspieliger war. Obwohl der Steinbau nördlich der Alpen spätestens seit der Karolingerzeit für Kirchen und Herrschaftsbauten (Burgen) üblich war, entwickelte

13.5 DER STEINMETZ Cunrad († vor 1414) sitzt auf einem einbeinigen Schemel und bearbeitet einen Quader mit dem Spitzhammer. Um ihn herum liegen zwei weitere Steinquader sowie ein Winkel, eine Setzwaage mit Lot und eine Schablone zur Herstellung eines gotischen Rippenprofils. Die insgesamt zehn in den Hausbüchern der Zwölfbrüderstiftungen abgebildeten Steinmetze belegen die Bedeutung der Steinbaukunst in Nürnberg. / Amb. 317.2° f. 4r

sich ein spezialisiertes Steinmetzhandwerk erst seit dem Hochmittelalter (ca. 1000–1250). Es hatte seinen Ursprung an den Bauhütten, die zum Bau und Unterhalt der großen Kirchen und Dome gebildet worden waren. Unter der Leitung von erfahrenen Werkmeistern entstanden hier hoch spezialisierte Fertigkeiten der Steinbearbeitung sowie des Mauerwerks- und Gewölbebaus, die das zünftige Handwerk in den Städten übernahm. Allerdings wurde dort nicht immer klar zwischen Steinmetzen oder Steinhauern und Maurern unterschieden.

Die grobe Steinbearbeitung erfolgte mit dem Spitzhammer (Spitzfläche) oder dem Spitzeisen, einem Meißel mit pyramidenförmiger Spitze, der mit einem hölzernen Klüpfel oder Knüpfel getrieben wurde (Abb. 13.5). Zur flächigen und feineren Bearbeitung der Steinoberflächen dienten „Steinbeile" mit je zwei glatten oder gezahnten Schneiden (Flächen oder Zahnflächen) sowie verschiedene weitere Eisen (Meißel). Eine Neuerung des 15. Jahrhunderts ist das Scharriereisen, ein Breitmeißel zur Erzeugung „scharrierter" (geriffelter) Oberflächen. Der Krönel, eine Art Hammer, der aus mehreren Stahlspitzen zusammengesetzt ist, kam erst im 17. Jahrhundert auf. Mit ihm wurde die Steinoberfläche aufgeraut oder „gekrönelt". Wegen der starken Staubentwicklung arbeiten Steinmetze im Freien oder in offenen Unterständen; aufgrund der Steinstaubbelastung war ihre Lebenserwartung noch um 1900 sehr gering und betrug nur ca. 40 Jahre.

Für die Standsicherheit eines Gebäudes war die präzise und maßgenaue Bearbeitung jedes einzelnen Werksteins unabdingbar. Als Messwerkzeuge wurden

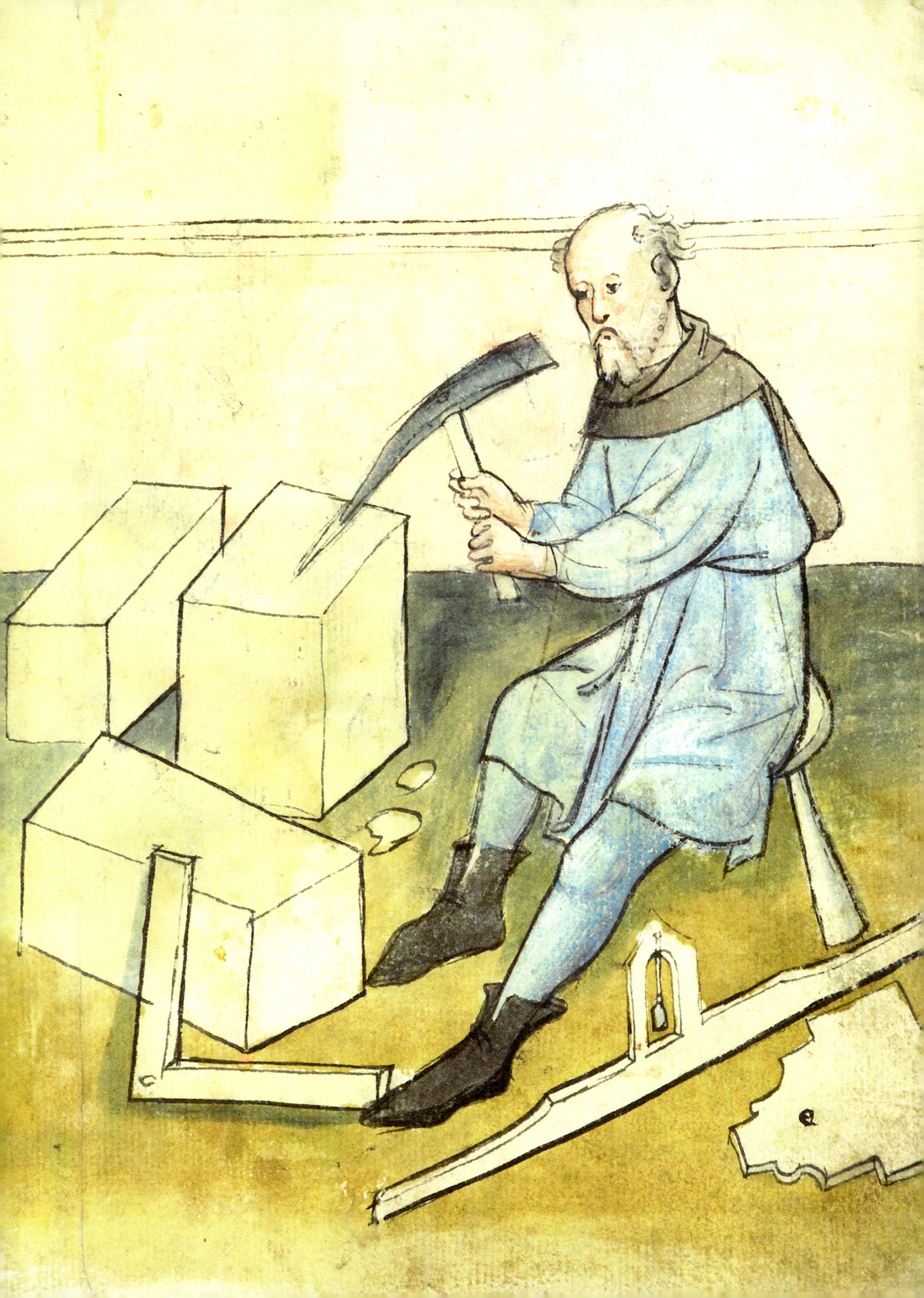

Wandernde Bauhandwerker

Mobilität und Migration haben besonders im Bauhandwerk eine lange Tradition. Auf mittelalterlichen Großbaustellen etwa von gotischen Kathedralen wurden sehr viele Arbeitskräfte benötigt, die von weither kamen. Qualifizierte Werkmeister, die eine Baustelle leiten konnten, mussten oft von entfernten Orten angeworben werden. Den Wiederaufbau der 1174 abgebrannten Kathedrale von Canterbury leitete der Franzose Wilhelm von Sens, wohl einer von mehreren „artifices" (Kunstfertigen), die zunächst als Gutachter hinzugezogen worden waren. Seit der Mitte des 13. Jahrhunderts begannen Werkmeister, gleichzeitig mehrere Aufträge an verschiedenen Orten anzunehmen; die örtliche Bauleitung hatten sogenannte Parliere. Im 14. Jahrhundert entstanden weitverzweigte Dombaumeisterdynastien wie die der Parler aus Schwäbisch Gmünd, die zahlreiche Baustellen in Süddeutschland (Nürnberg, Ulm, Freiburg im Breisgau), Böhmen (Prag, Peter Parler), der Schweiz (Basel) und Polen leiteten, oder die Familie des Ulmer Münsterbaumeisters Ulrich von Ensingen († 1419), der am Ende des 14. Jahrhunderts als leitender Werkmeister gleichzeitig am Ulmer und Straßburger Münster, in Esslingen am Neckar und kurzzeitig auch am Mailänder Dom tätig war.

Neben relativ wenigen vor Ort ansässigen Bauleuten gab es im Mittelalter Scharen von schlecht bezahlten Gesellen und Hilfskräften, die zur Wanderung gezwungen waren. Sie zogen von einer Großbaustelle zur anderen, wo sie jeweils für kurze Zeit Beschäftigung fanden. Arbeitskräfteüberschüsse in manchen Regionen führten zu saisonalen Wanderungen von Bauhandwerkern. Schon im 12. Jahrhundert arbeiteten qualifizierte oberitalienische Steinmetze aus der Lombardei, sogenannte Comacini, auf Baustellen nördlich der Alpen, etwa 1146 in Regensburg. Im 17. und 18. Jahrhundert zogen zahlreiche Maurer und Steinhauer aus Nordtirol auf die Schloss- und Kirchenbaustellen des Barock nach Süddeutschland und bis nach Westfalen. Die meisten Tiroler kamen im Frühjahr und kehrten im Winter in die Heimat zurück, doch gelang es einigen, an ihren Arbeitsorten als Baumeister sesshaft zu werden.

Die zwei- bis sechsjährige Gesellenwanderung als obligatorischer Teil der Meisterausbildung war schon im Mittelalter üblich, wurde aber erst seit dem 15. und 16. Jahrhundert von den Zünften vorgeschrieben. Wandernde Steinmetzgesellen sind zum Teil namentlich in den Rechnungsbüchern der großen Dombaustellen des 14. und 15. Jahrhunderts nachweisbar. Da Bauhandwerker in kleineren Städten und auf dem Land meist nicht zünftig organisiert waren, sind Wanderungen von Zimmerleuten oder Maurern nur selten in den Quellen belegbar. Ein rares Selbstzeugnis eines wandernden Zimmergesellen ist eine Bauinschrift von 1673 am Fachwerkhaus Hauptstraße 30 in Neckarwestheim (Württemberg): ES LEBT KEIN HANTWERCKS MAN AUF DER WELT DER BAU WEN KAN DAS IEDER MAN GEFELT. JACOB BUSSED ZIMMERGESELLE VON BASEL ANNO 1673. Erst aus dem 18. und 19. Jahrhundert sind Wanderbücher, Kundschaften oder persönliche Aufzeichnungen von wandernden Bauhandwerkern überliefert. Ein Beispiel ist der spätere Amtszimmermeister Burghard Glander (1818–1879) aus Thedinghausen in Niedersachsen, der nach dem Besuch der Baugewerkschule in Holzminden für vier Jahre als Geselle auf Wanderschaft ging. Von 1838 bis 1842 bereiste er Hannover, Berlin, Braunschweig, Frankfurt, Mannheim, Wien und Hamburg. Auch wenn die Wanderschaft seit der Auflösung der Zünfte im 19. Jahrhundert nicht mehr üblich ist, gibt es bis heute Gesellenvereinigungen („Schächte"), die diese Tradition vor allem bei Bauhandwerkern aufrechterhalten. 2010 waren in Deutschland etwa 450 Wandergesellen in traditioneller Kluft (die aber erst im 19. Jahrhundert entstand) „auf der Walz".

Richtscheit, Winkeleisen und Zirkel verwendet. Um exakt passende Werkstücke etwa für Gewölberippen oder Maßwerke zu erhalten, benutzte der Steinmetz Schablonen. Manchmal wurden ganze Fenstermaßwerke oder Fassadenteile im Maßstab 1:1 auf Reißböden vorgezeichnet, die in einigen französischen Kathedralen erhalten geblieben sind (Bourges, Clermont-Ferrand oder Soissons). Mithilfe der Setzwaage, in die ein Lot eingefügt war, kontrollierte der Steinmetz oder Maurer die waagerechte Ausrichtung der versetzten Steinlagen.

MAURER UND PFLASTERER Das Versetzen der Werksteine wurde vielfach ebenfalls von den Steinmetzen durchgeführt, gehörte aber eigentlich zum Arbeitsbereich der Maurer oder Steinsetzer (Abb. 13.6). Zum Hochziehen der schweren Quader benutzte man Kräne mit eisernen Steinzangen. Große Kräne etwa auf Kirchen- oder Burgenbaustellen wurden mit Treträdern angetrieben.

Die wichtigsten Werkzeuge der Maurer waren und sind die dreieckige Kelle, das Putz- oder Reibebrett und der Maurerhammer, mit dem Steine passend geschlagen und ausgerichtet werden konnten. Als Messhilfsmittel wurden Schnüre, Richtlatte, Senklot und Setzwaage verwendet; Letztere wurde im 19. Jahrhundert durch die Wasserwaage ersetzt.

Besonders in kleineren Städten und auf dem Land wurde oft nicht zwischen Steinmetzen und Maurern differenziert; vielfach war das Steinbaugewerbe unter der Berufsbezeichnung „Steinhauer und Maurer" zusammengefasst. Auch die Gewinnung der Steine im Steinbruch wurde vielfach von Steinhauern und Maurern durchgeführt, doch gab es auch das nachgeordnete Hilfsgewerbe des Steinbrechers. In diesen Zusammenhang gehört auch die Tätigkeit des Pflasterers (Abb. 13.7). Gepflasterte Straßen waren in mittelalterlichen Städten noch die Ausnahme; sie wurden oft ausdrücklich „Steinweg" genannt.

DACHDECKER Auch Dachdecker sind zu den Steinbaugewerken zu rechnen, soweit sie nicht Dächer aus Stroh oder Holzschindeln herstellten. Ihre Aufgabe war das Eindecken der Dächer mit Tonziegeln, Steinplatten (Schiefer, Sand- oder Kalkstein) oder Metallplatten (Kupfer, Blei). Oft wurden Steindecker und „Leyendecker" (Schieferdecker) unterschieden (Abb. 13.8). Die mittelalterlichen Hohlziegel, volkstümlich „Mönch und Nonne" genannt, hießen in Franken „Hacken und Breis". Sie wurden später von Flachziegeln, sogenannten Biberschwänzen, abgelöst, die sich in Franken und Mitteldeutschland seit dem 15. und 16. Jahrhundert durchsetzten. In Norddeutschland verbreiteten sich dagegen Krempziegel und die bis heute üblichen s-förmigen Hohlpfannen.

HILFSKRÄFTE

Zu den schlechter bezahlten Hilfskräften am Bau gehörten die Mörtelrührer. Wichtigstes Werkzeug des Mörtelrührers war die Speishaue oder -hacke, mit der er den Mörtel (die „Speis") aus Sand, Kalk und Wasser anmischte. Der Mörtel wurde in einem großen Haufen gerührt, der von Stützbrettern zusammengehalten wurde. In einem hölzernen Eimer oder Schaff wurde Wasser bereitgehalten und nach Bedarf dazugeschüttet. Andere Hilfskräfte trugen den Mörtel in einer hölzernen Mulde oder einem „Speisvogel" auf der Schulter auf das Gerüst zu den Maurern – eine schwere Arbeit, die oft auch von Frauen verrichtet wurde.

Die Gefache von Fachwerkbauten wurden üblicherweise mit einem Geflecht aus hölzernen Staken und Weidenruten ausgefüllt, das dann mit Lehm beworfen und verputzt wurde. Auch Decken wurden mit Lehm verputzt oder als sogenannte Wellerdecken aus Lehmwickelhölzern hergestellt. Diese Tätigkeiten wurden üblicherweise von Tagelöhnern oder in Eigenleistung ausgeführt, doch gab es in spätmittelalterlichen Städten auch das Gewerbe des Kleibers (Lehmbauers), das etwa in Nürnberg im 18. Jahrhundert ausstarb (Abb. 13.9). Mit nackten Füßen wurde der weiche Lehm getreten, um ihn geschmeidig zu machen, und gleichzeitig zur Armierung mit Stroh versetzt. Der in die Gefache eingebrachte Lehm wurde dann mit diagonalen Ritzungen versehen, die als Haftgrund für den aus Kalk hergestellten Oberputz dienten.

Der lxvm bruder der do starb hieß
hans Maurer

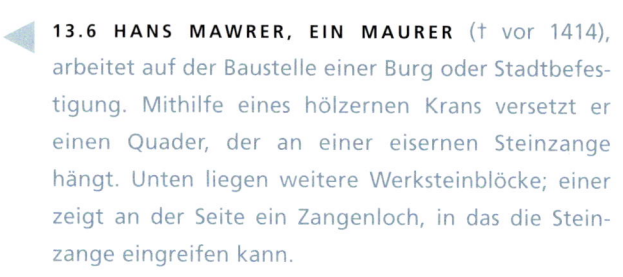

▸ **13.6 HANS MAWRER, EIN MAURER** († vor 1414), arbeitet auf der Baustelle einer Burg oder Stadtbefestigung. Mithilfe eines hölzernen Krans versetzt er einen Quader, der an einer eisernen Steinzange hängt. Unten liegen weitere Werksteinblöcke; einer zeigt an der Seite ein Zangenloch, in das die Steinzange eingreifen kann.
Amb. 317.2° f. 31v

▸ **13.7 „MEISTER HEINRICH DER PFLASTERER"** († 1456) hockt auf einem Schemel auf einer Straße, die er mit groben Bruchsteinen pflastert. Mit dem Stiel seines Pflasterhammers klopft er einen Stein fest; vor ihm liegt eine Kelle. Im Hintergrund sind zwei gotische Steingiebelhäuser mit Ziegeldeckung und Maßwerkfenstern zu sehen.
Amb. 317.2° f. 77r

13.8 DER DACHDECKER FRITZ DECKER († vor 1414) deckt ein Haus mit mittelalterlichen Hohlziegeln ein, die heute als „Mönch und Nonne" bekannt sind, aber in Franken „Hacken und Breis" genannt wurden. Zwei Stapel mit Ziegeln liegen am Boden. Die Hohlziegel mussten sorgfältig vermörtelt werden, dazu hat der Dachdecker einen hölzernen Mörteleimer mit der Kelle an seine Leiter gehängt. Das Gebäude ist ein vornehmes Steinhaus mit Treppengiebel.
Amb. 317.2° f. 24v

13.9 „HANNS PÜHLER, Bürger und Claiber alhie", starb 1608 im Alter von angeblich über 100 Jahren. Der Kleiber stellte Lehmmörtel her, um damit die Gefache von Fachwerkbauten auszufüllen oder Wände und Decken zu verputzen. Vorn ist er vornehm in Hut und Mantel dargestellt, während er weiter hinten bei seiner Arbeit zu sehen ist: Mit nackten Füßen tritt er den Lehmbrei, bis er geschmeidig ist, und mischt Stroh als Armierung hinzu. Das Haus im Hintergrund rechts hat einen Fachwerkgiebel mit frischen Lehmausfachungen.
Amb. 317b.2° f. 76r

Schließlich arbeiteten zahlreiche Tagelöhner („daglohner", Tagwerker) als ungelernte Hilfskräfte auf den Baustellen, aber auch in vielen anderen Gewerben. Sie wurden vor allem zu Transporten, Handlangerdiensten oder Erdarbeiten herangezogen und tageweise entlohnt.

AUSBAUGEWERKE

Zu den traditionellen Ausbaugewerken, die bis heute auf dem Bau eine Rolle spielen, gehören Tüncher (Maler), Schreiner, Schlosser und Glaser. Sie machen erst aus einem Rohbau ein bewohnbares Haus. In früheren Jahrhunderten kam noch der Hafner (Töpfer) hinzu, der Kachelöfen aus Keramik lieferte.

TÜNCHER Aufgabe der Tüncher (Maler, Ausstreicher) war das Verputzen und Anstreichen von Gebäuden – Tätigkeiten, die bei einfacheren Bauten auch von Maurern oder in Eigenleistung ausgeführt werden konnten (Abb. 13.10). Die dazu eingesetzten Baugerüste bestanden aus Rundstangen, die mit Ketten und Seilen zusammengebunden wurden. Bei höheren Bauwerken verzichtete man auf senkrechte Gerüststangen – hier lagen die Laufbohlen auf horizontalen Rüsthölzern, die in die Wand eingemauert waren. Nach dem Abbau des Gerüsts blieben Gerüstlöcher im Mauerwerk zurück, die vielfach an historischen Gebäuden nachweisbar sind.

Zu den typischen Malerwerkzeugen zählten verschiedene Pinsel, tönerne Farbtöpfe und hölzerne Farbeimer sowie ein Zeichendreieck. Die Pigmente (Farbstoffe), die der Maler kaufen musste, rieb er selbst an und verrührte sie mit dem Bindemittel zu einer streichfähigen Farbe. Die häufigsten und preiswertesten Pigmente waren Ruß (Schwarz, Grau) und Erdfarben (roter und gelber Ocker, Eisenoxidrot), die mit Kalkmilch, Kasein (Quark) oder Leinöl als Bindemittel verarbeitet wurden. Andere Pigmente wie Bleiweiß, Bleimennige (orange), Kupfergrün oder Smalte (ein blaues Kobaltglas) waren zum Teil giftig und sehr teuer; sie wurden entsprechend sparsam verwendet. Fachwerkhölzer erhielten häufig einen schwarzen, roten, ockergelben oder grauen Anstrich; die weiß gekalkten Gefache setzte man mit schwarzen Begleitlinien ab. Steinbauten wurden oft hell gestrichen und mit regelmäßigen Quaderfugen bemalt, aber auch gemalte Architekturelemente wie Bögen, Maßwerke, Säulen oder Pilaster kommen vor. In besonders wohlhabenden Städten wie Nürnberg, Augsburg oder Basel gab es auch anspruchsvolle figürliche Fassadenmalereien, die freilich nur selten erhalten blieben. Eine typische Nebenbeschäftigung von Dachdeckern, Tünchern oder Maurern war die Arbeit als Schweinstecher (Schlachter bzw. Hausschlachter), die während der arbeitslosen Zeit im Winter ausgeübt wurde.

SCHREINER UND SCHLOSSER Der Schreiner oder Tischler stellte vor allem hölzerne Möbel („Schreinwerk") und Särge her. Zum Hausbau lieferte der Schreiner alle hölzernen Ausbauteile wie Fußböden, Türen, Fensterrahmen, Vertäfelungen und Treppen. Immer wieder gab es Streitigkeiten zwischen den Schreinerzünften und den Zimmerleuten, die ebenfalls Treppen und hölzerne Ausbauteile, oft auch Möbel, herstellten. Die zünftigen Schreiner beanspruchten alle Tätigkeiten, zu denen ein Hobel und Leim benötigt wurden, für sich, konnten diese Forderung aber in kleineren Städten und auf dem Land vielfach nicht durchsetzen.

Das Gewerbe des Kleinschmieds oder Schlossers war im Laufe des Spätmittelalters aus dem Schmiedehandwerk entstanden. Er lieferte eiserne Schlösser und Beschläge, die sehr kunstvoll gestaltet sein konnten. Eiserne Nägel wurden dagegen von spezialisierten Nagelschmieden (Naglern) angefertigt. Auf dem Land wurden Schlösser und Beschläge vom Dorfschmied hergestellt, der auch eiserne Geräte reparierte und Pferde beschlug. Schließlich durfte der Schmied auf keiner größeren Baustelle fehlen, da er den Steinmetzen ständig neues oder geschärftes Werkzeug liefern musste.

GLASER UND HAFNER Das Glaserhandwerk hat seinen Ursprung auf den Baustellen der großen Kirchen, die schon seit der Karolingerzeit mit kunstvollen

Glasfenstern ausgestattet wurden. Ab dem Spätmittelalter sind Glaser auch in den Städten nachweisbar. Die Fenster in Bürger- und Bauernhäusern waren im 13. und 14. Jahrhundert vielfach noch sehr kleine Lichtöffnungen („Lichter", fränkisch „Gutzerle"), die oft mit transparenten Tierhäuten verschlossen wurden. Daneben waren auch Holzläden weitverbreitet, in die manchmal kleine Glasscheiben eingesetzt waren. Seit dem 14. Jahrhundert verbreiteten sich große Kreuzstockfenster mit hölzernen Läden und verglasten Oberlichtern. Mittelalterliche und frühneuzeitliche Glasfenster bestanden aus kleinen, viereckigen oder rautenförmigen Flachglasscheiben oder runden „Butzenscheiben", die durch Bleistege verbunden waren (vgl. Abb. 12.5 und 12.8).

Hafner (Töpfer) stellten neben vielfältigen Küchen- und Trinkgefäßen aus gebranntem Ton auch Ofenkacheln her (vgl. Kap. 7). Die fertigen Öfen wurden vom Töpfer oder vom Maurer aufgestellt.

Heinrich Stiewe

13.10 DER TÜNCHER Hans Layr († 1586) war im Nebenberuf Schweinstecher (Schlachter). Die Abbildung zeigt im Hintergrund ein eingerüstetes Steinhaus mit Treppengiebeln, das als das Nürnberger Herrenschießhaus (Schützenhaus, erbaut 1583) zu identifizieren ist. Auf dem Baugerüst, dessen Stangen mit Keilen im Boden verpflockt sind und dessen Laufbohlen auf horizontalen, in die Wand eingemauerten Rüsthölzern liegen, arbeitet ein Tüncher. Rechts ragt eine Stange mit Aufzugrolle und Seil aus einer Giebelöffnung. Weiterhin sind Mörtelkästen und eine Speishaue zum Verrühren des Mörtels sowie eine Kelle zu sehen. Im Vordergrund ist Hans Layr als Schweinstecher dargestellt: Er trägt ein Beil über der Schulter und hat ein Bund mit Wurstmaßen in der rechten Hand. Von links wird ihm ein zu schlachtendes Schwein zugeführt. Zu den insgesamt 19 in den Hausbüchern der Zwölfbrüderstiftungen abgebildeten Tünchern werden häufig Nebentätigkeiten genannt. Amb. 317b.2° f. 46r

Der xlij bruder der do starb hieß
Lienhard Drechßel

# Meisterhafte Skulpturen

BILDHAUERKUNST UND
INNOVATIVE TECHNIK

Der 1894 vor der Würzburger Residenz errichtete Frankoniabrunnen von Balthasar Schmitt zeigt den Bildschnitzer Tilman Riemenschneider († 1531) an einem Modellierbock, auf den er seine Madonnenfigur gestellt hat, um mit der Linken deren Kopf zu halten und mit der Rechten sein Stecheisen zu führen. Tatsächlich aber haben mittelalterliche Bildhauer ihre Skulpturen nicht aus vor ihnen stehenden, sondern aus waagrecht montierten Werkblöcken geschlagen. Für den heutigen Betrachter ist diese Arbeitsweise eines Bildhauers, der zu seinem waagrechten Werkstück einen Standpunkt einnahm, von dem aus er die spätere Wirkung der Skulptur nicht einschätzen konnte, schwer nachvollziehbar.

BILDHAUER BEI DER ARBEIT

Die Stuttgarter Ausstellung zum Werk des Ulmer Bildhauers Nikolaus Weckmann (tätig 1481–1526) präsentierte 1993 einen hoch spannenden Befund zur Ausstattung einer mittelalterlichen Bildhauerwerkstatt: Aus den Werkspuren der Holzskulpturen Weckmanns konnte eine Bildhauerwerkbank rekonstruiert werden, in die der Künstler seinen Werkblock waagrecht einspannen und während der Arbeit nach allen Seiten beliebig drehen konnte (Abb. 14.1). Damit wurden Forschungsergebnisse bestätigt, die rund ein Jahrzehnt vor der Ausstellung anhand von Bildquellen und Werkspuren unterschiedlicher Skulpturen gewonnen worden waren.

Eine Fülle mittelalterlicher Illustrationen veranschaulicht die Arbeitsweise des Bildhauers an seiner Werkbank. In den Bildzyklen zu den astrologischen Texten der sogenannten Planetenkinder sind dem Sternbild des Merkur die handwerklich-künstlerischen Berufe zugeordnet, zu denen auch die Bildhauer gerechnet wurden (Abb. 14.2). Ein zweites Beispiel bieten die Bildillustrationen zum „Rosenroman", der 1235 von Guillaume de Lorris begonnen und nach dessen Tod von Jean de Meung zwischen 1275 und 1280 beendet wurde. In diesem Liebesroman ist eine Episode dem antiken Bildhauer Pygmalion gewidmet, die Buchmalern Anlass für vielfache Darstellungen einer mittelalterlichen Bildhauerwerkstatt inklusive Werkbank lieferte. Beispiel Nummer 3: Eine Lebensbeschreibung in „De claris mulieribus", einer 1361/62 entstandenen Sammlung moralisierender Biografien, behandelt das Leben der antiken Malerin und Bildhauerin Marcia Varronis. In den Illustrationen wird die Künstlerin an einer Werkbank arbeitend und an einer Staffelei vor einer Bildtafel malend dargestellt. Beispiel Nummer 4: Die Viten Boccaccios. Sie wurden auch ins Deutsche übersetzt und u. a. 1479 bei Anton Sorg in Augsburg verlegt. In den Holzschnittillustrationen ist hier die Bildhauerin und Malerin Marcia Varronis bei der Arbeit an einer Werkbank gezeigt.

Noch während der Frührenaissance in Italien sind Bildhauer an liegenden Werkblöcken arbeitend zu finden. Der italienische Ingenieur Sigismondo Fanti bildet 1527 in seinem Buch „Triompho di Fortuna" Michelangelo Buonarotti (1475–1564) ab, wie dieser auf einem liegenden Steinblock kniet und mit Meißel und Schlegel eine lebensgroße Gestalt ausschlägt. Nördlich wie südlich der Alpen sind somit im ausgehenden Mittelalter bzw. in der italienischen Frührenaissance Holz- und Steinskulpturen aus liegenden Werkblöcken herausgeschlagen worden.

DIE BILDHAUERWERKBANK

Die Einführung der Werkbank, die seit Mitte des 15. Jahrhunderts in deutschen Bildhauerwerkstätten zur üblichen Ausstattung zählte, fällt zeitlich mit der Dynamisierung der skulpturalen Form durch den niederländischen Bildhauer Niclas Gerhaert van Leyden (1430–1473) zusammen. In der figürlichen Kunst wurde für die Gewänder ein komplexes grafisches System entwickelt, das die Figuren überzieht und sich auf die Vorderseite konzentriert. Die Tiefe der Seiten wurde eigentlich nur für die Gestaltung der Vorderansicht benötigt. Da die Skulptur auch bei Niclas Gerhaert van Leyden architekturgebunden und damit dem Betrachter gegenüber frontal ausgerichtet blieb, waren die Seitenansichten, trotz ihrer feingliedrigen

▼ **14.1 DIE REKONSTRUKTION DER WERKBANK** des Bildhauers Michael Weckmann (tätig 1481–1526) verdeutlicht die Arbeitsweise mittelalterlicher Bildschnitzer nördlich der Alpen: Seit der zweiten Hälfte des 15. Jahrhunderts wurden die Werkblöcke in Halterungen zwischen zwei Docken eingespannt, von denen eine entsprechend der Größe des Werkblocks verstellbar war. Der Bildhauer konnte die Figur während des Skulptierens drehen, indem er den Keil an der rechten Docke löste und vor der Fortführung der Arbeit wieder einschlug. Die abgebildete Werkbank basiert auf Werkspuren, die sich an Standflächen und Schädeln der Skulpturen Weckmanns befinden.
(Württembergisches Landesmuseum, Stuttgart)

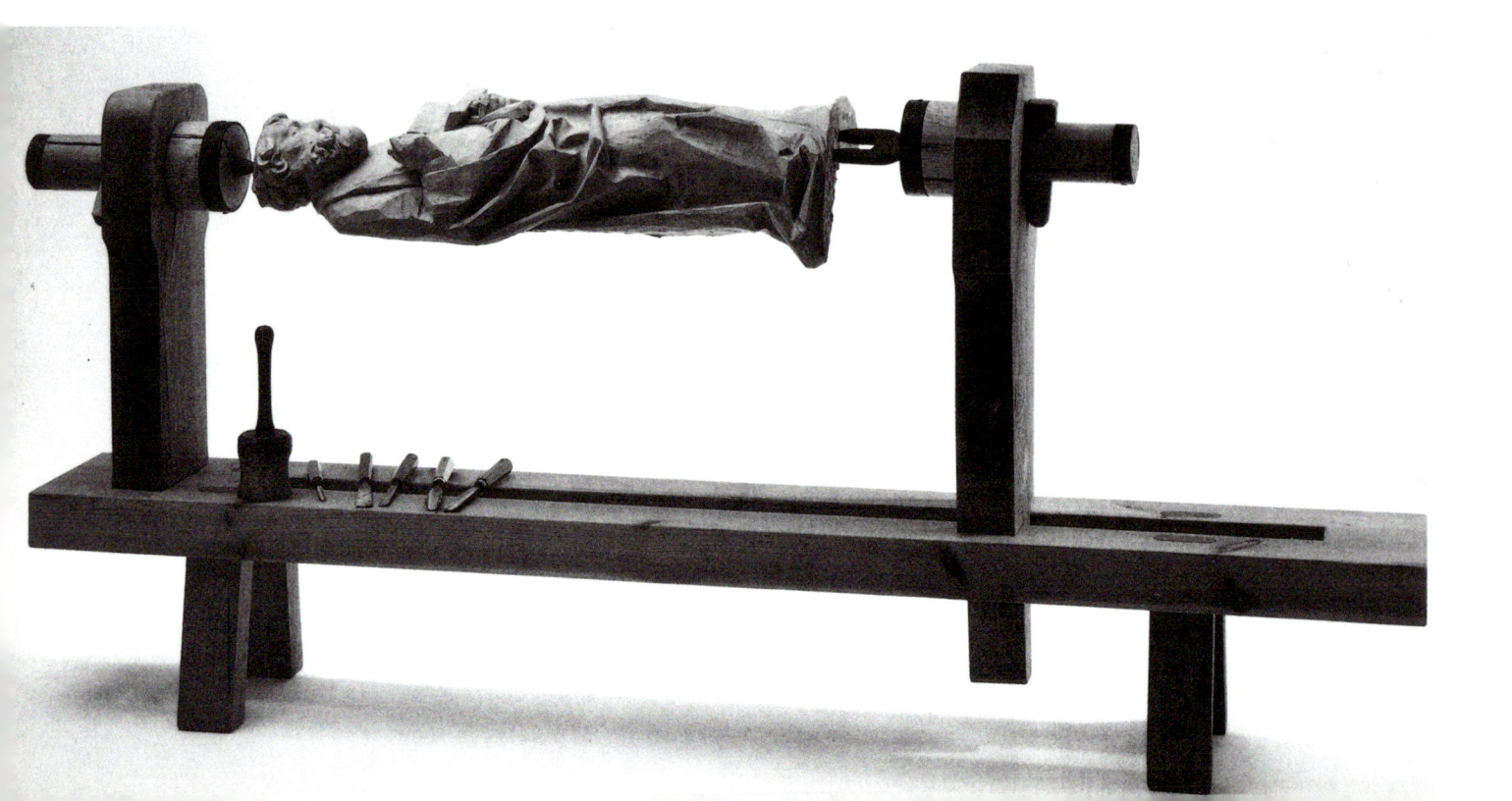

Ausgestaltung, aus Betrachtersicht von untergeordneter Bedeutung. Die Werkbank war offensichtlich die technische Antwort auf die neuen bildhauerischen Probleme, ausladende Gewänder für die Arbeit mit Hammer und Stechbeitel frei zugänglich zu halten. Sie hielt den Werkblock mit genügend Freiraum zu allen Seiten hin in der Schwebe und verhinderte damit eine Bruchgefahr für die fragilen Formen. Schließlich ermöglichte die Werkbank außerdem eine Arbeit im Runden, da der Werkblock wie eine Spindel gedreht werden konnte.

Die Arbeitsperspektive des Bildhauers auf die entstehende Skulptur mag dem heutigen Betrachter ungewöhnlich erscheinen. Angesichts der Meisterwerke, die in dieser Technik entstanden, muss dem mittelalterlichen Bildhauer mit dieser Werkbank aber ein adäquates Arbeitsmittel zur Verfügung gestanden haben. Die berühmte Lindenholzfigur des heiligen Rochus, die Veit Stoß (1477–1533) zwischen 1515 und 1520 schuf und die seit 1523 in der Kirche Santissima Annunziata zu Florenz steht, bietet dafür ein beredtes Beispiel (Abb. 14.3). Kein Geringerer als der Künstler und Kunsthistoriker Giorgio Vasari (1511–1574) würdigte die künstlerische Raffinesse dieser Figur mit der Bemerkung, sie erscheine wie aus Papier gemacht.

Auch Donatello (1386–1466), mit vollem Namen Donato di Niccolò di Betto Bardi, hat zumindest seine Holzfiguren aus einem liegenden Werkblock geschnit-

▲ **14.2 NACH MITTELALTERLICHEN** astrologischen Vorstellungen beeinflusste die Konstellation von Planeten, Sonne und Mond bei der Geburt eines Menschen dessen Eigenschaften. Kunstliebende Menschen wurden als Kinder des Merkur bezeichnet. Das entsprechende Planetenkinderbild im Wiener Codex zeigt den Maler vor einer Staffelei mit einem Tafelbild, den Goldschmied beim Treiben eines Bechers, den Schreiber am Schreibpult und den Bildhauer an einer Werkbank; der ebenfalls diesem Planeten zugeordnete Musiker fehlt. Auf der linken Seite der Bildhauerwerkbank ist ein Dorn zu erkennen, dem rechts eine verkeilbare Halterung gegenüberliegt.
Latromathematisches Hausbuch, Österreich, 1475 (Wien, Österreichische Nationalbibliothek, Cod 3085, f. 25r)

ten. Donatellos Figur des heiligen Johannes (signiert 1438) im Hochaltar der Kirche Santa Maria Gloriosa dei Frari zu Venedig besitzt nur sehr sparsam ausgeformte Seitenansichten, eine Figur nahezu ohne Raumwirkung. An keiner Stelle tritt ein Körperteil oder eine Bewegung über die Grenzen des Werkblocks hinaus, selbst der rechte Arm bleibt angeheftet an den Körper. Der heilige Johannes ist in mittelalterlichem Sinne einansichtig auf den Betrachter hin ausgerichtet. Der Werkblock wird nur zur Gestaltung der zweidimensional wirkenden Vorderansicht gebraucht.

DIE BILDHAUERWERKBANK | 175

◀ **14.3 GIORGIO VASARI** (1511–1574), der wegen seiner Lebensbeschreibungen italienischer Künstler der erste Kunsthistoriker genannt wird, war auch der Architekt der Uffizien in Florenz. Vasari, der Michelangelo als den Göttlichen bezeichnete, hat in der Kunst nördlich der Alpen eine Barbarei gesehen. Zwei Künstler indes haben seine hohe Bewunderung erreichen können: Albrecht Dürer und Veit Stoß, den er allerdings für einen französischen Künstler hielt und Giovanni Francese nannte. Für Giorgio Vasari war die hier gezeigte Lindenholzfigur des heiligen Rochus, die seit 1523 in der Kirche Santissima Annunziata in Florenz aufgestellt ist, ein Wunderwerk aus Holz.
Foto: Germanisches Nationalmuseum Nürnberg

ADAPTION EINER DREHBANK Die enge Verwandtschaft zwischen der mittelalterlichen Bildhauerwerkbank und einer im holzbearbeitenden Handwerk üblichen Drehbank ist nicht zu übersehen. In einen tief liegenden Tisch sind an beiden Enden Pfosten, sogenannte Docken, eingelassen, von denen sich eine verschieben und arretieren lässt, indem in der Tischplatte eine konstruktive Führung ausgespart wurde. Der Abstand zwischen den Docken kann also entsprechend der Größe des Werkstücks eingestellt werden. Den Festspannmechanismus für den Werkblock zwischen den Docken hat Nikolaus Weckmann mit einer Gabel und einem Dübel gelöst.

Für die Drehbarkeit der Figur war ein Mechanismus entwickelt worden, in dem durch einfache Griffe die Figur zum Drehen gelöst und wieder festgestellt werden konnte, ohne dass der Block aus der Bank herausfiel (vgl. Abb. 14.1).

Im Mendelschen Hausbuch sind zwei Drehbänke abgebildet, die eine erstaunliche Mechanisierung im holzbearbeitenden Gewerbe um die Mitte des

MEISTERHAFTE SKULPTUREN

Technische Innovation und obrigkeitliche Kontrolle

Ein Zwist, der 1561 zwischen dem Rat der Stadt Nürnberg und einem Rotschmied entstand, verdeutlicht das Interesse einzelner Handwerker an der Entwicklung von Drehbänken mit kontinuierlicher Drehung und die Bedenken der Obrigkeit angesichts solcher Verbesserungen. Bei der Erweiterung einer „drehmüel" um ein „rad" durch den Rotschmieddrechsler Hans Spaichel traten 1561 technische Schwierigkeiten auf. Nach Prüfung von Nutzen und Wert der Konstruktion durch vom Rat eingeschaltete Werkleute erhielt der Handwerker einen Kredit zur Fertigstellung der „hanndmühl", die nach ihrer Vollendung 1562 vom Rat mit der Auflage erworben wurde, dass Hans Spaichel die bestehende Konstruktion wohl weiterverkaufen, aber nicht weiterentwickeln dürfe. Dem Verbot, „solche künst zu machen" und Nürnberg zu verlassen, widersetzte sich der Handwerker. Er ging nach Steyr und baute dort eine Drehbank, zu der die Ratsverlässe aus dem Jahr 1578 interessante Hinweise geben: Teile dieser „trehemühl" sind „püchsen", „dörn" und ein „treheeisen" sowie andere „zugehorung". Aber diese Mühle funktionierte nicht. 1582 und zuletzt 1593 sind erneute Bemühungen Hans Spaichels um die Verbesserung von Drehmühlen belegt.

Zur selben Zeit werden weitere Handwerker – Claus vom Creutz, Wolf Dibler und Hans Bezolt – mit ähnlichen Anliegen in den Quellen fassbar. Letzterem wird 1590 der ausschließlich persönliche Gebrauch einer Drehbank gestattet, die er vor jedermann verbergen muss. Sie darf weder abgezeichnet noch nachgebaut oder verbreitet werden, vor allem nicht über das Gebiet der Reichsstadt hinaus.

Welche technischen Neuerungen mögen in die Drehbänke eingebaut worden sein, die den Rat und das geschworene Handwerk von 1561 bis 1593 beschäftigten? Die Ratsverlässe geben für die Drehbänke Spaichels hinreichend Auskunft. Die Erfindung Hans Spaichels war mit einem Rad, also einem Schwungrad, ausgerüstet und mit einer „püchse", worunter man ein Lager für eine Spindel verstehen muss. Diese beiden Konstruktionsteile ermöglichen eine kontinuierliche Drehung. Die Erwähnung eines „treheeisens" ist bemerkenswert und lässt auf besondere Eigenschaften dieses Werkzeugs schließen. Das „treheeisen" mag ein Support gewesen sein, in den das Werkzeug eingespannt war. Hans Spaichel hätte demnach eine frühe Werkzeugmaschine erfunden, eine Drechslerbank mit kontinuierlicher Drehung und einem Dreheisen, das nicht mehr festgehalten, sondern nur noch geführt werden musste.

Die häufigen Eingaben an die Stadt scheinen zu beweisen, dass Spaichel wegen Mängeln zu Konstruktionsverbesserungen gezwungen war und diese Nachbesserungen der Stadt präsentieren wollte. Technische Mängel gewährleisten aber keine sichere und qualitätvolle Arbeit und können eine Quelle ständiger Reparaturen und steter Kosten sein. Dies mag den Rat bei Genehmigungen zur Zurückhaltung bewogen haben, denn nur bei immer gleicher und hoher Produktqualität sah er die Absatzmärkte gesichert. Dieser Meinung schlossen sich wohl auch die geschworenen Handwerker an, die den ausschließlich persönlichen Gebrauch der Drehbank nur den Handwerkern zubilligten, die eine solche auch bauen konnten und damit für das finanzielle Risiko selbst aufkamen.

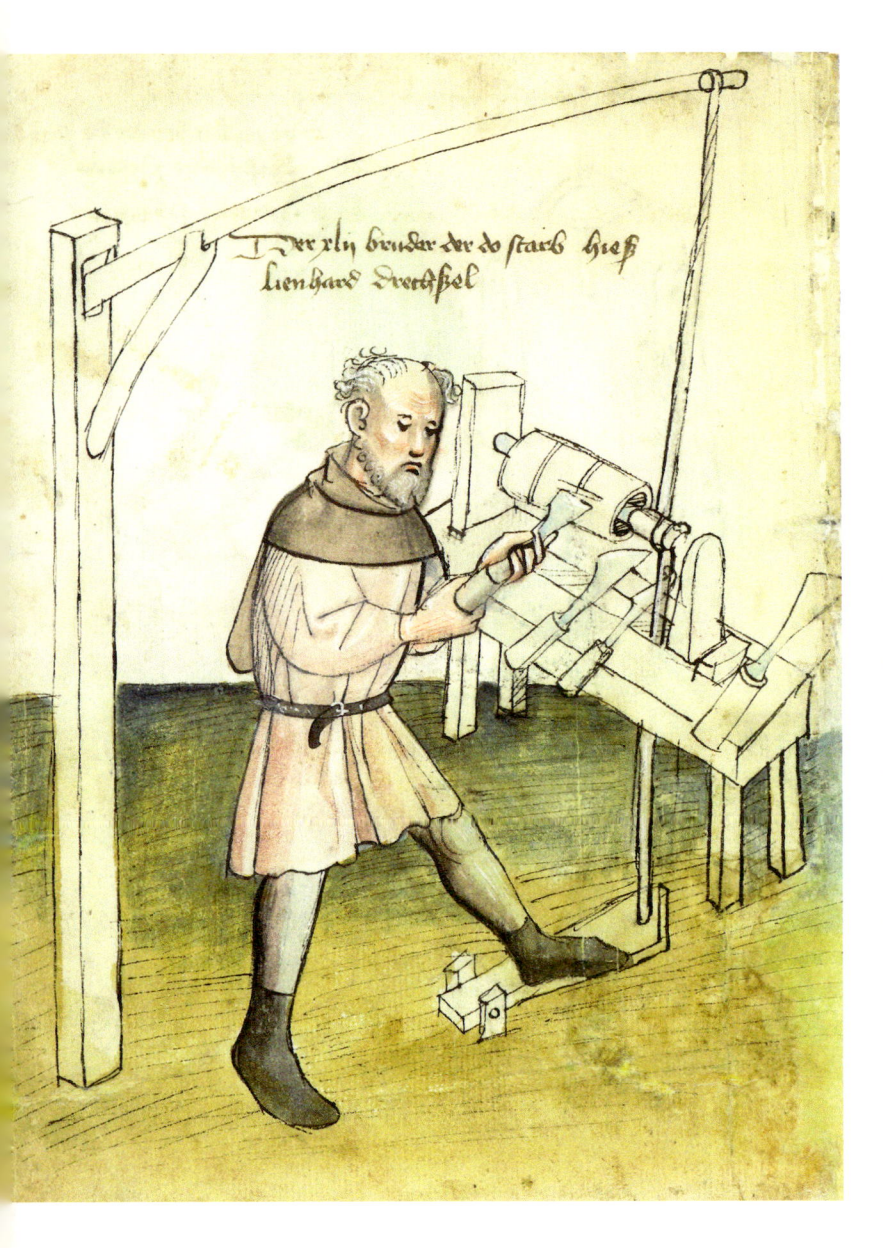

14.4 DER UM 1425 verstorbene Lienhard Drechsel steht an einer Drehbank mit einer festen und einer beweglichen Docke. Mit beiden Händen kann er ein Eisen führen, mit dem er das eingespannte Werkstück bearbeitet. Um die Drehbank in Rotation zu versetzen, betätigt er ein Holzpedal, an dem ein Seil befestigt ist. Es wird über eine Spindel mit einem elastischen Ast, der sogenannten Wippe, verbunden.
Amb. 317.2°, f. 18v

14.5 SEBALD, der vor 1425 im Mendelschen Zwölfbrüderhaus verstarb, war Gehilfe bei den Kannengießern. Entsprechend der in der Beischrift gegebenen Berufsbezeichnung (er „zohe den kandelgiessern am Rad") stellt ihn der Buchmaler an einer Drehbank dar, deren Rad er betätigt. Sebald hatte damit eine Hilfstätigkeit inne: Er sorgte für die kontinuierliche Drehung des aus Zinn gegossenen und in eine Werkbank eingespannten Werkstücks, das eine zweite Person, der nicht dargestellte Kannengießer, mit einem Dreheisen abdrehte. / Amb. 317.2°, f. 29v

15. Jahrhunderts widerspiegeln. Die Drehbank des Drechslers Lienhard (Abb. 14.4) und die des Rosenkranzmachers Leupold (vgl. Abb. 10.2) zeigen unterschiedliche Mechaniken, die jeweils den technischen Erfordernissen für die Herstellung ihrer Produkte angepasst sind. Dabei haben die Drehbänke trotz unterschiedlicher Antriebstechnik eines gemeinsam: Sie verfügten über keine kontinuierliche Drehung. Der Rosenkranzmacher erzwang die Rotation für seinen Bohrer über einen „Tanzmeister" oder Fiedelbogen, der immer wieder zurückgezogen werden musste. Dagegen spannte Lienhard Drechsel über einen Fußtritt ein Seil, das über eine Spindel mit einem elastischen Ast verbunden war, einer sogenannten Wippe. Lienhard konnte sein Werkstück nur bei Niederdrücken des Fußtritts abdrehen. Nachdem die Wippe das Seil zurückgezogen hatte, setzte der Drechsler seine Arbeit fort, indem er die erneute Rotation durch Betätigen des Fußtrittes bewirkte. Die reziproke Drehung ist ein Charakteristikum mittelalterlicher Drehbänke des holzbearbeitenden Gewerbes. Dagegen war die kontinuierliche Drehung im Metallgewerbe bereits für die Zinngießer bekannt (Abb. 14.5). Sie setzte aber immer die Mithilfe einer weiteren Person voraus: Zum Abdrehen des Metalls erzeugte ein Gehilfe über eine Kurbel eine ununterbrochene Rotation. Der Zeitgewinn wurde aufgehoben durch den notwendigen Einsatz einer zweiten Arbeitskraft.

Die konstruktive Gemeinsamkeit von Dreh- und Bildhauerwerkbank mit der verstellbaren Docke zeigt die technische Verquickung mittelalterlicher Gewerke

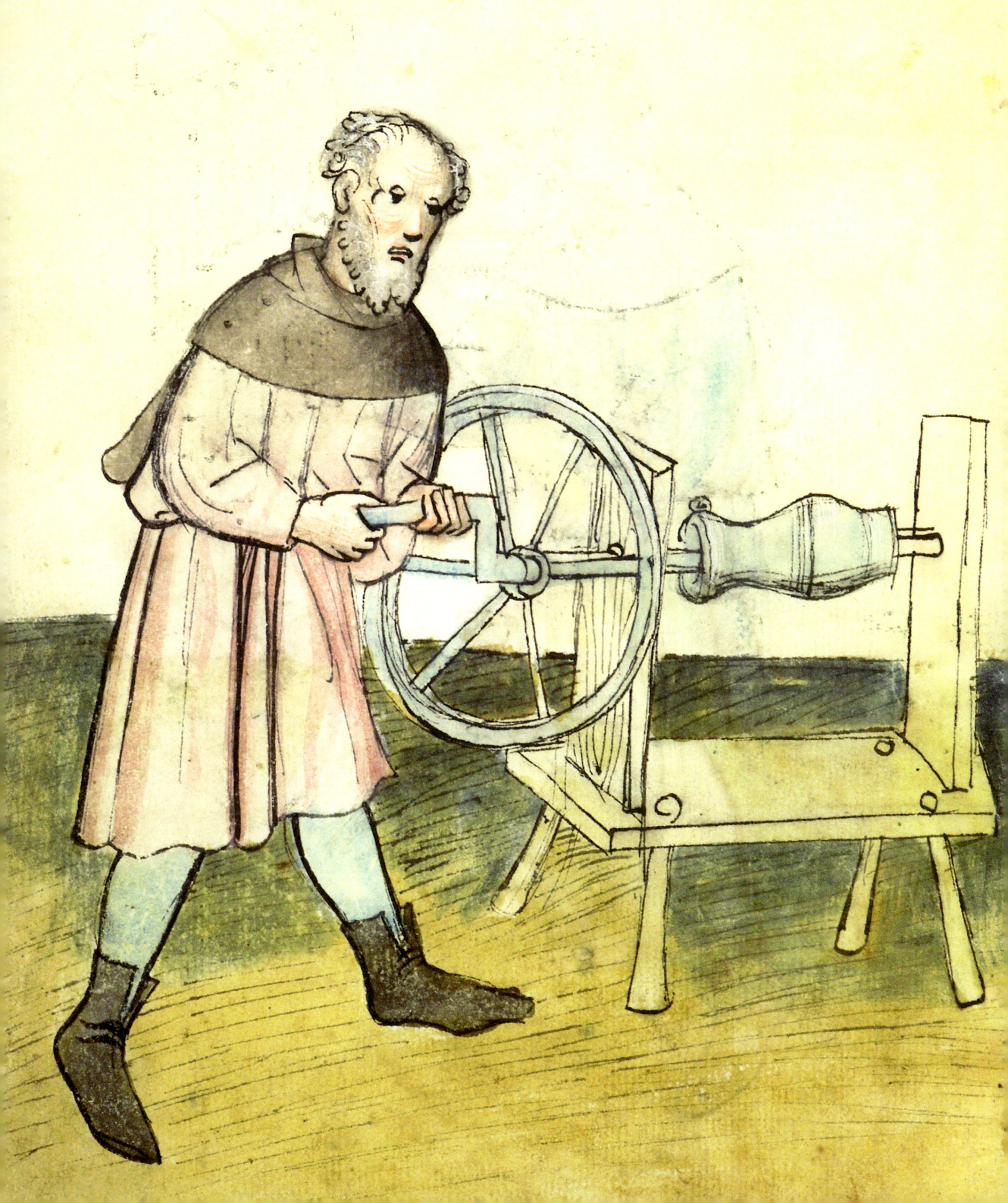

Der lxiiij bruder der do starb hieß Sebolt und zoche
den kandelgiessern am rad

und illustriert gleichzeitig die Fähigkeit mittelalterlicher Techniker, verschiedene Mechanismen zu kombinieren, um ein Gerät für einen bestimmten Zweck zu adaptieren. Konstruktiver Vorläufer der Bildhauerwerkbank ist die Wippendrehbank. Von den Darstellungen der Wippendrehbänke in einem Glasfenster der Kathedrale von Chartres und in der Handschrift der Bible Moralisée (Paris, Bibliothèque Nationale) im 13. Jahrhundert oder in einem Mailänder Modellbuch (Rom, Gabinetto Nazionale) aus der Zeit um 1400 führt ein direkter Weg zu der Drehbank eines vor 1425 verstorbenen Drechslers im Hausbuch der Mendelschen Zwölfbrüderstiftung zu Nürnberg (vgl. Abb. 14.4 und Abb. 8.2).

Allen diesen Drehbänken für Holz ist die sogenannte Wippe gemeinsam. Die Wippe, die mittelalterliche Feder, ist ein elastischer Ast über der Drehbank, dessen Ende durch ein Seil mit einem Fußtritt verbunden ist. Die zum Abdrehen des Werkstücks notwendige Rotation erreicht der Drechsler, indem er das Seil um die Achse seines Werkblockes windet, den Fußtritt niederdrückt und so die Wippe spannt. Nur mit dieser Operation kann der Drechsler sein Objekt bearbeiten. Erst wenn die Wippe sich wieder entspannt, das Seil also wieder in seine Ausgangsposition gebracht wird, kann der Handwerker seine Arbeit durch Betätigung des Fußtrittes fortsetzen. Diese ständigen Arbeitspausen erscheinen heute, gewöhnt an eine kontinuierliche Drehung, eine sinnlose Arbeitserschwernis, zumal die fortlaufende Rotation im Mittelalter sehr wohl bekannt war beim Abdrehen von Metall und beim Spinnen. Die Wippendrehbank ist noch im Weigelschen „Ständebuch" 1698 dargestellt, und das Deutsche Museum in München besitzt ein Modell des 18. Jahrhunderts, das einen Drechsler an einer Wippendrehbank zeigt. Im Handwerk blieb diese Werkbank mithin zu einer Zeit in Gebrauch, zu der der Bildhauer diese zugunsten anderer Arbeitshilfen bereits aufgegeben hatte.

Allerdings darf die Fertigkeit des mittelalterlichen Drechslers nicht unterschätzt werden, auf einer Wippendrehbank rasch zu produzieren. In einem Film von 1935, der im Internet auf You Tube (unter The Chiltern Bodgers) abgegriffen werden kann, ist sehr gut zu beobachten, mit welcher Geschwindigkeit die Wippe auf- und abschwingt. Eine Arbeitsunterbrechung zwischen den Seilbewegungen ist nur schwer erkennbar. Die Wippe war ein elementarer mittelalterlicher Bausatz. Wann immer eine Operation wiederholt werden musste, war die Wippe für diese Funktion das Hilfsmittel schlechthin. In die Grundkonstruktion von tief liegendem Tisch und Docke konnte aber auch ein Werkzeug eingeführt werden. Die Paternosterer bieten dafür ein Beispiel, indem in die Werkbank ein waagrechtes, mit einem Fiedelbogen betriebenes Gestänge zum Bohren und Fräsen eingesetzt wurde (vgl. Abb. 10.2). Im Wesen stellt diese Adaption eine frühe Werkzeugmaschine dar, ein Gerät, das ein Produkt im Wesentlichen selbst herstellt. Heute wäre dies z. B. eine NC-Fräßmaschine.

Der sogenannte Schrauben-Dreher im nach 1480 entstandenen „Mittelalterlichen Hausbuch" ist ein weiteres Beispiel mittelalterlichen Kombinierens mechanischer Techniken mit gleicher Grundkonstruktion (Abb. 14.6). Charakteristisch sind die unterschiedlichen, aber gegenlaufenden Gewinde des Gestänges in den Docken, die diese Bank als Einspannvorrichtung charakterisiert. Für den Arbeitskomfort des Handwerkers erhielt das untere Bankbrett eine Aussparung. Die unter der Bank abgebildete Vorrichtung wird in der technikgeschichtlichen Literatur mit der Werkbank des Hausbuchmeisters in Verbindung gebracht und als Schraubendreher bezeichnet. Die Vorrichtung hat einen Schlitten, der über eine Schraube mittels eines Vierkants bewegt werden kann. Der Schlitten vermag ein austauschbares Schneideisen aufzunehmen, das wegen seines v-förmigen Profils Furchen schneiden kann. Diese Vorrichtung wird als Support bezeichnet, worunter man fest montierte Werkzeuge versteht, die nicht mehr gehalten, sondern nur noch geführt werden müssen. Kritisch sei hier allerdings angemerkt, dass der Vierkantführung unter dem Support an der Werkbank selbst keine Vorrichtung entspricht. Die beiden Teile gehören wohl nicht zusammen.

Nun steht zu vermuten, dass der Bildhauer seine Bank nicht aus einem artfremden Umfeld für seine Zwecke umgeformt hat, sondern bereits eine Dockenbank in einem ihm eng verbundenen Gewerbe vorfand. Dies könnte in der Werkstatt der Fassmaler gewesen sein. Die Bemalung von Holzskulpturen war im Mittelalter grundsätzlich üblich, denn bis in die Zeit des Tilman Riemenschneider und des Veit Stoß gab es weder holz- noch steinsichtige Figuren; alle Skulpturen wurden bemalt oder gefasst. Schnitzen und Fassen war gleichsam eine Produktionseinheit, und Bildhauer wie Fassmaler müssen die Werkstätten ihrer jeweiligen Kollegen gekannt haben.

Die Bildhauerwerkbank der zweiten Hälfte des 15. Jahrhunderts darf man als gesichert annehmen. Dem widersprechen ähnliche Einspannspuren an Figuren vorangehender Epochen nicht. Das Bode-Museum in Berlin beherbergt eine zu Beginn des 15. Jahrhunderts entstandene Figurengruppe, bei der die Kopfdübel zweifelsfrei nach der Schnitzarbeit eingetrieben wurden und an der selbst die Fassung fehlt. So dürfte die Vorgängerbank des Bildhauers eine Bank des Fassmalers gewesen sein, in der die Figuren nach dem Skulptieren hingen, um bemalt zu werden. Vor allem für die gegen Berührung empfindlichen Kreidegründe und Polimentvergoldungen war die Werkbank eine Arbeitserleichterung, da die Skulptur an keiner Stelle auflag und gedreht werden konnte. Diese beiden Vorzüge muss der Bildhauer erkannt haben.

ABLÖSUNG DER BILDHAUERWERKBANK Die Bildhauerwerkbank war ein Erfolgsschlager. Sie blieb ca. 200 Jahre in Gebrauch, von ca. 1450 bis ca. 1650. Um die Mitte des 17. Jahrhunderts änderte sich die Situation. Der römische Bildhauer, Dichter, Lehrer und Restaurator Orfeo Boselli (1597–1667) trug um 1650 aus seinen Vorlesungsverzeichnissen an der Accademia di San Lucca in Rom ein Traktat zur Bildhauerkunst zusammen, in dem er das Skulptieren eines liegenden Werkblocks als unangemessen beschrieb, da eine stehende Figur doch besser bearbeitet und betrachtet werden könne. Diese Feststellung spiegelt sich ungefähr 50 Jahr später bei Christoph Weigel wider, der seine Darstellung eines Bildhauers (Abb. 14.7) mit folgendem Kommentar unterschreibt: „Wann nun solche Maaß auf dem Werkstück rund

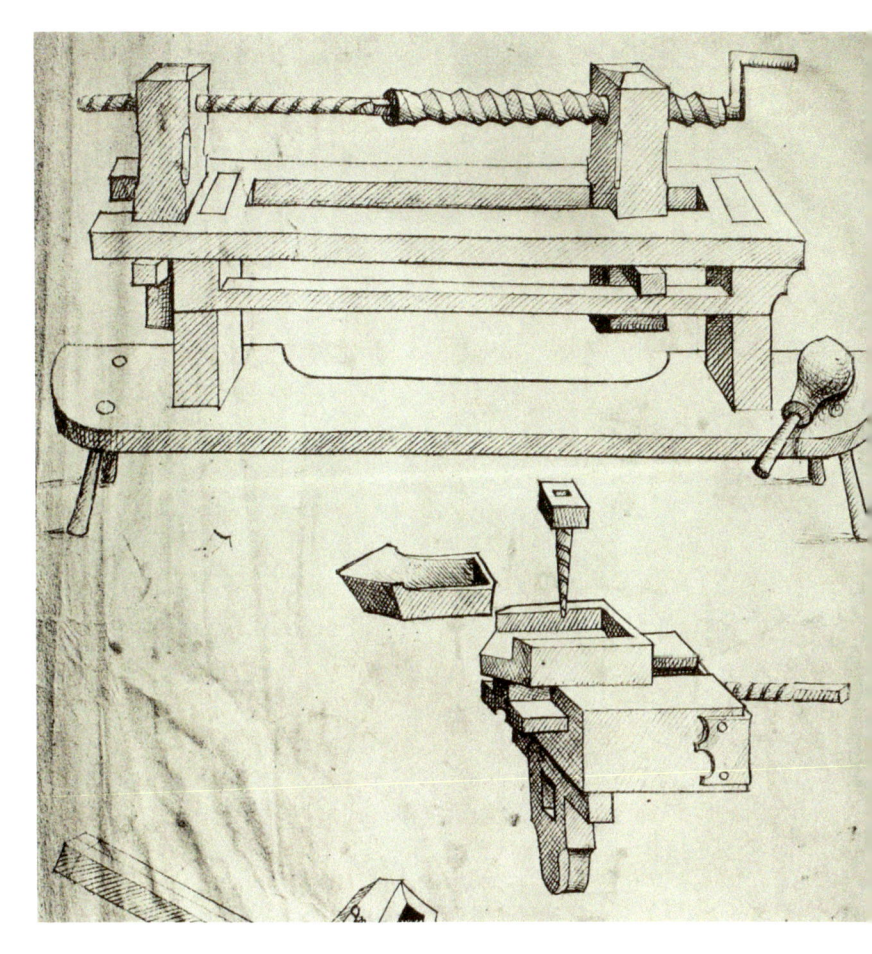

14.6 DAS BLATT aus dem „Mittelalterlichen Hausbuch" (nach 1480 entstanden) bildet zwei Gegenstände ab. Die obere Zeichnung stellt eine Werkbank dar, die wegen ihrer Genauigkeit einen Nachbau erlaubt. Technische Zeichnungen von derartiger Präzision sind eine Errungenschaft des 15. Jahrhunderts. Die Werkbank des Hausbuchmeisters mit den beiden Docken, von denen eine beweglich ist, stellt den mittelalterlichen Grundtypus aller Vorrichtungen dar, in die ein Gegenstand eingespannt werden soll. Die untere Zeichnung wird als Schraubendreher, ein sogenannter Support, gedeutet, der sich in die Werkbank einsetzen lässt.
Olim Schloss Wolfegg (jetziger Verbleib unbekannt), Mittelalterliches Hausbuch von Schloss Wolfegg, nach 1480 (f. 53v aus: Das mittelalterliche Hausbuch. Nach dem Original im Besitze des Fürsten von Waldburg-Wolfegg-Waldsee, hrsg. von Helmuth Th. Bossert und Willy Storck. Leipzig 1912, Tafel 62)

MEISTERHAFTE SKULPTUREN

herumb stehet / alsdann fängt man an hinein zu hauen; doch wird inzwischen immer wieder gemessen / von dem Modell ab / auf das Werkstück / damit man an der Maaß nichts verliere / und muß man also stets mit der Sorge umb das Bild herumb gehen / biß es endlich seiner Figur / und dem Modell gleich und ähnlich herfür komme."

Der stehende Werkblock war also die technische Antwort auf die Herausforderungen einer barocken Skulptur. Ihre Ausformung mit der vollzogenen Entwicklung der Skulptur zu einer Freifigur war bildhauertechnisch an einem waagrechten liegenden Werkblock nicht mehr realisierbar, denn während die mittelalterliche Skulptur in der Regel aus einem einzigen Block bestand, erforderten die barocken Formen nun zum Teil erhebliche Anstückungen über die Form eines Stammes hinaus. Für die Realisierung von Form und Perspektive bestand die technische Lösung in einer Werkbankschraube, die durch die Platte der Tischlerbank in die Standfläche der nun aufrechten Figur gedreht wurde und sich durch eine Flügelschraube wieder lösen ließ.

Ganz ausgestorben ist die altmodische Bildhauerwerkbank indes nicht. Noch in der Mitte des 18. Jahrhunderts zeigt die Darstellung einer Bildhauerwerkstatt ein solches Werkstattmöbel, das Heimatmuseum in Oberammergau verwahrt eine Werkbank aus dem 18. Jahrhundert, und in Südtirol arbeitete man noch zu Beginn des 20. Jahrhunderts mit dieser mittelalterlichen Ausstattung.

14.7 CHRISTOPH WEIGELS „Abbildung und Beschreibung der gemein-nützlichen Hauptstände" von 1698 stellt einen Bildhauer vor einem stehenden Werkblock dar und reflektiert damit die rund 50 Jahre vor der Entstehung dieses Kupferstichs geäußerte Meinung des italienischen Bildhauers Orfeo Boselli, man könne an liegenden Werkstücken die Arbeit nicht adäquat ausführen.
(Stadtbibliothek Nürnberg, Solg. 1458.4°)

Die Wippendrehbank überlebte die Bildhauerwerkbank. Die großen Werke zur Mechanik der Renaissance und des Barock, das „Theatrum instrumentorum et machinarum" von 1578 des Jacques Besson und das Werk zur Optik und Mechanik des französischen Kapuzinermönchs Chérubin d'Orléan „La dioptrique oculaire" von 1671 weisen wenn auch sehr verfeinerte Antriebsmechanismen mit Wippen auf. Auch die wahrscheinlich den Alltag wiedergebenden Werke von Jost Amman und Christoph Weigel stellen Wippendrehbänke dar.

Joseph Moxon (1627–1691), Wissenschaftler im Dienst Charles II., beschäftigte sich nicht nur mit seiner eigentlichen Profession, dem Wasser, sondern schrieb auch ein sehr umfangreiches Werk über Handwerke, so auch über das Abdrehen von unterschiedlicher Materialoberflächen. In den 1694 posthum erschienenen „Mechanick Exercises" finden sich drei Werkbänke, die Joseph Moxon für bestimmte Materialien einsetzt. Die Wippendrehbank ordnet er dem Holz und Elfenbein zu. Die Bank mit einem großen externen Schwungrad ist für schwere Gegenstände bestimmt, während die Tretmühle (Drehbank mit integriertem Rad) nur für kleine Gegenstände geeignet sein soll. Die kontinuierliche Drehung war bekannt, setzte sich aber nicht in allen Handwerksbereichen durch.

Die Wippendrehbank hat sich, ähnlich der Bildhauerwerkbank, im traditionellen Handwerk zumindest in England noch bis weit in die Mitte des 20. Jahrhunderts erhalten. Drechsler drehten in ihren Werkstätten oder direkt in Wäldern jene Einzelteile, die für die traditionellen Windsorstühle charakteristisch sind. Heute noch wird diese Drehbank bei Nostalgieveranstaltungen gebraucht.

Arnulf von Ulmann

cspus ch occ xxx×xxx oz puto potuncy vnt vnt
vnd was der p vnd xxx ys bruder   127 gr 6

Literatur

1 Die Nürnberger Hausbücher – Das Bild vom arbeitenden Handwerker

Ahlborn, Joachim: Die Familie Landauer. Vom Maler zum Montanherrn (Nürnberger Forschungen 11), Nürnberg 1969

Amman, Jost; Sachs, Hans: Das Ständebuch, hrsg. von Hans Blosen, Per Baerentzen und Harald Pors, 2 Bde., Aarhus 2009

Fouquet, Gerhard: Zwölf-Brüder-Häuser und die Vorstellung vom verdienten Ruhestand im Spätmittelalter, in: Sozialgeschichte mittelalterlicher Hospitäler, hrsg. von Neithard Bulst und Karl-Heinz Spieß (Vorträge und Forschungen 65), Ostfildern 2007, S. 37–76

Hausbücher der Nürnberger Zwölfbrüderstiftungen: http://www.nuernberger-hausbuecher.de/

Jessewitsch, Rolf Dieter: Das „Ständebuch" des Jost Amman (1568). Zur ständepolitischen Ikonographie der Reichsstadt Nürnberg in der deutschen Druckgraphik des 16. Jahrhunderts (Kunstgeschichte 18), Münster 1987

Kirchhoff, Matthias: Gedächtnis in Nürnberger Texten des 15. Jahrhunderts. Gedenkbücher, Brüderbücher, Städtelob, Chroniken (Nürnberger Werkstücke zur Stadt- und Landesgeschichte 68), Neustadt an der Aisch 2009, S. 104–177

Mohrmann, Ruth-Elisabeth: Handwerk im frühneuzeitlichen Bild, in: Die Bildlichkeit symbolischer Akte, hrsg. von Barbara Stollberg-Rilinger und Thomas Weissbrich, Münster 2010, S. 105–126

Sauer, Christine: In das verordnete permente buch wie gepreuchlich zu mahlen: Rechnungsbücher als Quellen für die Erschließung von Pfleger- und Handwerkerbildern in den Hausbüchern der Nürnberger Zwölfbrüderstiftungen, in: Mitteilungen des Vereins für Geschichte der Stadt Nürnberg 98 (2011), S. 81–133

Treue, Wilhelm (Hrsg.): Das Hausbuch der Mendelschen Zwölfbrüderstiftung zu Nürnberg. Deutsche Handwerkerbilder des 15. und 16. Jahrhunderts. 2 Bde., München 1965

Türk, Klaus: Bilder der Arbeit. Eine ikonografische Anthologie, Wiesbaden 2000

Wagner, Margarete: Das alte Nürnberg. Einblick in vier Jahrhunderte Handwerksleben, Hürtgenwald 1980

Wagner, Margarete: Nürnberger Handwerker. Bilder und Aufzeichnungen aus den Zwölfbrüderhäusern 1388–1807, Wiesbaden 1978

Weigel, Christoph: Abbildung und Beschreibung der gemein-nützlichen Hauptstände ... Regensburg 1698 (Faksimile-Neudruck mit einer Einführung von Michael Bauer, Nördlingen 1987)

2 „köstlich oder schlecht" – Wirtschaftliche und soziale Entwicklung des Handwerks

Bräuer, Helmut: Gesellen im sächsischen Zunfthandwerk des 15. und 16. Jahrhunderts, Weimar 1989

Dirlmeier, Ulf: Untersuchungen zu Einkommensverhältnissen und Lebenshaltungskosten in oberdeutschen Städten des Spätmittelalters (Mitte 14. bis Anfang 16. Jahrhundert) (Abhandlungen der Heidelberger Akademie der Wissenschaften, Philosophisch-Historische Klasse, Jg. 1978, Abh. 1), Heidelberg 1978

Elkar, Rainer S. (Hrsg.): Deutsches Handwerk in Spätmittelalter und früher Neuzeit. Sozialgeschichte, Volkskunde, Literaturgeschichte (Göttinger Beiträge zur Wirtschafts- und Sozialgeschichte 9), Göttingen 1983

Fouquet, Gerhard; Steinbrink, Michael; Zeilinger, Gabriel (Hrsg.): Geschlechtergesellschaften, Zunft-Trinkstuben und Bruderschaften in spätmittelalterlichen und frühneuzeitlichen Städten (Südwestdeutscher Arbeitskreis für Stadtgeschichtsforschung 40, Stadt in der Geschichte 30), Stuttgart 2003

Fouquet, Gerhard: Zeit, Arbeit und Muße im Wandel spätmittelalterlicher Kommunikationsformen: Die Regulierung von Arbeits- und Geschäftszeiten im städtischen Handwerk und Gewerbe, in: Information, Kommunikation und Selbstdarstellung in mittelalterlichen Gemeinden, hrsg. von Alfred Haverkamp, München 1998, S. 237–275

Groebner, Valentin: Ökonomie ohne Haus. Zum Wirtschaften armer Leute in Nürnberg am Ende des 15. Jahrhunderts (Veröffentlichungen des Max-Planck-Instituts für Geschichte 108), Göttingen 1993

Holbach, Rudolf: Frühformen von Verlag und Großbetrieb in der gewerblichen Produktion (13.–16. Jahrhundert) (Vierteljahrschrift für Sozial- und Wirtschaftsgeschichte, Beihefte 110), Stuttgart 1994

Kaufhold, Karl Heinrich; Reininghaus, Wilfried (Hrsg.): Stadt und Handwerk in Mittelalter und früher Neuzeit (Städteforschung Reihe A: Darstellungen 54), Köln u. a. 2000

Mitterauer, Michael: Zur familienbetrieblichen Struktur im zünftischen Handwerk, in: Wirtschafts- und sozialhistorische Beiträge. Festschrift für Alfred Hoffmann zum 75. Geburtstag, hrsg. von Herbert Knittler, München 1979, S. 190–219

Reininghaus, Wilfried: Die Entstehung der Gesellengilden im Spätmittelalter (Vierteljahrschrift für Sozial- und Wirtschaftsgeschichte, Beihefte 71), Wiesbaden 1981

Reith, Reinhold (Hrsg.): Das alte Handwerk. Von Bader bis Zinngießer, München 2008

Reith, Reinhold: Lohn und Leistung. Lohnformen im Gewerbe 1450–1900 (Vierteljahrschrift für Sozial- und Wirtschaftsgeschichte, Beihefte 151), Stuttgart 1999

Schulz, Knut: Handwerk, Zünfte und Gewerbe. Mittelalter und Renaissance, Darmstadt 2010

Schulz, Knut: Handwerksgesellen und Lohnarbeiter. Untersuchungen zur oberrheinischen und oberdeutschen Stadtgeschichte des 14. bis 17. Jahrhunderts, Sigmaringen 1985

Schulz, Knut: Die Handwerksgesellen, in: Unterwegssein im Spätmittelalter, hrsg. von Peter Moraw (Zeitschrift für historische Forschung, Beiheft 1), Berlin 1985, S. 71–92

Simon-Muscheid, Katharina: Basler Handwerkszünfte im Spätmittelalter. Zunftinterne Strukturen und innerstädtische Konflikte (Europäische Hochschulschriften Reihe 3: Geschichte und ihre Hilfswissenschaften 348), Bern u. a. 1988

Wesoly, Knut: Lehrlinge und Handwerksgesellen am Mittelrhein. Ihre soziale Lage und ihre Organisation vom 14. bis ins 17. Jahrhundert (Studien zur Frankfurter Geschichte 18), Frankfurt/M. 1985

Wissell, Rudolf: Des alten Handwerks Recht und Gewohnheit. 2 Bde.,Berlin 1929 (Zweite erweiterte Auflage, hrsg. von Ernst Schraepler, 6 Bde., Berlin 1971/88)

Wulf, Stefan: Arbeit und Nichtarbeit in norddeutschen Städten des 14. bis 16. Jahrhunderts. Studien zur Geschichte sozialer Zeitordnung (Beiträge zur deutschen und europäischen Geschichte 7), Hamburg 1991

3 Das täglich Brot – Bäcker, Metzger, Fischer und Co.

Abel, Wilhelm: Stufen der Ernährung, Göttingen 1981

Eiselen, Hermann (Hrsg.): Brotkultur, Köln 1995

Frontzek, Wolfgang: Das städtische Braugewerbe und seine Bauten vom Mittelalter bis zur frühen Neuzeit. Untersuchungen zur Entwicklung, Ausstattung und Topographie der Brauhäuser in der Hansestadt Lübeck (Häuser und Höfe in Lübeck 7), Neumünster 2005

Goerge, Dieter: Die Bäcker und Metzger in den salzburgischen Städten. Mit Beispielen aus Hallein, Laufen, Mühldorf, Salzburg und Tittmoning, in: Mitteilungen der Gesellschaft für Salzburger Landeskunde 120/121 (1980/81), S. 459–515

Göttmann, Frank: Die Frankfurter Bäckerzunft im späten Mittelalter. Aufbau und Aufgaben städt. Handwerkergenossenschaften (Studien zur Frankfurter Geschichte 10), Frankfurt/M. 1975

Roeck, Bernd: Bäcker, Brot und Getreide in Augsburg. Zur Geschichte des Bäckerhandwerks und zur Versorgungspolitik der Reichsstadt im Zeitalter des Dreißigjährigen Krieges (Abhandlungen zur Geschichte der Stadt Augsburg 31), Sigmaringen 1987

Sachs, Carl. L.: Metzgergewerbe und Fleischversorgung der Reichsstadt Nürnberg bis zum Ende des 30jährigen Krieges, in: Mitteilungen des Vereins für Geschichte der Stadt Nürnberg 24 (1922), S. 1–260

Salvetti, Françoise; Bührer, Emil; Longueville, M. Hans-Peter de: Der Metzger. Eine Kulturgeschichte des Metzgerhandwerks, München 1988

Schneider, Paul: „Nürnbergisch gerecht geschaut Gut". Nürnberger Schauanstalten im Spätmittelalter, Nürnberg 1940

Schultheiß, Werner: Brauwesen und Braurechte in Nürnberg bis zum Beginn des 19. Jahrhunderts, Nürnberg 1978

4 Der Gold- und Silberschmied –
Edelmetall- und edelsteinverarbeitende Gewerbe

Brepohl, Erhard: Theophilus Presbyter und das mittelalterliche Kunsthandwerk, Gesamtausgabe der Schrift De diversis artibus. 2 Bde., Bd. 2: Goldschmiedekunst, 2. überarb. Aufl. Köln 1999

Cellini, Benvenuto: Traktate über die Goldschmiedekunst und die Bildhauerei, auf der Grundlage der Übersetzung von Ruth und Max Fröhlich als Werkstattbuch kommentiert und herausgegeben von Erhard Brepohl, Köln 2005

Fritz; Johann Michael: Goldschmiedekunst der Gotik in Mitteleuropa. Handbuch zur gotischen Goldschmiedekunst, München 1982

Hayward, John Forrest: Virtuoso goldsmiths and the triumph of Mannerism, 1540–1620, London 1976

Heitmann, Bernhard; Schliemann, Erich; Scholz, Renate:
Die Goldschmiede Hamburgs, 3 Bde., Hamburg 1985

Heller, Carl Benno; Schneider, Ina; Dennert, Walter:
Bruckmann's Handbuch des Schmucks, München 1977

Irmscher, Günter: Das Kölner Goldschmiedehandwerk
1550–1800. Eine Sozial- und Werkgeschichte (Sigurd
Greven-Studien 5), 2 Bde., Regensburg 2005

Rosenberg, Marc: Der Goldschmiede Merkzeichen, 4 Bde.,
3. Aufl. Frankfurt/M. 1922–1935

Rosenberg, Marc: Geschichte der Goldschmiedekunst auf
technischer Grundlage, 10 Bde. in 3 Abteilungen, 1. und
2. Aufl. Frankfurt/M. 1907–1925 (Neudruck Osnabrück
1972)

Schätze deutscher Goldschmiedekunst von 1500 bis 1920
aus dem Germanischen Nationalmuseum, Katalog zusammengestellt von Klaus Pechstein, Claudia Siegel-Weiß und
Ursula Timann, Berlin 1992

Seling, Helmut: Die Kunst der Augsburger Goldschmiede,
3 Bde., erheblich erw. und überarb. Neuaufl.
München 2007

Tebbe, Karin; Timann, Ursula; Eser, Thomas (Bearb.):
Nürnberger Goldschmiedekunst 1541–1868, 2 Bde.
in 3 Teilbänden, Nürnberg 2007

5 Das Metallhandwerk – Eisen-, zinn- und kupferverarbeitende Gewerbe

Baumgärtel, Otto A.: Das Inventar der Katharina Amman
von 1529, in: Mitteilungen des Vereins für Geschichte der
Stadt Nürnberg 69 (1982), S. 167–182

Eser, Thomas: Unter Tage, unter Wasser. Nürnberger
Artefakte als archäologische Funde, in: Quasi Centrum
Europae. Europa kauft in Nürnberg 1400–1800,
Nürnberg 2002, S. 96–115

Gouk, Penelope: The ivory sundials of renaissance
Nuremberg 1500–1700, Cambridge 1988

Hauschke, Sven: Es muss nicht immer Gold und Silber sein.
Messingguss und Eisenschnitt aus Nürnberg, in: Quasi
Centrum Europae. Europa kauft in Nürnberg
1400–1800, Nürnberg 2002, S. 240–271

Hauschke, Sven: Goldschmiede als Hersteller wissenschaftlicher Instrumente und Geräte, in: Nürnberger
Goldschmiedekunst 2: Goldglanz und Silberstrahl,
Nürnberg 2007, S. 216–232

Keller, Kurt: Das messer- und schwerterherstellende
Gewerbe in Nürnberg von den Anfängen bis zum Ende
der reichsstädtischen Zeit (Nürnberger Werkstücke zur
Stadt- und Landesgeschichte 31), Nürnberg 1981

Kisch, Bruno: Scales and weights. A historical outline.
New Haven 1965

Lockner, Hermann P.: Die Merkzeichen der Nürnberger
Rotschmiede (Forschungshefte 6), München 1981

Stahlschmidt, Rainer: Die Geschichte des eisenverarbeitenden Gewerbes in Nürnberg von den 1. Nachrichten im
12.–13. Jahrhundert bis 1630 (Nürnberger Werkstücke
zur Stadt- und Landesgeschichte 4), Nürnberg 1971

Welker, Manfred: Die Reichsstadt Nürnberg, ein Zentrum
des Schmiedeeisen verarbeitenden Handwerks, in: Quasi
Centrum Europae. Europa kauft in Nürnberg 1400–1800,
Nürnberg 2002, S. 116–137

6 Die Textilproduktion – Spinnen, Weben, Färben, Nähen

Bohnsack, Almut: Spinnen und Weben. Entwicklung von
Technik und Arbeit im Textilgewerbe, Reinbek bei
Hamburg 1985

Baines, Patricia: Spinning Wheels. Spinners and spinning,
London 1977

Crowfoot, Elisabeth; Pritchard, Frances; Staniland, Kay:
Textiles and clothing, c. 1150 – c. 1450 (Medieval finds
from excavations in London 4), Woodbridge 2001

Durian-Ress, Saskia: Meisterwerke mittelalterlicher
Textilkunst aus dem Bayerischen Nationalmuseum,
München u. a. 1986

Kania, Katrin: Kleidung im Mittelalter. Materialien –
Konstruktion – Nähtechnik. Ein Handbuch, Köln u. a.
2010

Keupp, Jan: Mode im Mittelalter, Darmstadt 2011

Lehner, Julia: Die Mode im alten Nürnberg. Modische
Entwicklung und sozialer Wandel in Nürnberg, aufgezeigt
an den Nürnberger Kleiderordnungen (Nürnberger
Werkstücke zur Stadt- und Landesgeschichte 36),
Nürnberg 1984

Ploss, Emil: Ein Buch von alten Farben. Technologie der
Textilfarben im Mittelalter mit einem Ausblick auf die
festen Farben, Heidelberg 1962

Sakuma, Hironobu: Die Nürnberger Tuchmacher, Weber,
Färber und Bereiter vom 14. bis 17. Jahrhundert
(Nürnberger Werkstücke zur Stadt- und Landesgeschichte 51), Nürnberg 1993

Zander-Seidel, Jutta: Textiler Hausrat. Kleider und Haustextilien in Nürnberg von 1500–1650, München 1990

7 Der Töpfer – Herstellung und Arten von Keramik

Bauer, Ingolf; Endre, Werner; Kerhoff-Hader, Bärbel;
Koch, Robert; Stephan, Hans-Georg: Leitfaden zur
Keramikbeschreibung (Mittelalter-Neuzeit).
Terminologie – Typologie – Technologie, Kallmünz, 1993

Franz, Rosemarie: Der Kachelofen. Entstehung und kunstgeschichtliche Entwicklung vom Mittelalter bis zum
Ausgang des Klassizismus (Forschungen und Berichte
des Institutes für Kunstgeschichte der Karl-Franzens-
Universität Graz 1), Graz 1981

Gaimster, David: German Stoneware 1200–1900. Archaeology and cultural history, London 1997

Gross, Uwe: Mittelalterliche Keramik zwischen Neckarmündung und Schwäbischer Alb. Bemerkungen zur räumlichen Entwicklung und zeitlichen Gliederung (Forschungen und Berichte der Archäologie des Mittelalters in Baden-Württemberg 12), Stuttgart 1991

Heege, Andreas: Töpferöfen. Die Erforschung frühmittelalterlicher bis neuzeitlicher Töpferöfen (6.–20. Jahrhundert) in Belgien, den Niederlanden, Deutschland, Österreich und der Schweiz (Basler Hefte zur Archäologie 4), Basel 2007

Lüdtke, Hartwig (Hrsg.): Handbuch zur mittelalterlichen Keramik in Nordeuropa (Schriften des archäologischen Landesmuseums 6), Neumünster 1991

Rieth, Adolf: 5000 Jahre Töpferscheibe, Konstanz 1960

Stephan, Hans-Georg: Die bemalte Irdenware der Renaissance in Mitteleuropa. Ausstrahlungen und Verbindungen der Produktionszentren im gesamteuropäischen Rahmen (Forschungshefte des Bayerischen Nationalmuseums München 12), München 1987

Stephan, Hans-Georg: Großalmerode. Ein europäisches Zentrum der Herstellung von technischer Keramik. Die Geschichte der keramischen Gewerbe in Großalmerode und Epterode und die Entwicklung ihrer Produktion vom 12. bis zum 19. Jahrhundert. Teil II: Technische und Baukeramik, Tonpfeifen, Knicker, Steingut. Porzellan, Aspekte von Handel, früher chemischer Industrie, Bergbau und Gewerbegeschichte, Großalmerode 1995

Stephan, Hans-Georg (Hrsg.): Der Solling im Mittelalter. Archäologie – Landschaft – Geschichte im Weser- und Leinebergland. Siedlungs- und Kulturlandschaftsentwicklung. Die Grafen von Dassel und Nienover (Hallesche Beiträge zur Archäologie des Mittelalters und der Neuzeit 1), Dormagen 2010

Volckmann, Erwin: Alte Gewerbe und Gewerbegassen. Deutsche Berufs-, Handwerks- und Wirtschaftsgeschichte älterer Zeit, Würzburg 1921 (Reprint Leipzig 1977)

8 Ein hölzernes Zeitalter – Forstwirtschaft, Holzgewinnung und -verarbeitung

Dietrich, Gerhard: Möbel (Bildführer kunsthandwerklicher Techniken 1), Köln 1981

Grünn, Helene: Faßbinder, Faßboden. Handwerk und Kunst, München u. a. 1968

Kaiser, Hermann: Schreiner, Tischler, Ebenisten, in: Das alte Handwerk. Von Bader bis Zinngießer, hrsg. von Reinhold Reith, München 2008, S. 211–217

Lexner, Matthias (Hrsg.): Endres Tuchers Baumeisterbuch der Stadt Nürnberg (1464–1475). Mit einer Einleitung und sachlichen Anmerkungen von Dr. Friedrich von Weech (Bibliothek des Litterarischen Vereins in Stuttgart 64), Stuttgart 1862

Reincke, Heinrich (Bearb.): Die Bilderhandschrift des hamburgischen Stadtrechts von 1497 im hamburgischen Staatsarchiv, Hamburg 1917

Rößger, Michaela: Holzversorgung und Holzhandel, in: Spätmittelalter am Oberrhein. Alltag, Handwerk und Handel 1350–1525, Aufsatzband, Stuttgart 2001, S. 225–229

Nagel-Schlicksbier, Brigitta: Das Handwerk der Schreiner im Mittelalter. Aussagemöglichkeiten mittelalterlicher bis frühneuzeitlicher Bildquellen, in: Von Schmieden, Würflern und Schreinern: städtisches Handwerk im Mittelalter, hrsg. von Ralph Röber (ALManach 4), Stuttgart 1999, S. 151–179

Simon-Muscheid, Katharina: Basler Handwerkszünfte im Spätmittelalter. Zunftinterne Strukturen und innerstädtische Konflikte (Europäische Hochschulschriften Reihe 3: Geschichte und ihre Hilfswissenschaften 348), Bern u. a. 1988

Wagner, Margarete: Aus alten Backstuben und Offizinen, Pfaffen-Schwabenheim 1992

Thomas Wolf: Tragfähigkeiten, Ladungen und Maße im Schiffsverkehr der Hanse vornehmlich im Spiegel Revaler Quellen (Quellen und Darstellungen zur hansischen Geschichte N. F. 31), Köln 1986

9 Die Gerber – Lederproduktion und -verarbeitung

Bänteli, Kurt: Zur Entwicklung des Gerberhauses am Beispiel des Hauses „Zur Gerbe" in Schaffhausen, in: Stadtluft, Hirsebrei und Bettelmönch. Die Stadt um 1300, Stuttgart 1992, S. 420–424

Cramer, Johannes: Gerberhaus und Gerberviertel in der mittelalterlichen Stadt (Studien zur Bauforschung 12), Bonn 1981

Frei, Alois; Gissler, Peter; Huggenberger, E.; Sitzler Ch.; Sitzler, W.: Von der Haut zum Leder. Die Geschichte der Basler Gerber und ihres Handwerks, Basel 1992

Hall, Richard A.: York. A medieval center of craft and production, Lübecker Kolloquium zur Stadtarchäologie im Hanseraum V: Das Handwerk, hrsg. von Manfred Gläser, Lübeck 2006, S. 93–103

Der Kürschner. Fach- und Lehrbuch für das Kürschnerhandwerk, Köln 1953

Lorenz, Andrea: Stadtarchäologie im Nürnberger Rotgerberviertel. Die Ausgrabungen in der Vorderen Ledergasse 1989 (Arbeiten zur Archäologie Süddeutschlands 24), Büchenbach 2010

Mulzer, Erich: Gerber und Gerberhäuser in Nürnberg, in: Nürnberger Altstadtberichte 27 (2002), S. 37–76

Poppe, Johann Heinrich Moritz: Technologisches Lexikon oder genaue Beschreibung aller mechanischen Künste, Handwerke, Manufakturen und Fabriken, der dazu erforderlichen Handgriffe, Mittel, Werkzeuge und Maschinen ... 3, Stuttgart, 1819, S. 360–366

Rück, Peter (Hrsg.): Pergament. Geschichte, Struktur, Restaurierung, Herstellung, Sigmaringen 1991

Schlottau, Klaus: Von der handwerklichen Lohgerberei zur Lederfabrik des 19. Jahrhunderts. Zur Bedeutung nachwachsender Rohstoffe für die Geschichte der Industrialisierung (Sozialwissenschaftliche Studien 29), Opladen 1993

Wintergerst, M.: s.v. Gerberei, in: Reallexikon der Germanischen Altertumskunde 11, hrsg. von Heinrich Beck, Berlin/New York 1998, S. 143–151

Zeitler, John P. (Hrsg.): Gerber im mittelalterlichen Nürnberg. Begleitheft zur gleichnamigen Ausstellung der Naturhistorischen Gesellschaft Nürnberg e.V., Nürnberg 2010

10 Die Beinschnitzer – Bein, Horn und Elfenbein

Baumhauer, Matthias: Archäologische Studie zu ausgewählten Aspekten der mittelalterlichen Handwerkstopographie im deutschsprachigen Raum: Bestandsaufnahme der Handwerksbefunde vom 6.–14. Jahrhundert und vergleichende Analyse, ungedr. Diss., Tübingen 2002 (Online-Ausgabe: http://nbn-resolving.de/urn:nbn:de:bsz:21-opus-12458)

Beuckers, Klaus G. (Bearb.): Mittelalterliche Elfenbeinarbeiten aus der Sammlung des Badischen Landesmuseums Karlsruhe, Karlsruhe, 1999

Erath, Marianne: Studien zum mittelalterlichen Knochenschnitzerhandwerk. Die Entwicklung eines spezialisierten Handwerks in Konstanz, ungedr. Diss., Freiburg 1996 (Online-Ausgabe: http://www.freidok.uni-freiburg.de/volltexte/526/)

Langbein, Melanie: Vom Holzhaus zur Badestube. Vorbericht über die Grabung in der Irrerstraße 1 in Nürnberg, in: Beiträge zur Archäologie in Mittelfranken 8 (2008), S. 251–272

MacGregor, Arthur: Bone, antler, ivory & horn. The technology of skeletal materials since the Roman period, London 1985

Miller, Markus: Kölner Schatzbaukasten. Die Große Kölner Beinschnitzerwerkstatt des 12. Jahrhunderts, Mainz 1997

Röber, Ralph (Hrsg.): Von Schmieden, Würflern und Schreinern. Städtisches Handwerk im Mittelalter (ALManach IV), Stuttgart 1999

Spitzers, Thomas A.: Market strategies in a late medieval craft: bone bead production in Constance and elsewhere, in: Lübecker Kolloquium zur Stadtarchäologie im Hanseraum V: Das Handwerk, hrsg. von Manfred Gläser. Lübeck 2006, S. 359–379

Ulbricht, Ingrid: Die Verarbeitung von Knochen, Geweih und Horn im mittelalterlichen Schleswig (Ausgrabungen in Schleswig 3), Neumünster 1984

11 Papier – Ware, Informationsträger und Kommunikationsmittel

Adler, Georg: Handbuch Buchverschluss und Buchbeschlag. Terminologie und Geschichte im deutschsprachigen Raum, in den Niederlanden und Italien vom frühen Mittelalter bis in die Gegenwart, Wiesbaden 2010

Bayerl, Günter; Pichol, Karl: Papier. Produkt aus Lumpen, Holz und Wasser, Reinbek bei Hamburg 1986

Bayerl, Günter: Die Papiermühle. Vorindustrielle Papiermacherei auf dem Gebiet des alten deutschen Reiches – Technologie, Arbeitsverhältnisse, Umwelt (Europäische Hochschulschriften, Reihe 3: Geschichte und ihre Hilfswissenschaften 260), Frankfurt/M. 1987

Foot, Mirjam M · Bookbinders at Work. Their Roles and Methods, London 2006

Franzke, Jürgen (Hrsg.): Zauberstoff Papier. Sechs Jahrhunderte Papier in Deutschland, München 1990

Füssel, Stephan: Gutenberg und seine Wirkung, Frankfurt/M. 1999

Gutenberg. aventur und kunst. Vom Geheimunternehmen zur ersten Medienrevolution, Mainz 2000

Haemmerle, Albert: Buntpapier. Herkommen, Geschichte, Techniken, Beziehungen zur Kunst, München 1961

Neddermeyer, Uwe: Von der Handschrift zum gedruckten Buch. Schriftlichkeit und Leseinteresse im Mittelalter und in der frühen Neuzeit. Quantitative und qualitative Aspekte (Buchwissenschaftliche Beiträge aus dem deutschen Bucharchiv in München 61), Wiesbaden 1998

Rautenberg, Ursula: Buchhändlerische Organisationsformen in der Inkunabel- und Frühdruckzeit, in: Die Buchkultur im 15. und 16. Jahrhundert, Bd. 2, Hamburg 1999, S. 339–376

Sporhan-Krempel, Lore: Die Papierwirtschaft der Nürnberger Kanzlei und die Geschichte der Papiermacherei im Gebiet der Reichsstadt bis zum Beginn des 30jährigen Krieges, in: Mitteilungen aus der Stadtbibliothek Nürnberg 8,2 (1959), S. 5–15

Stromer von Reichenbach, Wolfgang: Das Schriftwesen der Nürnberger Wirtschaft vom 14. bis zum 16. Jahrhundert. Zur Geschichte oberdeutscher Handelsbücher, in: Beiträge zur Wirtschaftsgeschichte Nürnbergs, Bd. 2 (Beiträge zur Geschichte und Kultur der Stadt Nürnberg 11,2), S. 751–799

Sziermai, J.A.: The Archaeology of Medieval Bookbinding, Aldershot 1999

Tschudin, Peter F.: Grundzüge der Papiergeschichte (Bibliothek des Buchwesens 12), Stuttgart 2002

Wattenbach, Wilhelm: Das Schriftwesen im Mittelalter, 4. Aufl. Graz 1958

12 Der Gläsner – Glasherstellung und damit verbundene Gewerbe

Die Bauleuthe aus dem Ständebuch von Christoff Weigel 1698, ausgewählt von Fritz Helbig, Leipzig 1936

Beckmann, Johann: Anleitung zur Technologie oder zur Kentniß der Handwerke, Fabriken und Manufacturen, vornehmlich derer, die mit der Landwirthschaft, Polizey und Cameralwissenschaft in nächster Verbindung stehn. Nebst Beyträgen zur Kunstgeschichte, 2. Aufl. Göttingen 1780, S. 291–306 (Artikel „Glasmacherkunst"), Seite 307–315 (Artikel „Spiegelgiesserey")

Beckmann, Johann: Beyträge zur Geschichte der Erfindungen, Bd. 1–5. Leipzig 1786–1805 (Reprint Berlin 1985): Bd. 1, S. 373–390 (Artikel „Rubinglas"); Bd. 3, S. 467–535 (Artikel „Spiegel"), S. 536–558 (Artikel „Kunst in Glas zu schneiden und zu ätzen"); Bd. 4, S. 401–420 (Artikel „Braunstein"), S. 420–429 (Artikel „Springgläser, Glastropfen")

Bernert, Helmut: Kaufunger Wald und Glas. Beiträge zur Geschichte der Glasherstellung im Kaufunger Wald, in: 975 Jahre Kaufungen. 1011–1986. Beiträge zur Heimatkunde, hrsg. vom Gemeindevorstand der Gemeinde Kaufungen. Kaufungen 1985, S. 131–151

Bernert, Helmut (Hrsg.): Zweihundert Jahre Kasseler Glaserzunft: Materialien zur Geschichte des Glaserhandwerks in Kassel; 1782–1982, Kassel 1982

Kaufmann, Verena: Archäologische Funde einer spätmittelalterlichen Glaswerkstatt in Bad Windsheim. Handwerk, Handel und Geschichte (Schriften und Kataloge des Fränkischen Freilandmuseums des Bezirks Mittelfranken 59; Quellen und Materialien zur Hausforschung in Bayern 14), Bad Windsheim 2010

Kurzmann, Peter: Mittelalterliche Glastechnologie. Archäologie, Schriftquellen, Archäochemie, Experimente, Frankfurt/M. u. a. 2004

Strobl, Sebastian: Glastechnik des Mittelalters, Stuttgart 1990

Technik des Kunsthandwerks im 12. Jahrhundert. Des Theophilus Presbyter Diversarum Artium Schedula, in der Auswahl übersetzt und erläutert von Wilhelm Theobald, Einführung zur Neuausgabe Wolfgang von Stromer, Düsseldorf 1984 (Erstausgabe 1933)

Wedepohl, Karl Hans: Glas in Antike und Mittelalter. Geschichte eines Werkstoffs, Stuttgart 2003

13 Auf dem Bau – Zimmerleute, Steinmetze, Maurer und Co.

Bedal, Konrad; May, Herbert (Hrsg.): Unter Dach und Fach. Häuserbauen in Franken vom 14. bis ins 20. Jahrhundert, Bad Windsheim 2002

Binding, Günther: Bauen im Mittelalter (Wissen im Quadrat), Darmstadt 2010

Binding, Günther: Als die Kathedralen in den Himmel wuchsen. Bauen im Mittelalter, Darmstadt 2006

Binding, Günther: Baubetrieb im Mittelalter, Darmstadt 1993

Dirlmeier, Ulf; Elkar, Rainer S.; Fouquet, Gerhard (Hrsg.): Öffentliches Bauen in Mittelalter und früher Neuzeit. Abrechnungen als Quellen für die Finanz-, Wirtschafts- und Sozialgeschichte des Bauwesens (Sachüberlieferung und Geschichte 9), St. Katharinen 1991

Fleischmann, Peter: Das Bauhandwerk in Nürnberg vom 14. bis zum 18. Jahrhundert (Nürnberger Werkstücke zur Stadt- und Landesgeschichte 38), Nürnberg 1985

Pieper-Lippe, Margarete und Othmar Aschauer: Oberdeutsche Bauhandwerker in Westfalen. Untersuchungen zur gewerblichen Wanderbewegung, besonders im 17. bis zum 19. Jahrhundert, unter Einbeziehung des Wanderhandels, in: Westfälische Forschungen 20 (1967), S. 119–193

Reininghaus, Wilfried: Wanderungen von Bau- und Kunsthandwerkern. Westfälische Beispiele, in: Menschen – Ideen – Migration. Neue Blicke auf Baukultur im Rheinland und in Westfalen-Lippe (Schriften des LWL-Freilichtmuseums Detmold, Westfälisches Landesmuseum für Volkskunde 30), Essen 2010, S. 33–42

Rüpke, Anke: Landbaukunst. Leben und Leistung des Amtszimmermeisters Burghard Glander (1818–1879) in Thedinghausen, Lilienthal 2009

Schadwinkel, Hans-Tewes; Heine, Günther: Das Werkzeug des Zimmermanns, Hannover 1986

Stiewe, Heinrich: Hausbau und Sozialstruktur einer niederdeutschen Kleinstadt. Blomberg in Lippe zwischen 1450 und 1870 (Schriften des LWL-Freilichtmuseums Detmold, Westfälisches Landesmuseum für Volkskunde 13), Detmold 1996

Stiewe, Heinrich (Red.): Auf den Spuren der Bauleute. Historische Bau- und Ausstattungsgewerke in Nordwestdeutschland (Berichte zur Haus- und Bauforschung 8), Marburg 2005

Stiewe, Heinrich: Fachwerkhäuser in Deutschland. Konstruktion, Gestalt und Nutzung vom Mittelalter bis heute, Darmstadt 2007

14 Meisterhafte Skulpturen – Bildhauerkunst und innovative Technik

Baxandall, Michael: Die Kunst der Bildschnitzer. Tilman Riemenschneider, Veit Stoß und ihre Zeitgenossen, München 1984

Dent Weil, Phoebe (Hrsg.): Osservazioni della scoltura antica; dai manoscritti Corsini e Doria e altri scritti, Florenz 1978

Eser, Thomas: Ein Leuchter, drei Rätsel, ein Kartenspiel. Nürnbergs Kunst in Italien, in: Quasi Centrum Europae. Europa kauft in Nürnberg 1400–1800, Nürnberg 2002, S. 56–58

Feldhaus, Franz Maria: Die Technik der Vorzeit, geschichtlichen Zeit und der Naturvölker. Ein Lexikon, München 1970 (Sonderausgabe)

Grieb, Manfred H.: Nürnberger Künstlerlexikon, München 2007

Hamm, Johannes; Taube Elisabeth; Lorenz, Anke: Wertvolles Kunstgut aus der Nürnberger Frauenkirche, in: Enthüllungen. Restaurierte Kunstwerke von Riemenschneider bis Kremser Schmidt, hrsg. von G. Ulrich Großmann, Nürnberg 2008

Hampe, Theodor: Nürnberger Ratsverlässe über Kunst und Künstler im Zeitalter der Spätgotik und Renaissance, 1449–1633, 3 Bde., Leipzig 1904

Hahnloser, Hans Robert: Villard de Honnecourt. Kritische Gesamtausgabe des Bauhüttenbuches ms. fr. 19093 der Pariser Nationalbibliothek, 2. revidierte und erweiterte Aufl., Graz 1972

Mommertz, Karl Heinz: Bohren, Drehen und Fräsen. Geschichte der Werkzeugmaschinen, Reinbek bei Hamburg 1981

Rief, Julia; Rief, Michael; Giesen, Sebastian: Tiroler Schnitzbänke des 19. und 20. Jahrhunderts. Bemerkungen zum Fortleben einer spätmittelalterlichen Bildhauertechnik, in: Restauratorenblätter 18 (1997), S. 67–75

Ulmann, Arnulf von: Bildhauertechnik des Spätmittelalters und der Frührenaissance, Darmstadt 1984

Westhoff, Hans; Weilandt, Gerhard: Vom Baumstamm zum Bildwerk. Skulpturenschnitzerei in Ulm um 1500, in: Meisterwerke massenhaft. Die Bildhauerwerkstatt des Nikolaus Weckmann und die Malerei in Ulm um 1500, hrsg. von Gerhard Weilandt, Stuttgart 1993, S. 245–264

DIE AUTOREN

HELMUT BERNERT, StD. a. D., geb. 1935, Publikationen u. a.: Handwerk zwischen Zunft und Gewerbefreiheit. Quellen zum Handwerksrecht im 19. Jahrhundert [in Hessen] (1998); Der Architekt Prévôt und die „Bau- und Kunstdenkmäler", in: Geschichte lebendig gemacht (2002); Die Beschreibung der mährischen Enklave Hotzenplotz in den Topographien von Schwoy, Kneifel, Ens und Wolny – ein Vergleich, in: Die mährischen Enklaven in Schlesien. Ein Symposium an der Schlesischen Universität Opava / Troppau (2006).

THOMAS ESER, Dr., geb. 1962, ist Sammlungsleiter am Germanischen Nationalmuseum in Nürnberg, wo er seit 1995 zahlreiche Projekte zu Kunst- und Kunsthandwerk insbesondere der Renaissance betreute. Publikationen, Ausstellungen und Mitarbeit an Forschungsprojekten u. a. zur Augsburger Kleinplastik der Renaissance (1995), zum Exportort Nürnberg als „Quasi Centrum Europae" (2002), zur Nürnberger Goldschmiedekunst vom 16.–19. Jahrhundert (2003–2005) und zum Frühen Dürer (2009–2012).

SVEN HAUSCHKE, Dr., geb. 1967, leitet die Sammlung Kunsthandwerk der Kunstsammlungen der Veste Coburg und das Europäische Museum für Modernes Glas in Rödental. Veröffentlichungen zur Metallskulptur des späteren Mittelalters und der frühen Neuzeit, zu wissenschaftlichen Instrumenten der Renaissance und zur Goldschmiedekunst; u. a.: Die Grabdenkmäler der Nürnberger Vischer-Werkstatt 1453–1544 (2006).

MELANIE LANGBEIN, geb. 1979, studierte Klassische Archäologie, Alte Geschichte und Ur- und Frühgeschichte, seit 2004 freiberufliche Archäologin, Grabungen im In- und Ausland (Georgien und Jordanien), Publikationen u. a.: Zwischen Mittelalter und Moderne. Die Ausgrabungen in St. Klara (in: F. M. Kammel et al, Verborgene Schönheit. Spätgotische Schätze aus der Klarakirche in Nürnberg, 2007); Vom Holzhaus zur Badestube – Vorbericht über die Grabungen in der Irrerstraße 1 in Nürnberg (Beiträge zur Archäologie in Mittelfranken 8, 2008).

REINHOLD REITH, Prof. Dr., geb. 1955, lehrt Wirtschafts-, Sozial- und Umweltgeschichte an der Universität Salzburg. Publikationen u. a.: Lohn und Leistung. Lohnformen im Gewerbe 1450–1900 (1999); Das alte Handwerk. Von Bader bis Zinngießer (hrsg. 2008); Umweltgeschichte der frühen Neuzeit (2011).

CHRISTINE SAUER, Dr., geb. 1961, Leiterin der Historisch-wissenschaftlichen Stadtbibliothek in der Stadtbibliothek im Bildungscampus Nürnberg. Publikationen u. a.: Fundatio und memoria. Stifter und Klostergründer im Bild (1993); Zierlich Schreiben. Johann Neudörffer d. Ä. und seine Nachfolger in Nürnberg (zusammen mit Oliver Linke, 2007); 643 Jahre Stadtbibliothek Nürnberg (2013).

THOMAS SCHINDLER, Dr., geb. 1977, wissenschaftlicher Mitarbeiter des Fränkischen Freilandmuseums Bad Windsheim. Publikationen u. a.: Werkzeug der Frühneuzeit im Germanischen Nationalmuseum (2012), Das Amt. Alltag, Verwaltung, Öffentlichkeit (2010), Keramik und Landesgeschichte (2008), Augenfutter – Alltagsbilder des 20. Jahrhunderts (2007).

HANS-GEORG STEPHAN, Prof. Dr., geb. 1950, lehrt Archäologie des Mittelalters und der Neuzeit an der Martin-Luther-Universität Halle-Wittenberg. Publikationen u. a.: Die bemalte Irdenware der Renaissance (1987); Studien zur Reichsabtei Corvey (2000); Der Solling im Mittelalter (2010).

HEINRICH STIEWE, Dr., geb. 1963, wissenschaftlicher Referent am LWL-Freilichtmuseum Detmold, Westfälisches Landesmuseum für Volkskunde. Publikationen u. a.: Die vergessenen Nachbarn. Juden auf dem Lande im östlichen Westfalen (hrsg. mit Stefan Baumeier, 2006); Fachwerkhäuser in Deutschland (2007).

ARNULF VON ULMANN, Dr., geb. 1946, war bis September 2011 Leiter des Instituts für Kunsttechnik und Konservierung am Germanischen Nationalmuseum Nürnberg. Publikationen u. a.: Bildhauertechnik des Spätmittelalters und der Frührenaissance (1984); Anti-Aging für die Kunst, Restaurieren – Umgang mit den Spuren der Zeit (Hrsg. 2004).

JOHN P. ZEITLER, geb. 1957, Stadtarchäologe der Stadt Nürnberg. Publikationen u. a.: Mykene – Nürnberg – Stonehenge. Handel und Austausch in der Bronzezeit (hrsg. zusammen mit Bernd Mühldorfer, 2001); Dem alten Nürnberg auf der Spur (2009); Gerber im mittelalterlichen Nürnberg (2010).